书山有路勤为径，优质资源伴你行

注册世纪波学院会员，享精品图书增值服务

企业税会差异、纳税调整与筹划实务

史玉光
矫林璐
谭璐鑫
·著·

电子工业出版社·
Publishing House of Electronics Industry
北京·BEIJING

图书在版编目（CIP）数据

企业税会差异、纳税调整与筹划实务 / 史玉光，矫林璐，谭璐鑫著. —北京：电子工业出版社，2021.8
ISBN 978-7-121-41556-2

Ⅰ. ①企… Ⅱ. ①史… ②矫… ③谭… Ⅲ. ①企业管理－税收管理－研究－中国 Ⅳ. ①F812.423

中国版本图书馆 CIP 数据核字(2021)第 137308 号

责任编辑：杨洪军
印　　刷：保定市中画美凯印刷有限公司
装　　订：保定市中画美凯印刷有限公司
出版发行：电子工业出版社
　　　　　北京市海淀区万寿路 173 信箱　　邮编 100036
开　　本：787×1092　1/16　印张：19　字数：456 千字
版　　次：2021 年 8 月第 1 版
印　　次：2021 年 8 月第 1 次印刷
定　　价：88.00 元

凡所购买电子工业出版社图书有缺损问题，请向购买书店调换。若书店售缺，请与本社发行部联系，
联系及邮购电话：(010) 88254888，88258888。
质量投诉请发邮件至 zlts@phei.com.cn，盗版侵权举报请发邮件至 dbqq@phei.com.cn。
本书咨询联系方式：(010) 88254199，sjb@phei.com.cn。

前　言

自《企业会计准则（2006）》发布以来，我国企业会计准则建设取得了很大成就。截至 2021 年 2 月底，财政部发布了 1 个基本准则、42 个具体企业会计准则、14 个企业会计准则解释。其中，部分准则已经被修订过，如 2019 年修订了非货币性资产交换准则和债务重组准则。从 2021 年开始，全面执行收入准则（2017）、金融准则（2017）和租赁准则（2018）。

与此同时，税法也在不断地制定和修订，成绩斐然。2007 年和 2018 年，出台和修正了《中华人民共和国企业所得税法》。2007 年和 2019 年，发布和修正了《中华人民共和国企业所得税法实施条例》。查账征收的企业，实施修订后的《中华人民共和国企业所得税年度纳税申报表（A 类，2017 年版）》（2020 年修订）。这一系列税制改革，体现了我国税收政策和纳税申报日臻完善。

会计准则和税法存在差异。小企业自 2013 年 1 月开始执行的《小企业会计准则》与税法差异较少，因此小企业在日常会计处理中很少存在税会差异中的暂时性差异。而《企业会计准则》和相关税法存在的差异较多，因此大中型企业在日常会计处理中会出现税会差异。本书的主旨是分析企业主要经济业务的税会差异，介绍这些差异的纳税调整及其纳税申报表的填制，探究它们的纳税筹划之法。这些主要业务包括存货、金融工具、长期股权投资、投资性房地产、固定资产、无形资产、非货币性资产交换、职工薪酬、债务重组、收入、政府补助、借款费用、或有事项、资产负债表日后事项、企业合并、租赁等，涉及的会计准则包括第 1~4 号、第 6~24 号、第 28~30 号、第 37 号、第 39 号、第 40 号等。

为了完成本书的撰写，保证图书质量，我们凝聚众人心智，参阅诸多文献，请专家指导，尤其感谢对外经济贸易大学国际商学院余恕莲教授和王秀丽教授的悉心指导。

本书的撰写参阅了大量的文献资料，在此向相关作者表示感谢！

由于作者水平有限，书中难免存在疏漏之处，恳请广大读者批评指正。

著　者
2021 年 3 月

目　录

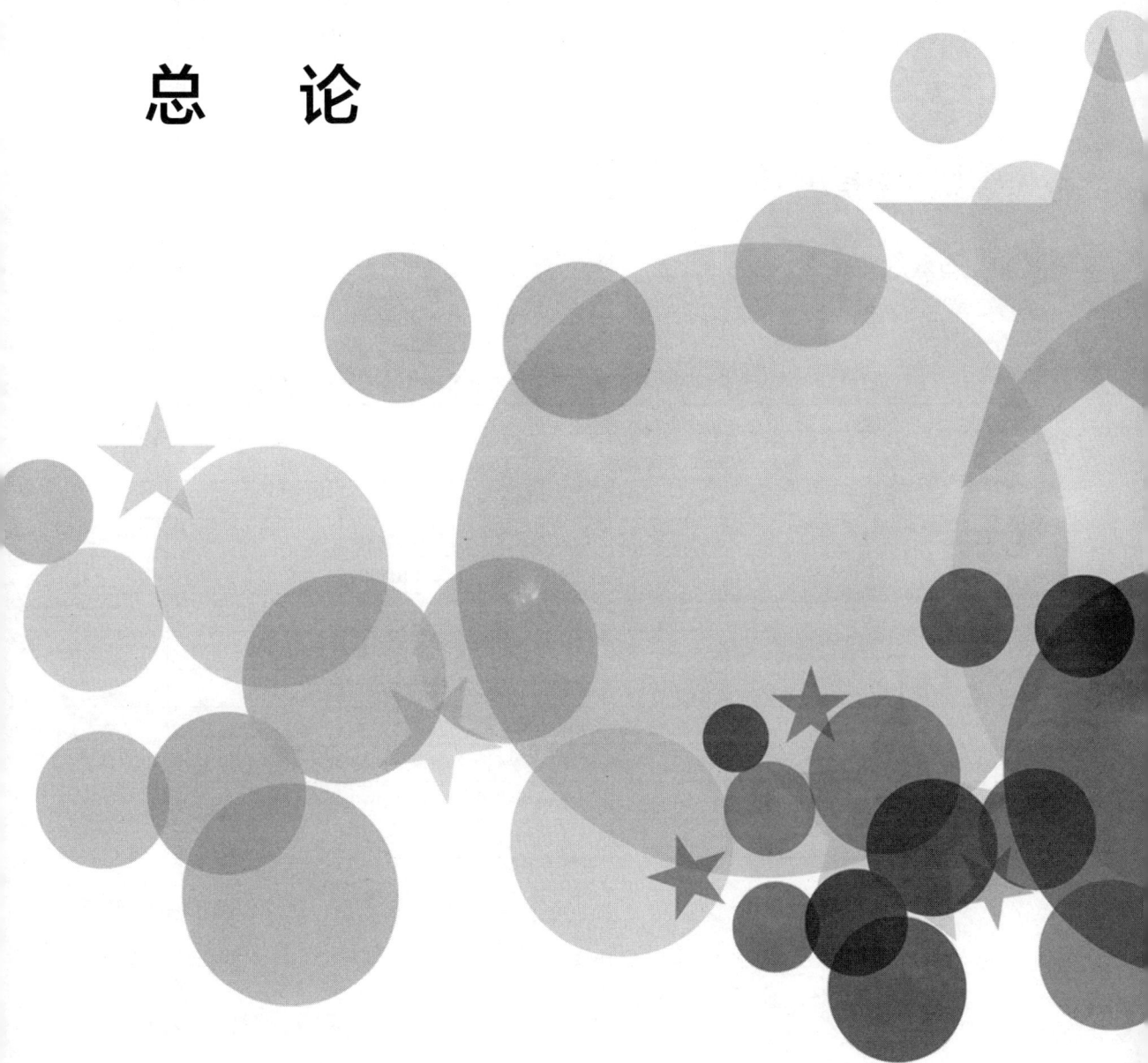

第1章

总　论

我国企业会计准则体系包括《企业会计准则》(简称会计准则)和《小企业会计准则》。《小企业会计准则》与相关税法基本上是一致的,所以,小企业在日常会计处理中很少存在税会差异中的暂时性差异。相反,会计准则和相关税法对于一些日常经济业务处理的规定存在差异,如会计准则与《中华人民共和国企业所得税法》(简称所得税法)、《中华人民共和国企业所得税法实施条例》(简称所得税法实施条例)之间的差异等。分析哪些业务存在税会差异、寻求税会差异的纳税调整方法、探究这些业务的纳税筹划之法,是本书的主旨。

1.1 税会差异分析

《中华人民共和国企业所得税年度纳税申报表(A 类)(A100000)》中应纳税所得额计算过程,如表 1-1 所示。

表 1-1 中华人民共和国企业所得税年度纳税申报表(A 类)(A100000) ①

行次	类 别	项 目	金额
13		三、利润总额(10+11−12)	
14	应纳税所得额计算	减:境外所得(填写 A108010)	
15		加:纳税调整增加额(填写 A105000)	
16		减:纳税调整减少额(填写 A105000)	
17		减:免税、减计收入及加计扣除(填写 A107010)	
18		加:境外应税所得抵减境内亏损(填写 A108000)	
19		四、纳税调整后所得(13−14+15−16−17+18)	
20		减:所得减免(填写 A107020)	
21		减:弥补以前年度亏损(填写 A106000)	
22		减:抵扣应纳税所得额(填写 A107030)	
23		五、应纳税所得额(19−20−21−22)	

从表 1-1 可以看出,在利润总额基础上经过一系列纳税调整后,形成应纳税所得额。从这一点来说,会计利润和应纳税所得额之间的差异主要体现在表 1-1 的第 14~18 行和第 20~22 行所列示的内容。

---

① 如未做特别说明,本书所列出的《中华人民共和国企业所得税年度纳税申报表(A 类)》的相关表均为简表,金额单位为人民币元(列至角分)。

1.1.1　税会差异理论分析

1.　税会差异的含义及分类

（1）税会差异的含义。税会差异，是指应税收益与会计收益之间的差异。应税收益即应纳税所得额，是税法上的概念，是按照所得税法的规定计算出来的，是企业所得税的计税依据；会计收益即会计利润，是指企业在一定会计期间的经营成果，可以从财务报表的利润表中获得的。具体而言，会计收益是指企业在一定的会计期间内，已实现的收入与已发生费用之间的差额。会计收益的确认严格按照会计准则的规定，遵循会计处理程序，是对企业某一具体会计期间经营成果的直观反映，会计收益是扣除当期所得税费用之前的部分。应税收益是企业某一纳税年度内实现的总收入与税法规定的准予扣除项目之间的差值，也可以在会计利润的基础上加减纳税调整项目的金额求得。应税收益的计算根据税法的规定进行确认，是企业应缴税款以及税务机关核定税额的参照依据，是国家税务机关的强制行为，具有固定性、强制性、无偿性等特点。

（2）税会差异的分类。根据能否转回，税会差异分为暂时性差异和永久性差异两类。暂时性差异，是指资产或者负债的账面价值与计税基础之间的差额；未作为资产和负债确认的项目，按照税法应该确认其计税基础的，该计税基础与其账面价值之间的差额也属于暂时性差异；这种差异在以后各期能够转回。永久性差异，是指某个会计期间，由于会计制度和税法在计算收益、费用或者损失时的口径不同所产生的税前利润与应纳税所得额之间的差异；这种差异在以后各期不能转回。本书总结了部分业务的暂时性差异和永久性差异，读者可以扫描二维码了解相关内容。

2.　税会差异产生的原因

（1）税务与会计处理的依据不同。会计处理依据会计准则。2006 年 2 月 15 日，财政部发布了包括 1 项基本准则和 38 项具体准则在内的会计准则，2011 年 10 月发布了《小企业会计准则》，形成了我国的企业会计准则体系，实现了我国会计准则与国际准则的趋同。之后财政部分别于 2014 年、2017 年、2018 年、2019 年和 2020 年多次修订会计准则和发布多项新会计准则，截至 2021 年 5 月底，共发布了 42 项具体会计准则。会计准则要求企业提供的信息满足可靠性、重要性、真实性的信息质量要求，以便能满足企业的信息使用者更好更全面地了解企业的经营成果、财务状况和现金流量等信息的需求。

税务处理依据税法。2007 年 3 月 16 日，第十届全国人民代表大会第五次会议通过了《中华人民共和国企业所得税法》，2007 年 11 月 28 日，国务院第十九次常务会议通过了《中华人民共和国企业所得税法实施条例》，之后所得税法于 2017 年和 2018 年分别进行了修正，所得税法实施条例于 2019 年进行了修正。税法规范了国家征税机关、相关工作人员和纳税人的征税行为，体现了财富在国家和纳税人之间的分配，是企业税务处理的依据。

因此，会计和税法所遵循的规则不同，对于一些经济业务处理的规定存在差异，本书正是基于此来分析税会差异的内容。

（2）税收目标与会计目标不同。无论是受托责任观还是决策有用观，会计的目标始终围绕"提供会计主体的经济活动信息"，或为了解释资源利用情况，或为了有利于信息使用者做出决策。而税法则是为了有效地实现税收政策目标而制定的，税收是政府为了履行其职能，利用行政手段强制参与收入分配的一种形式；同时，税收也是政府进行宏观经济调控的政策工具和必要手段。因此，税法的规定既要保证国家财政需要，又要促进资源合理配置、稳定经济增长、保证收入公平分配等。从目标上看，税法比会计更具有全局性。

（3）税法与会计的服务对象不同。会计的职能是反映和监督会计主体在一定时期内的各项能用货币计量的经济活动，以会计主体和一些利益相关者为服务对象，会计主体和会计分期假设规定了会计工作的时间和空间范围。税法的作用在于保证税收活动的有效开展，从而实现税收政策目标，所以税法是立足于整个宏观经济环境、以全社会为服务对象的。相比会计上的要求，对于某一经济活动的处理，税法更侧重于客观事实，而不是仅仅站在某个特定主体的角度上看待经济活动对该主体的财务状况、经营成果和现金流量的影响。

3. 税会差异的计算

由上述可知，应纳税所得额和会计利润二者之间的差额反映了税会差异。应纳税所得额的计算有两种方法：一种方法是直接计算，企业每个纳税年度的收入总额减去不征税收入、免税收入、各项扣除，以及允许弥补的以前年度亏损后的余额为应纳税所得额（应纳税所得额=收入总额–不征税收入–免税收入–各项扣除–允许弥补的以前年度亏损）；另一种方法是间接计算，是在会计利润总额的基础上加或减按照税法规定需要调整的项目金额后为应纳税所得额。

1.1.2 税会差异实务分析

1. 营业收入

会计准则将主营业务收入和其他业务收入计入利润表中的营业收入。营业收入，是指企业日常经营活动中所形成的经济利益的总流入。对于一般企业而言，营业收入通常对应税法中"收入总额"所指的销售货物收入、提供劳务收入、租金收入、特许权使用费收入。

与营业收入相关的纳税调整项目主要包括：

（1）视同销售收入。视同销售是指行为结果不符合会计要素"收入"的定义，但根据税法规定应缴纳相关税项的经济事项。换言之，为了保证流转税征收链条的完整，避免货物税收负担的不平衡及逃避纳税的现象，税法将会计准则不确认为收入的一些行为视同销售货物，计入收入总额。例如，企业将自产或委托加工的货物用于捐赠、赞助、广告、样品等用途的，视同销售货物，需要缴纳企业所得税，从而形成了税会差异。视同销售是一个税法概念，会计准则并未对此做出明确界定，也未对其会计处理做出具体规定。视同销售收入，通常作为纳税调增的项目，如表 1-2 所示。

表 1-2　视同销售的税会差异

视同销售的情形	会计准则规定	税法规定	纳税调整
非货币性交换视同销售；将货物、财产、劳务用于捐赠、赞助、广告、样品等用途	不确认收入	计税收入	视同销售的收入做纳税调增处理，视同销售结转的成本做纳税调减处理

（2）未按权责发生制确认的收入。会计处理遵循权责发生制，而税务处理是收付实现制与权责发生制的结合。例如，分期收款销售商品按会计准则的要求销售行为发生时一次性确认收入，而税法规定在合同约定的收款日期分期确认收入。所以，在销售行为发生的当期，纳税申报时做纳税调减处理；而在合同约定的收款日期，按照税法规定确认应税收入后，做纳税调增处理。再如，利息、租金、特许权使用费也存在税会差异，具体处理见第 11 章。

（3）减计收入。企业常见的减计收入包括生产符合国家产业政策规定的产品取得的收入、取得铁路债券利息收入、涉农贷款利息收入和涉农保费收入等。所得税法规定，企业综合利用资源，生产符合国家产业政策规定的产品所取得的收入，可以在计算应纳税所得额时减按 90%计入收入总额，取得铁路债券利息收入减半计入收入总额。因此，企业如果符合上述条件，则在会计利润的基础上进行纳税调减，即按 10%比例减计收入。

2. 营业成本

会计准则将主营业务成本与其他业务成本计入利润表中的营业成本。营业成本，是指与营业收入相关的、已经确定了归属期和归属对象的费用。税法规定，营业成本通常对应所得税法中规定的税前可以扣除的"成本"项目，包括与上述各种收入相配比的各项成本。

与营业成本相关的纳税调整项目主要包括：

（1）视同销售成本。由于视同销售货物的成本不包含在营业成本的范围内，因此视同销售货物的成本作为纳税调减的项目。

（2）职工薪酬。会计准则规定，职工薪酬是指企业为获得职工提供的服务或解除劳动关系而给予的各种形式的报酬或补偿，包括短期薪酬（如职工工资、奖金、津贴和补贴、职工福利费、工会经费和职工教育经费等）、离职后福利、辞退福利和其他长期职工福利。

所得税法规定，企业按制定的工资薪金制度实际发放给员工的合理的工资薪金支出准予据实扣除。如果企业计提了工资，而没有实际发放，则需要将其作为纳税调整项目，在实际支付的年度予以纳税调减。税法规定，安置残疾人员所支付的工资，可享受加计扣除100%的规定。如果企业职工中的残疾人员符合我国残疾人保障法的规定，支付给残疾人员的工资，则可进行加计扣除，在会计利润的基础上进行纳税调减。所得税法还规定了职工福利费、工会经费和职工教育经费的扣除标准，计入生产成本的职工福利费、工会经费和职工教育经费的实际发生数在扣除标准以内的，可以据实扣除；超过扣除标准的部分，则作为纳税调增的项目，如表 1-3 所示。

表 1-3　职工福利费、工会经费和职工教育经费的税会差异

项　　目	会计准则规定	税法规定	纳税调整
职工福利费	不采用计提的办法	实际发生额在工资薪金总额的14%以内的可据实扣除，超过标准的只能按标准扣除	超标准的部分纳税调增
工会经费	按工资薪金总额的2%计提	标准以内的可据实扣除，超过标准的只能按标准扣除	超标准的部分纳税调增
职工教育经费	按工资薪金总额的8%计提	标准以内的可据实扣除，超过标准的准予结转以后纳税年度扣除	超标准的部分纳税调增

3. 税金及附加

税金及附加，是指企业日常经营活动应负担的税金及附加，具体包括消费税、城市维护建设税、资源税、教育费附加、车船税、房产税、土地使用税、印花税等。结合税法规定，税金及附加通常对应所得税法中规定的税前可以扣除的"税金"项目，是企业发生的除企业所得税和允许抵扣的增值税以外的企业缴纳的各项税金及附加。对于这一项目，会计与税法的计算口径一般是一致的，很少存在纳税调整的情况。

4. 销售费用

销售费用，是指企业销售商品和材料、提供劳务的过程中发生的各项费用。销售费用的税会差异主要体现在广告费与业务宣传费、产品质量保证计提的预计负债等方面。

（1）广告费与业务宣传费项目。计算会计利润时，广告费与业务宣传费用按实际支出列支，而按照税法的规定，企业发生的符合条件的广告费与业务宣传费支出，除国务院财政、税务主管部门另有规定外，在税法规定的扣除标准以内的可据实扣除，超过扣除标准的，则不得扣除。从 2021 年 1 月 1 日至 2025 年 12 月 31 日，对于化妆品制造与销售、医药制造和饮料制造（不含酒类制造）企业、签订广告费和业务宣传费分摊协议的关联企业、烟草企业，发生的广告费和业务宣传费，按照《财政部 税务总局关于广告费和业务宣传费支出税前扣除有关事项的公告》（财政部 税务总局公告 2020 年第 43 号）规定的扣除标

准执行。此项目视不同情况做纳税调增（或纳税调减）处理，如表 1-4 所示。

表 1-4　广告费与业务宣传费的税会差异

企业类型	会计准则规定	税法规定	纳税调整
一般企业	按实际发生额列支	不超过当年销售收入（营业收入）15%的部分，准予扣除；超过部分，准予在以后纳税年度结转扣除	本年度超标准的部分做纳税调增处理；当年实际发生额小于扣除限额时，以前年度的结转额做纳税调减处理
化妆品制造与销售、医药制造和饮料制造（不含酒类制造）企业	按实际发生额列支	从 2021 年 1 月 1 日至 2025 年 12 月 31 日，不超过当年销售（营业）收入 30%的部分，准予扣除；超过部分，准予在以后纳税年度结转扣除	
签订广告费和业务宣传费分摊协议（简称分摊协议）的关联企业	按实际发生额列支	从 2021 年 1 月 1 日至 2025 年 12 月 31 日，关联企业中一方发生的不超过当年销售（营业）收入税前扣除限额比例内的广告费和业务宣传费支出可以在本企业扣除，也可以将其中的部分或全部按照分摊协议归集至另一方扣除。另一方在计算本企业广告费和业务宣传费支出企业所得税税前扣除限额时，可将按照上述办法归集至本企业的广告费和业务宣传费不计算在内	
烟草企业	按实际发生额列支	从 2021 年 1 月 1 日至 2025 年 12 月 31 日，一律不得在计算应纳税所得额时扣除	对本年度发生的广告与业务宣传费做纳税调增处理

　　发生广告费和业务宣传费纳税调整项目的企业，需要填报《广告费和业务宣传费跨年度纳税调整明细表（A105060）》，如表 1-5 所示。

表 1-5　广告费和业务宣传费跨年度纳税调整明细表（A105060）（部分）

行次	项　目	广告费和业务宣传费
		1
1	一、本年支出	
2	减：不允许扣除的支出	
3	二、本年符合条件的支出（1-2）	
4	三、本年计算扣除限额的基数	
5	乘：税收规定扣除率	

续表

行次	项　目	广告费和业务宣传费
		1
6	四、本企业计算的扣除限额（4×5）	
7	五、本年结转以后年度扣除额 （3>6，本行=3−6；3≤6，本行=0）	
8	加：以前年度累计结转扣除额	
9	减：本年扣除的以前年度结转额 〔3>6，本行=0；3≤6，本行=8与（6−3）孰小值〕	
10	六、按照分摊协议归集至其他关联方的金额（10≤3与6孰小值）	
11	按照分摊协议从其他关联方归集至本企业的金额	
12	七、本年支出纳税调整金额 （3>6，本行=2+3−6+10−11；3≤6，本行=2+10−11−9）	
13	八、累计结转以后年度扣除额（7+8−9）	

（2）产品质量保证计提的预计负债。会计准则规定，在销售商品或提供劳务后，作为对客户提供服务的一种承诺，企业要计提产品质量保证费用，并计入当期损益。税法规定，企业实际发生的与取得收入有关的、合理的支出，包括成本、费用、税金、损失和其他支出，可以在计算应纳税所得额时扣除。可见，预计负债是履行该义务很可能导致经济利益流出企业，还没有实际发生，不符合税法规定的实际发生、真实性、确定性原则，所以不允许在计算应纳税得额时扣除，需要做纳税调整处理。

5. 管理费用

管理费用，是指企业为组织和管理生产经营所发生的各项费用，包括企业在筹建期内发生的开办费，董事会和行政管理部门在企业的经营管理中发生的或者应由企业统一负担的公司经费、工会经费、业务招待费、研究开发费用等。计算会计利润时，管理费用可以全额列支计入当期损益。按照税法规定，有些费用或者加计扣除（参阅本部分的研发费用），或者按限定标准扣除，或者在纳税时不得扣除。这样一来，会产生税会差异。

存在税会差异的项目主要包括以下几项：

（1）计入管理费用的职工福利费、工会经费和职工教育经费（税会差异见表1-3）。

（2）业务招待费。业务招待费可按实际发生额列入管理费用。税法规定，企业发生的与生产经营有关的业务招待费支出，按限额扣除，超过限额标准的部分不得扣除，作为纳税调增的项目，如表1-6所示。

表 1-6　业务招待费的税会差异

会计准则规定	税法规定	纳税调整
按实际发生额列支	按实际发生额的 60% 扣除，但最高不得超过当年销售收入（营业收入）的 5‰，即扣除标准为二者中的较小者	超标准的部分纳税调增

业务招待费支出存在税会差异的企业，可以在《纳税调整项目明细表（A105000）》第 15 行填列，如表 1-7 所示。

表 1-7　纳税调整项目明细表（A105000）

行　次	项　目	账载金额	税收金额	调增金额	调减金额
		1	2	3	4
15	（三）业务招待费支出				*

（3）开办费的税会差异。企业在筹建期间内发生的开办费，一般包括：筹建相关人员的职工薪酬，主要有筹办人员的工资、工资性奖金等支出，以及缴纳的各种社会保险费、住房公积金等；印刷费、注册登记费、验资费、税务登记费、公证费等；办公费、差旅费；培训费，包括选派一些职工在筹建期间外出进修学习引进的设备和技术发生的费用，以及聘请专家进行技术指导和培训的劳务费及相关其他费用；不计入资产成本的借款费用，包括筹资时发生支付的手续费，不能计入资产初始成本的汇兑损益和利息等；其他，如筹建期间发生的广告费、交际应酬费、印花税、资讯调查费、诉讼费以及庆典礼品费等支出等。

会计准则规定，在开办费用实际发生时，借记"管理费用"，贷记"应付职工薪酬""银行存款"等账户。《小企业会计准则》与会计准则保持一致，不通过"长期待摊费用"账户进行会计处理，直接记入"管理费用"账户。因此，不管企业在筹建期间是否将"管理费用"结转至"本年利润"或编制利润表，开办费都已成为企业确确实实的支出并计入当前损益，不再影响以后生产经营期间会计年度的损益。

《国家税务总局关于企业所得税若干税务事项衔接问题的通知》（国税函〔2009〕98号）明确了政策，不硬性规定开办费必须摊销，赋予了企业选择的空间，一种是企业可以在开始经营之日的当年一次性扣除，另一种是按照税法有关其他长期待摊费用的规定处理，即自支出发生月份的次月起不低于 3 年分期摊销。以上两种处理方式，一经选定不得改变。综合来看，税法上的开办费在开始经营之前不作为税前扣除项目，只能归集，税前扣除日期为企业各项资产投入使用的开始之日的当年，或者企业对外经营活动开始之日的当年。

【例 1-1】企业在 2020 年筹建期间共发生开办费总额 200 万元，其中业务招待费 50 万元，广告费 50 万元。2021 年 1 月 1 日企业开始生产经营。2021 年企业调整开办费前的应纳税所得额为 200 万元。企业选择分 3 年摊销开办费。

税务处理：业务招待费 50 万元按 60% 扣除，广告费 50 万元按 100% 扣除，开办费可扣除金额 180 万元，2021 年汇算清缴时本年摊销 60 万元（180÷3），汇算清缴时应纳税所得额为 140 万元（200–60），按规定缴纳税款。

（4）资产折旧、摊销费用。固定资产折旧的税会差异如表 6-4 所示，无形资产摊销的税会差异如表 7-9 所示。所得税法规定，与经营活动无关的资产，不得计算折旧、摊销费用，不允许扣除。

6. 研发费用

研发费用，反映企业进行研究与开发过程中发生的费用化支出，以及计入管理费用的自行开发无形资产的摊销。会计准则规定，企业内部研究开发项目的支出，区分研究阶段支出和开发阶段支出。研究阶段的支出全部费用化，计入当期损益（管理费用）；开发阶段的支出符合条件的资本化，不符合条件的计入当期损益（管理费用）。税法规定，企业为开发新技术、新产品、新工艺发生的研究开发费用未形成无形资产而计入当期损益的，在按照规定据实扣除的基础上，允许加计扣除；形成无形资产的，可以加计摊销。此项目形成的税会差异如表 1-8 所示。

表 1-8 研究开发费用的税会差异

会计准则规定	税法规定	纳税调整
研究阶段的支出，全部计入当期管理费用。符合资本化条件的研发费用，按不低于 10 年的年限摊销	计入当期损益的研发费用，可加扣实际发生额的 75%。形成无形资产的研发费用，按照无形资产成本的 175% 摊销	符合条件的计入管理费用的费用，按实际发生额的 75%，做纳税调减处理。符合条件的予以资本化的费用，按摊销额的 75%，做纳税调减处理
	制造业企业开展研发活动中实际发生的研发费用，未形成无形资产计入当期损益的，在按规定据实扣除的基础上，自 2021 年 1 月 1 日起，再按照实际发生额的 100% 在税前加计扣除。形成无形资产的，自 2021 年 1 月 1 日起，按照无形资产成本的 200% 在税前摊销	符合条件的计入管理费用的费用，按实际发生额的 100%，做纳税调减处理。符合条件的予以资本化的费用，按摊销额的 100%，做纳税调减处理

7. 财务费用

财务费用主要包括利息支出（减利息收入）、汇兑损益（《小企业会计准则》规定汇兑收益计入营业外收入，汇兑损失计入财务费用），以及相关的手续费、企业发生的现金折扣或收到的现金折扣等。即不论贷款人及借款利率如何，企业支付的财务费用均全额计入当期损益。而按照税法的规定，企业在生产经营活动中发生的下列利息支出，准予扣除：

（1）非金融企业向金融企业借款的利息支出、金融企业的各项存款利息支出和同业拆借利息支出、企业经批准发行债券的利息支出；

（2）非金融企业向非金融企业借款的利息支出，不超过按照金融企业同期同类贷款利率的数额的部分。

因此，如果非金融企业向非金融企业支付的利息支出超过按照金融企业同期同类贷款利息的部分，则不允许在税前扣除，从而形成了税会差异，如表 1-9 所示。

表 1-9　利息费用的税会差异

会计准则规定	税法规定	纳税调整
非金融企业向非金融企业支付的利息支出全额计入财务费用	非金融企业向非金融企业支付的利息支出，不超过按照金融企业同期同类贷款利率的数额的部分，准予扣除；超过的部分，不得在发生当期和以后年度扣除。 企业实际支付给关联方的利息支出，不超过规定比例计算的部分，准予扣除；超过的部分，不得在发生当期和以后年度扣除	实际支付给非金融企业的利息支出超过限额标准的部分，做纳税调增处理。 实际支付给关联方的利息支出超过规定比例计算的部分，做纳税调增处理

8. 其他收益

其他收益列示的内容，主要包括与企业日常活动相关的政府补助、债务人将清偿债务的账面价值与转让资产账面价值的差额、代扣代缴个人所得税产生的手续费、当期直接减免的增值税、企业因超比例安排残疾人就业或者为安排残疾人就业做出显著成绩而收到的奖励等。以下从应税收入和不征税收入两方面，分析与企业日常活动相关的政府补助涉及的其他收益的税会差异。

（1）作为应税收入处理的政府补助。对于政府补助的处理，会计上按权责发生制确认收入，税法上按收付实现制确认。税法上与资产相关的政府补助，按收付实现制分期确认损益。与收益相关的政府补助，按照应收金额或实收金额计量，一次性或分期计入"其他收益"。由于会计与税法确认收入的时间不同，因此会产生税会差异。对于作为"递延收益"处理的补贴收入，跨年度结转时，需调整应纳税所得额，同时确认递延所得税。

（2）作为不征税收入处理的与收益相关的政府补助。税法规定的不征税收入是指这部分收入不属于企业日常经营过程中产生的，这部分收入不计入应纳税所得额，不缴纳企业所得税。与企业日常活动相关的政府补助，如果同时符合《财政部 国家税务总局关于专项用途财政性资金企业所得税处理问题的通知》（财税〔2011〕70 号）规定的下列三个条件，则作为不征税收入，在计算应纳税所得额时从收入总额中减除：企业能够提供资金拨付文件，且文件中规定该资金的专项用途；财政部门或其他拨付资金的政府部门对该资金有专门的资金管理办法或具体管理要求；企业对该资金以及以该资金发生的支出单独进行会计处理。税法规定对于不征税收入的不征税使用期限为五年（60 个月）。也就是说，五年（60 个月）内不征收所得税，在五年（60 个月）内未发生支出且未缴回财政部门或其他拨付资金的政府部门的部分，应计入取得该资金第六年的应税收入总额，计入应税收入总额的财政性资金发生的支出，允许在计算应纳税所得额时扣除。同时在五年（60 个月）内企业的不征税收入用于支出所形成的费用或财产，不得扣除或计算对应的折旧、摊销扣除。

若为与收益相关的政府补助，那么无论是按照应收金额计量，还是按实收金额计量，其一次性或分期确认的"其他收益"均做纳税调减处理，与之相对应的费用做纳税调增处理。

若为与资产相关的政府补助，则按实收金额计量，自相关资产达到预定可使用状态时起，在该资产使用寿命内平均分配，分次计入损益。企业应将计入损益的金额做纳税调减处理，并对当期相关资产折旧、摊销做纳税调增处理。资产折旧或摊销调增金额以不征税收入额为限。

9. 投资收益

投资收益，是指企业以各种方式对外投资所取得的收益（所发生的损失为负数）。税法规定，企业的部分债权性投资收益和股权性投资收益为免税收入。另外，由于会计与税法对投资资产计量属性的不同也会产生税会差异。

上述差异主要体现在：

（1）国债利息收入。企业因购买国债所取得的利息收入，计入投资收益，而税法规定，国债利息收入免征企业所得税。因此，该项目需要做纳税调减处理。

（2）符合条件的权益性投资收益。税法规定，符合条件的居民企业之间的股息、红利等权益性投资收益及在中国境内设立机构、场所的非居民企业从居民企业取得与该机构、场所有实际联系的股息、红利等权益性投资收益免征企业所得税。同理，该项目也需要做纳税调减处理。

（3）按权益法进行会计处理的长期股权投资持有期间的投资损益。会计准则规定，投资企业对联营企业和合营企业的长期股权投资，采用权益法进行会计处理。投资企业取得长期股权投资后，按照被投资企业实现的净利润或发生的净亏损中投资企业应享有或应承担的份额确认投资收益。而税法规定，股息、红利等权益性投资收益，是指企业因权益性投资从被投资企业取得的收入。可见，税法并不承认这部分未实现的投资收益。因此，该项目形成了税会差异。在进行税务处理时，如按权益法进行会计处理的长期股权投资持有期间的投资损益结果为正数，则做纳税调减处理；反之，则做纳税调增处理。

10. 公允价值变动损益

会计准则规定，公允价值变动收益（损失），是指交易性金融资产等以公允价值计量的资产或负债的公允价值变动形成的应计入当期损益的利得（或损失）。税法规定，企业的各项资产，包括固定资产、生物资产、无形资产、长期待摊费用、投资资产、存货等，均以历史成本为计税基础。企业持有各项资产期间资产增值或者减值，除国务院、税务主管部门规定可以确认损益外，不得调整该资产的计税基础。可见，税法并不承认这一未实现的损益，同时形成了税会差异。

11. 信用减值损失和资产减值损失

会计准则界定的信用减值损失，是指企业金融资产发生的减值损失；会计准则界定的资产减值损失，是指企业各项非金融资产发生的减值损失。企业发生的各项信用减值损失和资产减值损失都计入当期损益。税法规定，未经核定的准备金支出不得在税前扣除，从而形成了税会差异，如表 1-10 所示。

表 1-10　资产减值损失（信用减值损失）的税会差异

资产减值损失（信用减值损失）	会计准则规定	税法规定	纳税调整
资产的可收回金额低于其账面价值的，将资产的价值减计至可收回金额，减计的金额确认为资产减值损失（信用减值损失）	将资产减值损失（信用减值损失）确认为当期损益，并计提资产减值准备	未经核定的准备金支出（不符合财政部、税务主管部门规定的各项资产减值准备、风险准备等准备金支出）不得在税前扣除	本期计提额减去本期转回额后的结果为正数，则余额做纳税调增处理；反之，则余额做纳税调减处理

12. 资产处置收益

资产处置收益，是指企业出售划分为持有待售的非流动资产（金融工具、长期股权投资和投资性房地产除外）或处置组（子公司和业务除外）时确认的处置利得或损失，以及处置未划分为持有待售的固定资产、在建工程、生产性生物资产及无形资产而产生的处置利得或损失。债务重组中因处置非流动资产（金融工具、长期股权投资和投资性房地产除外）产生的利得或损失和非货币性资产交换中换出非流动资产（金融工具、长期股权投资和投资性房地产除外）产生的利得或损失也包括在内。会计准则规定，企业初始计量或在资产负债表日重新计量持有待售的非流动资产或处置组时，其账面价值高于公允价值减去出售费用后的净额的，将账面价值减记至公允价值减去出售费用后的净额，减记的金额确认为资产减值损失（信用减值损失），计入当期损益，同时计提持有待售资产减值准备。所得税法规定，企业持有各项资产期间的资产减值，除国务院财政、税务主管部门规定可以确认损益外，不得调整该资产的计税基础。因此，企业计提的持有待售资产减值准备不得在税前扣除，从而会产生税会差异，计提的减值准备在汇算清缴时做纳税调增处理。

债务重组中因处置非流动资产产生的利得或损失和非货币性资产交换产生的利得或损失，可能因处置的非流动资产的入账价值与计税基础不同，产生税会差异。具体处理，请参阅第 8 章和第 10 章。

13. 营业外收入

营业外收入，是指企业发生的营业利润以外的收益，主要包括与企业日常活动无关的政府补助、盘盈利得、捐赠利得（企业接受股东或股东的子公司直接或间接的捐赠，经济实质属于股东对企业的资本性投入的除外）等。这些利得一般与税法应税收入中的"接受捐赠收入、其他收入"相对应，往往不涉及纳税调整项目。

会计准则规定，长期股权投资的初始投资成本小于投资时应享有的被投资企业可辨认净资产公允价值的份额的差额部分计入营业外收入，同时调整长期股权投资的初始投资成本。而税法规定，企业的投资资产以历史成本为计税基础。因此，对于计入营业外收入的数额做纳税调减处理。

14. 营业外支出

营业外支出，是指企业发生的营业利润以外的支出，主要包括公益性捐赠支出、非常损失、盘亏损失、非流动资产毁损报废损失等。而在税务处理时，有些支出税法上不予确认。

这一项目的税会差异主要体现在：

（1）罚金、罚款和被没收财物的损失、税收滞纳金。会计处理时，罚金、罚款和被没收财物的损失、税收滞纳金全额计入营业外支出，而税法规定，上述项目发生的支出不得在税前扣除。所以，上述项目需要做纳税调增处理。

（2）非广告性质的赞助支出。非广告性质的赞助支出全额计入营业外支出，而税法规定，上述项目发生的支出不得在税前扣除。所以，上述项目需要做纳税调增处理。

（3）捐赠支出。捐赠支出可以分为公益性捐赠支出和非公益性捐赠支出。税法规定，对于非公益性捐赠支出不得在税前扣除，按发生额做纳税调增处理。而对于公益性捐赠支出，税法允许按照会计利润总额的 12% 进行限额扣除，并且可以结转至以后三年扣除，超过标准的部分则做纳税调增处理；对于全额扣除的公益性捐赠，税会一致，无须做纳税调整处理。

（4）对未决诉讼、债务担保、亏损合同等计提的预计负债。企业因未决诉讼、债务担保、亏损合同等确认负债时所确认的费用，在利润表中作为"营业外支出"的组成部分予以反映。而税法规定，只有这些方面的支出实际发生时，才允许扣除。因此，上述业务形成的营业外支出做纳税调增处理，待这些支出实际发生时，再做纳税调减处理。

1.2 税会差异的处理方法

税会差异的处理方法主要通过纳税调整和所得税会计进行。具体来说，在纳税申报时，通过纳税调整项目来调整税会差异；在会计处理时，通过所得税会计来进行税会差异的会计处理。

1.2.1 纳税调整

（1）企业所得税按月或季预缴，年终进行汇算清缴。

（2）在报送企业所得税年度纳税申报表时，企业需要针对税会差异的项目进行纳税调整，通过纳税申报表的附表（如"纳税调整项目明细表"及其二级附表，税收优惠系列明细表等）明细项目反映。

【例 1-2】天顺公司 2020 年销售某产品的销售收入为 1 000 万元。合同约定，该批产品实现 3 年保修，预计保修费用 21 万元。2021 年，该公司实际支付保修费用 10 万元。

（1）会计处理。

2020 年：

借：销售费用 210 000

　贷：预计负债 210 000

2021 年：

借：预计负债 100 000

　贷：银行存款 100 000

（2）税务处理。

该公司 2020 年纳税申报表的填制如下：

① 假设 2020 年该公司销售费用仅包括保修费用 21 万元这一项，如表 1-11 所示。

表 1-11 中华人民共和国企业所得税年度纳税申报表（A 类）（A100000）

行次	类　别	项　目	金　额
4	利润总额计算	销售费用（填写 A104000）	210 000

② 纳税调增 2020 年应纳税所得额 21 万元，如表 1-12 所示。

表 1-12 纳税调整项目明细表（A105000）

行次	项　目	账载金额	税收金额	调增金额	调减金额
		1	2	3	4
30	（十七）其他	210 000	0	210 000	0

该公司 2021 年纳税申报表的填制如下：

纳税调减 2021 年应纳税所得额 10 万元，如表 1-13 所示。

表 1-13　纳税调整项目明细表（A105000）

行次	项　　目	账载金额	税收金额	调增金额	调减金额
		1	2	3	4
30	（十七）其他	0	100 000	0	100 000

1.2.2　所得税会计

如前所述，企业日常业务的税会差异主要包括暂时性差异和永久性差异。暂时性差异按照对未来期间应税金额的影响，分为应纳税暂时性差异和可抵扣暂时性差异。

对于暂时性差异，主要采用资产负债表债务法来进行会计处理。其具体步骤如下：

第一步，确定资产和负债项目的账面价值。

第二步，确定资产和负债项目的计税基础。

资产的计税基础，是企业在收回资产账面价值的过程中计算应纳税所得额时，按照税法规定可以自应税经济利益中抵扣的金额，本质上是税收口径的资产价值标准。

例如，存货的期末余额为 150 万元，其已提跌价准备为 30 万元，该存货的账面价值为 120 万元，由于税务上不承认存货的跌价准备，所以存货的计税基础为 150 万元。

负债的计税基础，是指其账面价值减去该负债在未来期间可予税前列支的金额，本质上是税务口径的负债价值。

例如，企业因产品质量担保计提的预计负债形成年末余额为 100 万元，此预计负债的账面价值为 100 万元，由于税务处理是按照实际发生时的金额准予税前扣除的，因此预计负债的计税基础为 0 元。

第三步，比较账面价值与计税基础，确定暂时性差异。

一般来说，应纳税暂时性差异产生于资产的账面价值大于其计税基础或负债的账面价值小于其计税基础，可抵扣暂时性差异产生于资产的账面价值小于其计税基础或负债的账面价值大于其计税基础。

第四步，确认递延所得税资产及负债。

企业在计算确定了应纳税暂时性差异和可抵扣暂时性差异后，确认相应的递延所得税负债和递延所得税资产。

第五步，确定利润表中的所得税费用。

所得税费用=当期所得税（应交所得税）+递延所得税=应交所得税+（期末递延所得税负债−期初递延所得税负债）−（期末递延所得税资产−期初递延所得税资产）

1. 递延所得税负债的会计处理

企业确认的应纳税暂时性差异产生的所得税负债,通过"递延所得税负债"账户进行会计处理。期末贷方余额反映已确认的递延所得税负债。

确认应纳税暂时性差异产生的递延所得税负债时,交易或事项的发生影响到会计利润或应纳税所得额的,作为利润表所得税的组成部分,在确认递延所得税负债的同时,增加利润表中的所得税费用。

资产负债表日,按照预期收回该资产或清偿该负债期间的适用税率计算递延所得税负债,即递延所得税负债由应纳税暂时性差异转回期间按照税法规定适用的所得税税率计算。其计算公式如下:

$$递延所得税负债=发生的应纳税暂时性差异的所得税影响金额-$$
$$已转回的应纳税暂时性差异的所得税影响金额+调整金额$$

【例 1-3】 2018 年 12 月底,华发公司购入一台机器设备,成本为 525 000 元,预计使用年限为 6 年,预计净残值为零。会计上按直线法计提折旧,因该设备符合税法规定的税收优惠条件,计税时可采用年数总和法计列折旧。假定税法规定的使用年限及净残值均与会计相同。该公司各会计期间均未对固定资产计提减值准备。

该公司每年因固定资产账面价值与计税基础不同而确认的递延所得税情况,如表 1-14 所示。

表 1-14　各年的应纳税暂时性差异及其对纳税的影响　　　金额单位:元

项　　目	2019 年	2020 年	2021 年	2022 年	2023 年	2024 年
实际成本	525 000	525 000	525 000	525 000	525 000	525 000
累计会计折旧	87 500	175 000	262 500	350 000	437 500	525 000
账面价值	437 500	350 000	262 500	175 000	87 500	0
累计计税折旧	150 000	275 000	375 000	450 000	500 000	525 000
计税基础	375 000	250 000	150 000	75 000	25 000	0
暂时性差异	62 500	100 000	112 500	100 000	62 500	0
适用税率(%)	25	25	25	25	25	25
递延所得税负债余额	15 625	25 000	28 125	25 000	15 625	0

该项固定资产各年度账面价值与计税基础确定如下。

(1)2019 年资产负债表日。

固定资产的账面价值=实际成本-累计会计折旧=525 000-87 500=437 500(元)

固定资产的计税基础=实际成本-累计计税折旧=525 000-150 000=375 000(元)

因账面价值 437 500 元大于其计税基础 375 000 元,两者之间产生的 62 500 元差异会增加未来期间的应纳税所得额和应交所得税,属于应纳税暂时性差异,确认递延所得税负债 15 625 元(62 500×25%),会计处理如下:

借：所得税费用   15 625

    贷：递延所得税负债   15 625

（2）2020年资产负债表日。

固定资产的账面价值=525 000−175 000=350 000（元）

固定资产的计税基础=525 000−275 000=250 000（元）

确认递延所得税负债为25 000元（100 000×25%），但递延所得税负债的期初余额为15 625元，当期进一步确认递延所得税负债为9 375元（25 000−15 625），会计处理如下：

借：所得税费用   9 375

    贷：递延所得税负债   9 375

（3）2021年资产负债表日。

固定资产的账面价值=525 000−262 500=262 500（元）

固定资产的计税基础=525 000−375 000=150 000（元）

确认递延所得税负债为28 125元（112 500×25%），但递延所得税负债的期初余额为25 000元，当期进一步确认递延所得税负债为3 125元（28 125−25 000），会计处理如下：

借：所得税费用   3 125

    贷：递延所得税负债   3 125

（4）2022年资产负债表日。

固定资产的账面价值=525 000−350 000=175 000（元）

固定资产的计税基础=525 000−450 000=75 000（元）

确认递延所得税负债为25 000元（100 000×25%），但递延所得税负债的期初余额为28 125元，当期转回原已确认的递延所得税负债为3 125元（25 000−28 125），会计处理如下：

借：递延所得税负债   3 125

    贷：所得税费用   3 125

（5）2023年资产负债表日。

固定资产的账面价值=525 000−437 500=87 500（元）

固定资产的计税基础=525 000−500 000=25 000（元）

确认递延所得税负债为15 625元（62 500×25%），但递延所得税负债的期初余额为25 000元，当期转回递延所得税负债为9 375元（15 625−25 000），会计处理如下：

借：递延所得税负债   9 375

    贷：所得税费用   9 375

（6）2024年资产负债表日。

该项固定资产的账面价值及计税基础均为零，两者之间不存在暂时性差异，原已确认的递延所得税负债予以全额转回，会计处理如下：

借：递延所得税负债   15 625

    贷：所得税费用   15 625

2. 递延所得税资产的会计处理

企业确认的可抵扣暂时性差异产生的递延所得税资产以及根据所得税法规定可用以后年度税前利润弥补的亏损及税款抵减产生的所得税资产，均通过"递延所得税资产"账户进行会计处理。期末借方余额反映企业确认的递延所得税资产。

确认因可抵扣暂时性差异产生的递延所得税资产以未来期间可能取得的应纳税所得额为限。在可抵扣暂时性差异转回的未来期间内，企业无法产生足够的应纳税所得额用以利用可抵扣暂时性差异的影响，使得与可抵扣暂时性差异相关的经济利益无法实现的，不确认递延所得税资产；企业有明确的证据表明其在可抵扣暂时性差异转回的未来期间能够产生足够的应纳税所得额，用以可抵扣暂时性差异的，则以可能取得的应纳税所得额为限，确认递延所得税资产。其计算公式如下：

$$递延所得税资产=发生的可抵扣暂时性差异的所得税影响金额-$$
$$已转回的可抵扣暂时性差异的所得税影响金额+调整金额$$

【例1-4】 2021 年 1 月 1 日，中盛公司购置一台设备，该设备的原值为 3 000 000 元。会计规定采用的计提折旧的方法为年数总和法，税法规定采用平均年限法，折旧年限均为 5 年。在第二年年末时，设备计提了 200 000 元的减值准备。

会计处理如下：

第一年的折旧=3 000 000×5÷15=1 000 000（元）

第二年的折旧=3 000 000×4÷15=800 000（元）

设备的账面价值=3 000 000-1 000 000-800 000-200 000=1 000 000（元）

税务处理如下：

每年计提折旧=3 000 000÷5=600 000（元）

两年共计提折旧=2×600 000=1 200 000（元）

设备的计税基础=3 000 000-1 200 000=1 800 000（元）

因为账面价值小于计税基础，说明两者差额为将来可抵扣的暂时性差异。

两者差额=1 800 000-1 000 000=800 000（元）

可抵扣暂时性差异形成递延所得税资产，中盛公司的会计处理如下：

借：递延所得税资产　　　　　　　　　200 000（800 000×25%）

　　贷：所得税费用　　　　　　　　　　　200 000

《小企业会计准则》与所得税法的规定基本一致，很少存在暂时性差异。但是小企业的费用在发生时按照其发生额计入当期损益，所得税法对某些费用规定了税前扣除限额，超过限额部分，准予结转以后纳税年度扣除，造成了暂时性差异。例如，所得税法规定，企业发生的符合条件的广告费和业务宣传费支出，不超过当年销售（营业）收入 15% 的部分，准予扣除，超过部分，准予结转以后纳税年度扣除；《关于企业职工教育经费税前扣除政策的通知》（财税〔2018〕51号）规定，自2018年1月1日起，企业发生的职工教育经费支出，不超过工资薪金总额8%的部分，准予在计算企业所得税应纳税所得额时扣除；超过部分，准予在以后纳税年度结转扣除。

3. 永久性差异

永久性差异，仅影响发生当期，不影响以后期间，不存在不同会计期间摊配问题。如果此差异影响相应的资产或负债，则账面价值与计税基础相同。永久性差异包括以下几类。

（1）可免税的会计收入和收益。可免税的会计收入和收益，即会计准则确认为收入、收益，所得税法不作为应纳税所得额的项目。例如，会计准则将长期股权投资持有期间的持有收益确认为投资收益，计入利润总额。由于股权投资所得是从被投资企业税后利润分配来的，已在被投资企业征过所得税，所得税法规定仅对投资企业和被投资企业税率差的部分进行补税，这部分长期股权投资所得不再征税。又如，会计准则规定企业收到国债利息收入时计入"投资收益"账户，年终计入利润总额。而所得税法规定，国债利息收入不计入应纳税所得额。

（2）所得税法作为应税收益的非会计收益。所得税法作为应税收益的非会计收益，即会计准则规定不确认为收入，而所得税法规定作为应税收入计税。例如，价外收费、视同销售业务等，会计上可能不作为收入，而所得税法将其作为应税收入。又如，企业与关联企业以不合理定价为手段减少应纳税所得额，所得税法规定税务机关有权合理调增企业应纳税所得额。

（3）所得税法不做扣除的会计费用或损失。所得税法不做扣除的会计费用或损失，即有些支出，会计准则已列为费用或损失，但所得税法不予认定。分为两种情况，一种是所得税法不允许扣除的项目。例如，违法经营的罚款和被没收财物的损失、各项税收的罚款、各种非公益性捐赠和赞助支出。这些项目在会计处理时列为营业外支出，所得税法规定不得扣减应税所得。另一种是所得税法允许扣除，并且规定了扣除比例的项目，如业务招待费、利息支出、限额扣除的公益性捐赠等。

（4）所得税法可扣除费用的非会计费用。所得税法可扣除费用的非会计费用，即会计未确认为费用或损失的，在计算应税所得额时，允许扣减。

我国目前对永久性差异的会计处理采用应付税款法，具体处理如下：

$$应税所得额=税前会计利润总额\pm永久性差异$$
$$本期应交所得税=应税所得额\times所得税税率$$
$$本期所得税费用=本期应交所得税$$

既有永久性差异又有暂时性差异的会计处理程序，如表1-15所示。

表 1-15　既有永久性差异又有暂时性差异的会计处理程序

项　目		计算方法
税前会计利润		来自会计口径利润
永久性差异	＋	所得税法不做扣除的会计费用或损失
		所得税法作为应税收益的非会计收益
	－	可免税的会计收入和收益
		所得税法可扣除费用的非会计费用
暂时性差异	＋	新增可抵扣暂时性差异
		转回应纳税暂时性差异
	－	转回可抵扣暂时性差异
		新增应纳税暂时性差异
应税所得		推算认定
应交税费		应税所得额×税率
递延所得税资产	借记	新增可抵扣暂时性差异×税率
	贷记	转回可抵扣暂时性差异×税率
递延所得税负债	贷记	新增应纳税暂时性差异×税率
	借记	转回应纳税暂时性差异×税率
本期所得税费用		倒挤认定

【例 1-5】润鸿公司 2021 年税前会计利润为 100 万元，所得税税率为 25%，当年发生如下业务：

（1）罚没支出 10 万元。

（2）国债利息收入 6 万元。

（3）库存商品年初账面余额为 50 万元，已提跌价准备 12 万元；年末账面余额为 56 万元，相应的跌价准备为 20 万元。

（4）某销售部门用的固定资产自 2020 年年初开始计提折旧，原价为 200 万元（税务上对此原价是认可的），假定无残值，会计上采用 4 年期年数总和法提取折旧，税法上则采取 5 年期直线法。

（5）2019 年年初，润鸿公司开始自行研制某专利权，历时 6 个月研究成功并投入使用，于 2019 年 7 月 1 日达到预计可使用状态，会计上采用 5 年期直线法摊销，假定无残值。该专利权在自行研发中耗费了 100 万元的研究费用、200 万元的开发费用，假定此开发费用按会计准则均符合资本化条件。另发生注册费、律师费 200 万元。税务上认可此专利权的分摊期限，但对开发费用则采用当期发生当期核销的方法，不承认资本化。

（6）润鸿公司因产品质量担保确认了预计负债，年初余额为 5 万元，2020 年新提了 3 万元，支付了产品质量担保费用 2.5 万元。

根据以上资料，润鸿公司 2021 年所得税的会计处理如下。

（1）判定暂时性差异，如表1-16所示。

表1-16　暂时性差异明细　　　　　　　　　　　　　　　　　单位：万元

项　目	年初口径			年末口径			差异类型	差异变动金额
	账面价值	计税基础	差异	账面价值	计税基础	差异		
库存商品	38	50	12	36	56	20	新增可抵扣暂时性差异	8
固定资产	120	160	40	60	120	60	新增可抵扣暂时性差异	20
无形资产	280*	245**	35	200	175	25	转回应纳税暂时性差异	−10
预计负债	5	0	5	5.5	0	5.5	新增可抵扣暂时性差异	0.5

*（200+200）×（5−1.5）÷5=280；

**200×（1+75%）×（5−1.5）÷5=245。

（2）资产负债表债务法所得税的会计处理过程如表1-17所示。

表1-17　所得税的会计处理过程　　　　　　　　　　　　　　单位：万元

项　目	计算过程	
税前会计利润	100	
永久性差异	罚没支出	+10
	国债利息收入	−6
暂时性差异	库存商品产生的新增可抵扣暂时性差异	+8
	固定资产产生的新增可抵扣暂时性差异	+20
暂时性差异	无形资产产生的转回应纳税暂时性差异	+10
	预计负债产生的新增可抵扣暂时性差异	+0.5
应税所得	142.5	
应交税费	35.625	
递延所得税资产	新增可抵扣暂时性差异×税率	7.125
递延所得税负债	转回应纳税暂时性差异×税率	2.5
本期所得税费用	26	

会计处理如下：

借：所得税费用　　　　　　　　　　　　　　　　　260 000
　　递延所得税资产　　　　　　　　　　　　　　　 71 250
　　递延所得税负债　　　　　　　　　　　　　　　 25 000
　　贷：应交税费——应交所得税　　　　　　　　　　　 356 250

1.3 所得税的纳税筹划方法

纳税筹划有广义和狭义之分。狭义的纳税筹划是指在法律允许的范围内,或者至少在法律不禁止的范围内,纳税人通过对生产经营活动的一些调整和安排,最大限度地减轻税收负担的行为。广义的纳税筹划是指纳税人通过对生产经营活动的调整和安排,达到减轻税收负担的行为。合理的所得税纳税筹划可以为企业最大限度地减轻实际税负率,提供更多的发展资金,为扩大税后利润提供基础。所得税纳税筹划方法主要包括税收优惠政策法、会计处理方法筹划法等。

1. 利用企业所得税优惠政策进行纳税筹划

税收优惠是政府通过税收制度,按照预定目的,减除或减轻纳税人税收负担的一种形式。具体分类为税基、税率、税额和单项优惠四种优惠政策。

(1)税基优惠,是通过直接缩小计税依据的方式来实现减税、免税。其内容包括免征额(如对技术转让所得的优惠)、项目扣除(如加计扣除)、跨期结转(如弥补亏损)等方式。

(2)税率优惠,是通过降低法定税率的方式对纳税人实施税收优惠(如对小型微利企业的认定等)。

(3)税额优惠,是对纳税人应纳税额的减除或免除(如专用设备的抵税政策等)。

(4)单项优惠,针对特定行业,多种优惠方式结合使用的一种优惠政策(如软件生产企业优惠政策)。

企业可以根据所处的行业和本身的状况,来选择有利于自己发展的税收优惠政策。

2. 利用会计处理方法进行纳税筹划

根据会计准则的规定,对于部分业务的会计处理方法,企业具有一定的选择空间,如固定资产折旧、收入确认方式和存货计价方法,企业可以结合自身特点进行纳税筹划等。

(1)利用固定资产折旧进行纳税筹划。固定资产折旧,是按照确定的折旧方法和净残值将资产账面价值逐步转移到成本费用中,成本费用直接影响企业当期损益,因此可以通过选择适当的折旧方法、合理确定折旧年限和净残值进行筹划。

(2)利用收入确认方式进行纳税筹划。企业可以关注税法的收入确认条件,在遵循实质重于形式原则的基础上,合理、适当地判断收入确认时点,避免提前纳税。

(3)利用存货计价方法的选择进行筹划。我国存货计价方法主要有先进先出法、加权平均法(含移动加权平均法)、个别计价法。不同存货计价方法会影响企业的经营业绩和纳税情况,因此可以充分利用不同的存货计价方法对企业所得税进行筹划。

第 2 章
存货的税会差异与纳税筹划

存货的税会差异主要体现在存货的取得、存货发出方法的选择、存货跌价准备的计提和存货损失的处理等业务中。本章主要介绍这些业务的税会差异、纳税调整处理和纳税申报表的填制，对存在纳税筹划空间的部分业务，一并介绍。

2.1　取得存货的税会差异

会计准则规定，存货按照成本进行初始计量，包括采购成本、加工成本和其他成本。投资者投入存货的成本，按照投资合同或协议约定的价值确定，但合同或协议约定价值不公允的除外。

所得税法规定存货按取得时的实际支出作为计税基础。外购存货按购买价款和相关税费等作为计税基础。接受捐赠的、非货币性资产交换取得的、债务重组取得的存货，按存货的公允价值和支付的相关税费计价。

对于接受捐赠的存货，会计准则没有做出明确规定。所得税法规定，企业接受捐赠的存货，按接受捐赠时资产的入账价值确认收入，并计算缴纳企业所得税，同时按会计成本确认为计税成本。

本节主要介绍外购存货、接受捐赠存货的税会差异，以及纳税调整处理和纳税申报表的填制。非货币性资产交换、债务重组取得存货的税会差异及其纳税调整处理，请参阅第 8 章和第 10 章。

2.1.1　外购存货的差异

企业外购存货的税会差异，如表 2-1 所示。

表 2-1　外购存货的税会差异

会计处理	税务处理
存货的采购成本包括购买价款、进口关税和其他税费、运输费、装卸费、保险费以及其他可归属于存货采购成本的费用，但是不包括仓储费用	以取得时的实际成本计价。外购存货的实际成本包括购货价格、购货费用和税金。存货按照以下方法确定成本： （1）通过支付现金方式取得的存货，以购买价款和支付的相关税费为成本。 （2）通过支付现金以外的方式取得的存货，以该存货的公允价值和支付的相关税费为成本

　　【例 2-1】　黄海公司是一般纳税人，采用计划成本法进行会计处理。2021 年 1 月 3 日，黄海公司从长江公司购买材料，但黄海公司资金紧张。长江公司考虑到黄海公司拥有良好的信誉，于是双方签订购销合同，购买价格为 400 000 元，增值税税率为 13%，2022 年 6 月 30 日

偿还材料款。2021 年 1 月 3 日长江公司发出了材料，并按 400 000 元的价格开具了增值税专用发票，购买该材料价款的现值为 360 000 元。

2021 年 1 月 3 日，黄海公司采购材料时：

借：材料采购　　　　　　　　　　　　　　　　　　360 000

　　应交税费——应交增值税（进项税额）　　　　　　52 000

　　未确认融资费用　　　　　　　　　　　　　　　　40 000

　　　贷：长期应付款——长江公司　　　　　　　　　　　　452 000

会计准则规定，黄海公司购买材料的账面金额按购买该材料价款的现值 360 000 元进行计量，而税法认定的该材料的成本为 400 000 元。因此，在材料消耗、未确认融资费用摊销时要做纳税调整处理。

如果黄海公司是小企业，则上述会计处理中的"材料采购"账户的金额为 400 000 元，并且不存在"未确认融资费用"账户。此时，税会一致，不存在差异，无须做纳税调整处理。

因存货而发生的借款费用，会计准则对存货的入账金额计算与所得税法的规定存在一定的差异，如表 2-2 所示。

表 2-2　存货借款费用的税会差异

会计处理	税务处理
企业发生的借款费用，可直接归属于符合资本化条件存货生产的，予以资本化，计入存货成本；其他借款费用在发生时确认为费用，计入当期损益。这里符合资本化条件的存货，是指需要经过相当长时间的购建或者生产活动才能达到可使用或者可销售状态的存货	企业在生产经营活动中发生的合理的无须资本化的借款费用，准予扣除。 企业经过 12 个月以上的建造才能达到预定可销售状态的存货发生借款的，在建造期间发生的合理的借款费用，作为资本性支出计入有关资产的成本，并依照规定扣除

【例 2-2】 江南公司为菲勒锻造公司制造两台大型设备，设备的生产周期超过一年时间。江南公司于 2021 年 1 月 1 日向银行贷款 200 万元，年利率为 6%，期限 2 年，每年年末付息一次。江南公司于 2021 年 4 月 1 日支出银行贷款 100 万元，10 月 1 日支出银行贷款 100 万元，两台设备在 2022 年 6 月 30 日完工交付。

江南公司按表 2-3 所示的方法计算贷款利息（假设利息资本化金额每半年计算一次）。

表 2-3　江南公司的会计处理和税务处理

时间	会计处理	税务处理
2021 年 6 月 30 日	资本化金额=（100×3÷6）×6%÷2=1.5（万元） 当期负担的半年利息=200×6%÷2=6（万元） 借：生产成本　　　　　　　　　　15 000 　　财务费用　　　　　　　　　　45 000 　　　贷：长期借款——应计利息　　　　　　60 000	2021 年，江南公司全年负担利息为 12 万元，但计入财务费用的只有 6 万元；所得税法规定，江南公司当年允许税前扣除的利息费用

续表

时　　间	会计处理	税务处理
2021 年 6 月 30 日		为 12 万元，因此产生 6 万元的差异
2021 年 12 月 31 日	资本化金额=（100+100×3÷6）×6%÷2=4.5（万元） 当期负担的半年利息=200×6%÷2=6（万元） 借：生产成本　　　　　　　　　　　45 000 　　财务费用　　　　　　　　　　　15 000 　　贷：应付利息　　　　　　　　　　60 000	
2022 年 6 月 30 日	半年利息 6 万元全部资本化，计入"生产成本"账户： 借：生产成本　　　　　　　　　　　60 000 　　贷：长期借款——应计利息　　　　60 000	全年负担的利息为 12 万元，有 6 万元允许计入"财务费用"账户，所得税法规定当年允许税前扣除的财务费用为 12 万元，产生 6 万元的差异
2022 年 12 月 31 日	两台设备在 2022 年 6 月 30 日完工交付，下半年利息 6 万元全部计入"财务费用"账户： 借：财务费用　　　　　　　　　　　60 000 　　贷：应付利息　　　　　　　　　　60 000	

2.1.2　接受捐赠存货的差异

接受捐赠存货的税会差异如表 2-4 所示。

表 2-4　接受捐赠存货的税会差异

会计处理	税务处理
接受捐赠的存货，按照公允价值计量；公允价值不能可靠取得的，按照名义金额计量，名义金额为 1 元	企业接受来自其他企业、组织或者个人无偿给予的货币资产、非货币资产，并入实际收到捐赠当年的应纳税所得总额征收企业所得税，按照公允价值和应支付的相关税费作为计税基础

2.2　发出存货的税会差异与纳税筹划

存货转移主要涉及两方面问题：一是存货发出时采用的计价方法，即采用先进先出法、月末一次加权平均法、移动加权平均法或个别计价法；二是存货发出后的去向，主要包括对外出售、内部使用和债务重组等业务。本节主要介绍存货发出计价方法的税会差异、购进货物和自产产品应用于非应税项目或非生产项目的税会差异、存货视同销售的其他情况的税会差异，并介绍可能存在的纳税筹划。

2.2.1 存货发出的计价方法

存货发出的计价方法主要有先进先出法、月末一次加权平均法、个别计价法和移动加权平均法。在此，主要介绍前三种方法的税会差异。

存货发出计价方法的税会差异如表 2-5 所示。

表 2-5 存货发出计价方法的税会差异

会计处理	税务处理	差 异
企业采用先进先出法、月末一次加权平均法或者个别计价法确定发出存货的实际成本。已售存货将其成本结转为当期损益，相应的存货跌价准备也予以结转	企业使用或者销售的存货的成本计算方法，可以在先进先出法、月末一次加权平均法、个别计价法中选用一种。计价方法一经选用，不得随意变更	基本一致

2.2.2 购进货物改变经营用途

购进货物改变经营用途是指将购进的本来用于应税项目的货物转用于非应税项目或非生产项目。相关税法规定如表 2-6 所示。

表 2-6 购进货物用途的增值税规定

购进货物的情况		增值税的相关规定
没有明确用途		企业购进货物，其进项税额允许抵扣
明确用途，用于非生产或非应税项目		不能抵扣进项税额，其进项税额直接计入该项货物的成本
已经抵扣了进项税额的购进货物，如果改变其经营用途，转用于非应税项目或非生产项目	购进货物改变用途	购进时已得到抵扣的进项税额要做转出处理，其所负担的运费所计提的进项税额也一并转出
	购进货物改变经营用途，用于企业的外部非生产移送	视同销售行为，在货物移送环节计算其增值税的销项税额

【例 2-3】松钢公司是一般纳税人，2021 年 4 月将 3 月购进的钢材一批用于企业的在建工程（不动产），钢材的实际成本为 110 000 元（其中含运费 10 000 元）。

运费部分转出的进项税额 = 10 000 × 9% = 900（元）

钢材部分转出的进项税额 =（110 000−10 000）× 13% = 13 000（元）

松钢公司的会计处理如下：

借：在建工程　　　　　　　　　　　　　　123 900
　　贷：原材料　　　　　　　　　　　　　　　　110 000
　　　　应交税费——应交增值税（进项税额转出）　　13 900

购进货物改变经营用途，用于企业的外部非生产移送，如对外投资、股东分红、无偿赠送等。此种行为属于视同销售行为，以其公允价值确认收入，在货物移送环节计算其增值税的销项税额，同时结转相应的成本。

视同销售业务同时涉及增值税和所得税的处理。

（1）增值税部分。对于视同销售业务的认定，按照规定，单位或者个体工商户的下列行为，应当视同销售：

①　将货物交付其他单位或者个人代销；

②　销售代销货物；

③　设有两个以上机构并实行统一核算的纳税人，将货物从一个机构移送其他机构用于销售，但相关机构设在同一县（市）的除外；

④　将自产或者委托加工的货物用于非增值税应税项目；

⑤　将自产、委托加工的货物用于集体福利或者个人消费；

⑥　将自产、委托加工或者购进的货物作为投资，提供给其他单位或者个体工商户；

⑦　将自产、委托加工或者购进的货物分配给股东或者投资者；

⑧　将自产、委托加工或者购进的货物无偿赠送其他单位或者个人。

（2）所得税部分。对于涉及所得税处理的，按照《国家税务总局关于企业处置资产所得税处理问题的通知》（国税函〔2008〕第 828 号）规定，企业将资产移送他人的下列情形，因资产所有权属已发生改变而不属于内部处置资产，应按规定视同销售确定收入。

①　用于市场推广或销售；

②　用于交际应酬；

③　用于职工奖励或福利；

④　用于股息分配；

⑤　用于对外捐赠；

⑥　其他改变资产所有权属的用途。

企业发生上述行为时，收入金额的确认方法要按照以下规定处理：属于企业自制的资产，按企业同类资产同期对外销售价格确定销售收入；属于外购的资产，按购入时的价格确定销售收入。

【例 2-4】大华公司是一般纳税人，2021 年 1 月购进一批货物，取得增值税专用发票，注明价款 100 000 元，增值税额 13 000 元（发票当月已认证），款项以银行存款支付。2021 年 2 月将购进货物的 50%用于内部职工福利，另外 50%用于外部无偿赠送客户。

大华公司的会计处理如表 2-7 所示。

表2-7 大华公司的会计处理

货物购进环节	改变货物用途时	
	50%用于内部职工福利	50%用于外部无偿赠送
借：库存商品 　　　　　　　　　　100 000 　　应交税费——应交增值税（进项税额） 　　　　　　　　　　13 000 贷：银行存款 　　　　　　　　　　113 000	应转出的进项税额=13 000×50%=6 500（元） 借：应付职工薪酬——职工福利 　　　　　　　　　56 500 贷：库存商品　　50 000 　　应交税费——应交增值税（进项税额转出）　6 500	视同销售处理，没有同类产品售价，按组成计税价格计税： 销项税额=50 000×（1+10%）×13%=7 150（元） 借：营业外支出　　62 150 贷：主营业务收入　55 000 　　应交税费——应交增值税（销项税额）　　7 150 同时结转成本： 借：主营业务成本　50 000 贷：库存商品　　50 000

表2-7中的50%用于内部职工福利，属于国税函〔2008〕第828号文规定的视同销售行为，而会计处理并未确认收入，两者存在税会差异。大华公司纳税申报时需要做纳税调整处理，填制《视同销售和房地产开发企业特定业务纳税调整明细表（A105010）》，如表2-8所示。

表2-8 视同销售和房地产开发企业特定业务纳税调整明细表（A105010）

行　次	项　目	税收金额	纳税调整金额
		1	2
1	一、视同销售（营业）收入		
5	（四）用于职工奖励或福利视同销售收入	55 000	55 000
11	二、视同销售（营业）成本		
15	（四）用于职工奖励或福利视同销售成本	50 000	50 000

2.2.3 自产产品用于非应税项目或非生产项目

将自产产品或委托加工收回的货物用于非应税项目或非生产项目，其税务处理和会计处理如表2-9所示。

表 2-9　自产产品用于非应税项目或非生产项目的税务处理和会计处理

税务处理	会计处理	
	以物易物行为	以存货抵偿债务
视同销售行为处理，在货物移送环节，计算其应纳的增值税销项税额，并可抵扣其进项税额	属于企业的非货币性资产交换，按非货币性资产交换准则（2019）的规定进行会计处理。具体处理方法，请参阅第 8 章	按债务重组准则（2019）的规定进行会计处理。具体处理方法，请参阅第 10 章

本节主要介绍自产产品用于个人消费、对外投资、集体福利、对外捐赠等业务的税会差异，自产产品用于非货币性资产交换和债务重组等业务的税会差异，请参阅第 8 章和第 10 章。

1. 自产产品用于个人消费

自产产品用于个人消费的情况如例 2-5 所示。

【例 2-5】 鞍山公司 2021 年 5 月将自己生产的保温杯 1 000 件用于个人消费，产品单位成本每件 150 元，同类产品对外销售价格每件 180 元，该产品增值税税率为 13%。

鞍山公司的会计处理如下：

销项税额=180×1 000×13%=23 400（元）

借：应付职工薪酬　　　　　　　　　　　　　173 400
　　贷：库存商品　　　　　　　　　　　　　　　　150 000
　　　　应交税费——应交增值税（销项税额）　　　23 400

上述业务，属于国税函〔2008〕第 828 号文规定的视同销售行为，而会计处理并未确认收入，两者存在税会差异，鞍山公司纳税申报时需要做纳税调整处理，填制《视同销售和房地产开发企业特定业务纳税调整明细表（A105010）》，如表 2-10 所示。

表 2-10　视同销售和房地产开发企业特定业务纳税调整明细表（A105010）

行　次	项　目	税收金额	纳税调整金额
		1	2
1	一、视同销售（营业）收入		
10	（九）其他	180 000	180 000
11	二、视同销售（营业）成本		
20	（九）其他	150 000	150 000

2. 自产产品用于集体福利

企业自产、委托加工的货物用于集体福利消费等，视同销售货物计算应交增值税。

✍【例2-6】乳山被服厂 2021 年用自己产的原材料给本厂职工每人定做一套西服，共计 250 套。原材料成本为每套 400 元，适用的增值税税率为 13%。

乳山被服厂的会计处理如下：

该批材料无销售价格，按组成计税价格计算。

销项税额=组成计税价格×适用税率

　　　　=成本×（1+成本利润率）×适用税率

　　　　=400×250×（1+10%）×13%

　　　　=14 300（元）

借：应付职工薪酬——职工福利　　　　　　　114 300

　　贷：库存商品　　　　　　　　　　　　　　　 100 000

　　　　应交税费——应交增值税（销项税额）　　14 300

上述业务，属于国税函〔2008〕第 828 号文规定的视同销售行为，而会计处理并未确认收入，两者存在税会差异，乳山被服厂纳税申报时需要做纳税调整处理，填制《视同销售和房地产开发企业特定业务纳税调整明细表（A105010）》，如表 2-11 所示。

表 2-11　视同销售和房地产开发企业特定业务纳税调整明细表（A105010）

行　　次	项　　目	税收金额	纳税调整金额
		1	2
1	一、视同销售（营业）收入		
5	（四）用于职工奖励或福利视同销售收入	110 000	110 000
11	二、视同销售（营业）成本		
15	（四）用于职工奖励或福利视同销售成本	100 000	100 000

3. 无偿赠送自产产品

无偿赠送行为可分为两种：公益性捐赠和非公益性捐赠。公益性捐赠，是指企业通过公益性社会组织或者县级以上人民政府及其部门，用于符合法律规定的慈善活动、公益事业的捐赠。除此之外的，为非公益性捐赠。

我国的增值税法规对捐赠行为是否具有公益性没有进行区分，统一按照视同销售行为，以同类产品同期对外销售价格或组成计税价格为基础，计算缴纳增值税。

企业将自产、委托加工的货物无偿赠送他人，视同销售货物计算应交增值税，借记"营业外支出"等账户，贷记"应交税费——应交增值税（销项税额）"账户。

所得税法规定，企业将存货、资产、劳务用于捐赠的，除国务院财政、税务主管部门另有规定外，视同销售货物、转让财产或者提供劳务。企业将资产移送他人且资产所有权发生变更的，按规定视同销售并确定收入。企业发生资产所有权转移的处置行为，属于企业自制的资产，按企业被移送资产的公允价值确定销售收入；属于外购的资产，按购入时的价格确定销售收入。

可见，企业实物捐赠业务不管是否具有公益性，在企业所得税处理中均需要视同销售，按公允价值或购入时价格确认收入。

根据所得税法规定，企业当年发生以及以前年度结转的公益性捐赠支出，不超过年度利润总额 12% 的部分，准予扣除；超过部分，准予结转以后三年内在计算应纳税所得额时扣除。

需要注意的是，扣除标准中的年度利润总额，是指按国家统一会计制度计算的年度会计利润。此外，公益性捐赠的扣除，必须同时符合三个条件：一是这种捐赠是公益性的，是通过非营利机构或政府机构发生的捐赠，直接的捐赠或通过营利机构发生的捐赠不得扣除；二是取得合法有效的扣除凭证；三是及时准确地提交税前扣除申报资料。

《关于公益性捐赠支出企业所得税税前结转扣除有关政策的通知》（财税〔2018〕15 号）规定：

（1）企业通过公益性社会组织或者县级（含县级）以上人民政府及其组成部门和直属机构，用于慈善活动、公益事业的捐赠支出，在年度利润总额 12% 以内的部分，准予在计算应纳税所得额时扣除；超过年度利润总额 12% 的部分，准予结转以后三年内在计算应纳税所得额时扣除。

（2）企业当年发生及以前年度结转的公益性捐赠支出，准予在当年税前扣除的部分，不能超过企业当年年度利润总额的 12%。

（3）企业发生的公益性捐赠支出未在当年税前扣除的部分，准予向以后年度结转扣除，但结转年限自捐赠发生年度的次年起计算最长不得超过三年。

（4）企业在对公益性捐赠支出计算扣除时，应先扣除以前年度结转的捐赠支出，再扣除当年发生的捐赠支出。

所得税法规定，企业将自产、委托加工和外购的原材料、固定资产、无形资产和有价证券（商业企业包括外购商品）用于捐赠，分解为按公允价值视同对外销售和捐赠两项业务进行所得税处理。

【例 2-7】2021 年 1 月 15 日，乳山被服厂向灾区捐赠自产被套一批，价值为 300 000 元，同类产品市场价为 360 000 元。假设 50% 用于公益性捐赠，50% 用于非公益性捐赠，当年该厂的利润总额为 100 万元。

会计处理如下：

销项税额 = 360 000 × 13% = 46 800（元）

借：营业外支出	346 800	
贷：库存商品		300 000
应交税费——应交增值税（销项税额）		46 800

公益性捐赠和非公益性捐赠的会计处理方法及其对所得税的影响是不一致的。两者的税会差异如表 2-12 所示。

表 2-12　公益性捐赠和非公益性捐赠的税会差异

项　目	会计上按成本结转	税法上确认销售收入
非公益性捐赠	按视同销售调整应纳税所得额；捐赠成本和增值税销项税全额纳税调增	捐赠成本和增值税销项税全额纳税调增
公益性捐赠	按视同销售调整应纳税所得额；捐赠成本和增值税销项税额超过会计利润 12%部分纳税调增	捐赠成本和增值税销项税额超过会计利润 12%部分纳税调增

上述业务，属于国税函〔2008〕第 828 号文规定的视同销售行为，而会计处理并未确认收入，两者存在税会差异。乳山被服厂纳税申报时需要做纳税调整处理，填制《视同销售和房地产开发企业特定业务纳税调整明细表（A105010）》（见表 2-13）和《捐赠支出纳税调整明细表（A105070）》（见表 2-14）。

表 2-13　视同销售和房地产开发企业特定业务纳税调整明细表（A105010）

行　次	项　目	税收金额	纳税调整金额
		1	2
1	一、视同销售（营业）收入		
7	（六）用于对外捐赠视同销售收入	360 000	360 000
11	二、视同销售（营业）成本		
17	（六）用于对外捐赠视同销售成本	300 000	300 000

2.2.4　存货视同销售的其他情况分析

存货视同销售的其他情况包括对外投资、存货作为样品进行广告宣传、存货对外捐赠等业务。

【例 2-8】华阳公司用一批自产存货对其子公司追加投资，该批存货成本为 100 万元，公允价值为 200 万元（假设不考虑除企业所得税外的其他税种）。

会计准则规定，由于该投资发生于关联企业之间，不具备商业实质，因此长期股权投资成本应以换出存货的账面价值 100 万元确认，同时在贷方将该批存货的账面价值转出。

所得税法规定，非货币性资产交换无论是否具有商业实质，均属于视同销售行为，做相应的纳税调整处理。因此华阳公司调增应纳税所得额 100 万元（200–100）。

此外，该项长期股权投资的计税基础应为 200 万元，而非 100 万元，即该项长期股权投资处置时可在税前扣除的金额为 200 万元。

表 2-14　捐赠支出纳税调整明细表（A105070）

行次	项目	账载金额 1	以前年度结转可扣除的捐赠额 2	按税收规定计算的扣除限额 3	税收金额 4	纳税调增金额 5	纳税调减金额 6	可结转以后年度扣除的捐赠额 7
1	一、非公益性捐赠	173 400	*	*	*	173 400	*	*
2	二、限额扣除的公益性捐赠（3+4+5+6）	173 400		120 000	120 000	53 400		53 400
3	前三年度（　　年）	*	*	*	*	*	*	*
4	前二年度（　　年）	*	*	*	*	*	*	*
5	前一年度（　　年）	*	*	*	*	*	*	*
6	本年（2021年）	173 400	*	120 000	120 000	53 400	*	53 400
7	三、全额扣除的公益性捐赠		*	*	*	*	*	*
8	1.		*	*	*	*	*	*
9	2.		*	*	*	*	*	*
10	3.		*	*	*	*	*	*
11	合计（1+2+7）	346 800	*	120 000	120 000	226 800	*	53 400
附列资料	2015 年度至本年发生的公益性扶贫捐赠合计金额							

【例2-9】 华阳公司将一批自产的产品作为样品在展销会上无偿赠送他人，存货成本价100万元，公允价值200万元，公司当年营业收入为800万元（假设不考虑除企业所得税外的其他税种）。

会计处理时，按照自产产品成本确认的销售费用为100万元。

税务处理时，根据国税函〔2008〕第828号文的规定，资产所有权发生转移时应按照视同销售行为确认收入，因此需调增应纳税所得额100万元。另外，所得税法实施条例规定，企业发生的符合条件的广告费和业务宣传费支出，除国务院财政、税务主管部门另有规定外，不超过当年销售（营业）收入15%的部分，准予扣除，超过部分，准予在以后纳税年度结转扣除。扣除限额=（800+200）×15%=150（万元）。计算应纳税所得额时，以视同销售价格200万元为扣除标准，当期调减应纳税所得额50万元，剩下50万元结转下年做纳税调整处理。

【例2-10】 华阳公司将一批自产存货通过红十字会捐赠给灾区，存货成本价100万元，公允价值200万元，公司当年会计利润总额为1 000万元（假设不考虑除企业所得税外的其他税种）。

在会计处理上，按照存货的账面价值100万元计入当期损益，从营业利润中扣减，计算利润总额。

在税务处理上，先调增应纳税所得额100万元，根据所得税法实施条例规定，企业当年发生及以前年度结转的公益性捐赠支出，不超过年度利润总额的12%的部分，准予扣除。因此，扣除限额=1 000×12%=120（万元），100万元<120万元，在利润总额前扣减，不需再做纳税调整处理。

2.2.5 存货发出的纳税筹划

由于选用不同的存货计价方法会导致企业账面上的期末库存、销售成本等数据发生改变，从而影响当期应税所得税额及相应的税费额，因此选择合适的存货计价方法尤为重要。

对存货计价方法的选择需要充分考虑以下因素：

（1）市场物价变化因素。在物价持续下跌时采用先进先出法，这样存货成本费用较高，可以降低企业的所得税额；在物价呈持续上涨趋势时，企业可以采用加权平均法，将存货的发出成本按照加权后的平均价格核算，使得成本数额较高，相应的期末结存存货成本较低，就可以将利润和纳税递延到以后年度，从而达到延缓缴纳企业所得税的目的。

（2）企业税负期。如果处于所得税的免税期，在物价上涨时，可选择先进先出法核算减少成本的当期摊入，企业在免税期内得到的免税额也就越多；如果处于征税期或高税负期，宜选择加权平均法或移动平均法尽量扩大当期成本摊入，以达到减少企业当期应纳所得税额。

2.3　存货减值、损失的税会差异

2.3.1　存货减值的税会差异

在资产负债表日,存货按照成本与可变现净值孰低计量。所得税法规定,存货成本的确定遵循历史成本原则。

存货跌价准备的税会差异,如表 2-15 所示。

表 2-15　存货跌价准备的税会差异

会计处理	税务处理	差　异
在资产负债表日,存货按照成本与可变现净值孰低计量。存货成本高于其可变现净值的,按其差额计提存货跌价准备,计入当期损益;存货成本低于其可变现净值的,按其成本计量,不计提存货跌价准备,但原已计提存货跌价准备的,在已计提存货跌价准备金额的范围内转回	在计算应纳税所得额时,存货跌价准备不得扣除。只有在该项资产实际发生损失时,其损失金额才能从应纳税所得额中扣除。企业已提取减值准备的资产,如果在纳税申报时已调增应纳税所得额,则因价值恢复或转让处置有关资产而冲销的准备允许企业做相反的纳税调整处理	会计准则要求企业提取存货跌价准备,所得税法则不允许扣除存货跌价准备。同时,当企业的存货发生转让或其他流出企业的行为时,所得税法允许按历史成本结转存货的计税成本。对于以前调增应纳税所得额的跌价准备,在转回时调减应纳税所得额或作为其他减值准备调增应纳税所得额的抵减项目

【例 2-11】华德公司采用成本与可变现净值孰低法对期末存货进行计量。

（1）2019 年 12 月 31 日,存货的账面余额为 1 000 万元,预计可变现净值为 900 万元;

（2）2020 年 12 月 31 日,该批存货的预计可变现净值为 850 万元;

（3）2021 年 12 月 31 日,该批存货的可变现净值有所恢复,预计可变现净值为 970 万元;

（4）2022 年 5 月,将该批存货的 80% 对外出售,取得收入 1 000 万元,年末未对存货跌价准备做调整。

华德公司的税会处理如下:

（1）2019 年 12 月 31 日。

借:资产减值损失　　　　　　　　　　　　　　　1 000 000

　　贷:存货跌价准备　　　　　　　　　　　　　　　　1 000 000

税务处理:纳税申报时,调增应纳税所得额 100 万元。填制《纳税调整项目明细表（A105000）》,如表 2-16 所示。

表 2-16　纳税调整项目明细表（A105000）

行　次	项　目	账载金额	税收金额	调增金额	调减金额
		1	2	3	4
33	（二）资产减值准备金	1 000 000	*	1 000 000	0

存货账面价值小于其计税基础 100 万元。

借：递延所得税资产　　　　　　　　　　　　　　　　　250 000

　　贷：所得税费用　　　　　　　　　　　　　　　　　250 000

（2）2020 年 12 月 31 日。

借：资产减值损失　　　　　　　　　　　　　　　　　500 000

　　贷：存货跌价准备　　　　　　　　　　　　　　　　500 000

税务处理：纳税申报时，调增应纳税所得额 50 万元。填制《纳税调整项目明细表（A105000）》，如表 2-17 所示。

表 2-17　纳税调整项目明细表（A105000）

行　次	项　目	账载金额	税收金额	调增金额	调减金额
		1	2	3	4
33	（二）资产减值准备金	500 000	*	500 000	0

存货账面价值小于计税基础 150 万元。

借：递延所得税资产　　　　　　　　　　　　　　　　　125 000

　　贷：所得税费用　　　　　　　　　　　　　　　　　125 000

（3）2021 年 12 月 31 日。

借：存货跌价准备　　　　　　　　　　　　　　　　　1 200 000

　　贷：资产减值损失　　　　　　　　　　　　　　　　1 200 000

税务处理：纳税申报时，调减应纳税所得额 120 万元。填制《纳税调整项目明细表（A105000）》，如表 2-18 所示。

表 2-18　纳税调整项目明细表（A105000）

行　次	项　目	账载金额	税收金额	调增金额	调减金额
		1	2	3	4
33	（二）资产减值准备金	–1 200 000	*	0	1 200 000

存货账面价值小于计税基础 30 万元。

借：所得税费用　　　　　　　　　　　　　　　　　300 000

　　贷：递延所得税资产　　　　　　　　　　　　　　　300 000

（4）2022 年 12 月 31 日。

借：银行存款　　　　　　　　　　　　　　　　11 300 000

　　贷：主营业务收入　　　　　　　　　　　　　　10 000 000

　　　　应交税费——应交增值税（销项税额）　　1 300 000

借：主营业务成本　　　　　　　　7 760 000

　　存货跌价准备　　　　　　　240 000 [（1 000 000+500 000−1 200 000）×80%]

　　贷：库存商品　　　　　　　　8 000 000（10 000 000 × 80%）

税务处理：纳税申报时，调减应纳税所得额 24 万元。填制《纳税调整项目明细表（A105000）》（见表 2-19），填报《一般企业成本支出明细表（A102010）》（见表 2-20）第 3 行"销售商品成本"776 万元，而不是 800 万元，因为转销的"存货跌价准备"24 万元在《纳税调整项目明细表（A105000）》中做纳税调减处理。

表 2-19　纳税调整项目明细表（A105000）

行　　次	项　　目	账载金额	税收金额	调增金额	调减金额
		1	2	3	4
33	（二）资产减值准备金	−240 000	*	0	240 000

表 2-20　一般企业成本支出明细表（A102010）

行　　次	项　　目	金　　额
1	一、营业成本	
2	（一）主营业务成本	
3	1．销售商品成本	7 760 000

存货账面价值小于计税基础 6 万元。

借：所得税费用　　　　　　　　　　　　　　　60 000

　　贷：递延所得税资产　　　　　　　　　　　　60 000

2.3.2　存货损失的税会差异

会计准则和所得税法在存货损失的范围、计量方法上存在差异。存货损失扣除的税会差异如表 2-21 所示。

表 2-21　存货损失扣除的税会差异

会计处理	税务处理	差　　异
企业发生的存货毁损，将处置收入扣除账面价值和相关税费后的金额计入当期损	发生的资产盘亏、毁损净损失，减除责任人赔偿和保险赔款后的余额，经主管税务机关审核可以扣除。企业的各项财产损失在损失发生当年申报扣除，不得提前或延后。非因计算错误或其他客观原因，企业未	会计准则规定计算企业发生的存货损失时，用处置收入扣除存货成本、累计跌价准备和相关税费；

续表

会计处理	税务处理	差　异
益。存货盘亏造成的损失在扣除企业已计提的存货跌价准备后，计入当期损益	及时申报的财产损失，逾期不得扣除。其中，企业存货发生的损失包括有关商品、产成品、半成品、在产品，以及各类材料、燃料、包装物、低值易耗品等发生的盘亏、变质、淘汰、毁损、报废、被盗等造成的净损失	所得税法规定企业的存货损失为处置收入扣除存货成本和相关税费后的金额，并报经主管税务机关批准，方可税前扣除

【例2-12】 东海公司 2021 年 10 月末盘存原材料短缺 200 000 元，其中含分摊的运输费用 18 600 元，经查是因被盗引起的，保险公司赔偿 100 000 元。

非正常损失原材料所涉及的进项税额 为 25 256 元〔（200 000–18 600）×13%+18 600×9%〕，做进项税额转出。《财政部 国家税务总局关于企业资产损失税前扣除政策的通知》（财税〔2009〕57 号）规定，对企业盘亏的存货，以该存货的成本减除责任人赔偿后的余额，作为存货盘亏损失在计算应纳税所得额时扣除。

借：待处理财产损溢——待处理流动资产损溢　　　225 256

　贷：原材料　　　　　　　　　　　　　　　　　　　　200 000

　　　应交税费——应交增值税（进项税额转出）　　　　 25 256

借：管理费用　　　　　　　　　　　　　　125 256

　其他应收款　　　　　　　　　　　　　100 000

　贷：待处理财产损溢——待处理流动资产损溢　　　　225 256

如果东海公司是小企业，则上述会计处理中的"管理费用"账户改为"营业外支出"账户。

如果非正常损失的购进货物是适用增值税计算扣税的免税农业产品或废旧物资时，则进项税额转出时与以票扣税的货物有所不同。如例 2-12 中，盘存农业产品短缺 200 000 元，其他条件不变，则非正常损失农业产品转出进项税额 19 614.66 元〔（200 000–18 600）÷（1–9%）×9%+18 600×9%〕。（全书无特别说明，计算结果均保留两位小数。）

对于存货损失，企业在纳税申报时，需要填制《资产损失税前扣除及纳税调整明细表（A105090）》（见表 2-22），该表适用于发生资产损失税前扣除项目及纳税调整项目的企业填报。企业根据税法、财税〔2009〕57 号文、《国家税务总局关于发布〈企业资产损失所得税税前扣除管理办法〉的公告》（国家税务总局公告 2011 年第 25 号发布、国家税务总局公告 2018 年第 31 号修改）、《国家税务总局关于商业零售企业存货损失税前扣除问题的公告》（国家税务总局公告 2014 年第 3 号）、《国家税务总局关于企业因国务院决定事项形成的资产损失税前扣除问题的公告》（国家税务总局公告 2014 年第 18 号）、《国家税务总局关于企业所得税资产损失资料留存备查有关事项的公告》（国家税务总局公告 2018 年第 15 号）等相关规定，及国家统一企业会计制度，填报资产损失的会计处理、税收规定，以及纳税调整情况。

表 2-22　资产损失税前扣除及纳税调整明细表（A105090）

行次	项　　目	资产损失直接计入本年损益金额	资产损失准备金核销金额	资产处置收入	赔偿收入	资产计税基础	资产损失的税收金额	纳税调整金额
		1	2	3	4	5	6（5–3–4）	7
5	三、存货损失							
6	其中：存货盘亏、报废、损毁、变质或被盗损失							

第 3 章

金融工具的税会差异

金融准则（2017）按照企业持有金融资产的业务模式和金融资产的合同现金流量特征，将金融资产分为以摊余成本计量的金融资产、以公允价值计量且其变动计入其他综合收益的金融资产和以公允价值计量且其变动计入当期损益的金融资产等三类。金融资产（前述三分类主要包括交易性金融资产、债权投资、其他权益工具投资和其他债权投资等）在取得、持有和处置环节存在税会差异。本章主要介绍这些业务的税会差异、纳税调整处理和纳税申报表的填制，以及金融商品转让的税会处理，对存在纳税筹划空间的部分业务，一并介绍。此外，本章在最后一部分介绍商品期货套期的税会差异。

3.1　概述

3.1.1　金融资产计量属性的税会差异

金融资产主要采用公允价值计量。公允价值，是指市场参与者在计量日发生的有序交易中，出售一项资产所能收到或者转移一项负债所需支付的价格。

所得税法实施条例第十三条规定，公允价值是指按照市场价格确定的价值。所得税法偏好历史成本，即资产或负债已经在一个真实的买方和一个真实的卖方之间形成了一个真实的价格，如果这个价格恰好是按照当时的市场价格确定的，那么这就是税法意义上的公允价值。而且，所得税法规定，只有在取得非货币性资产没有或无须支付相应对价的货币资产时才采用公允价值计量。

会计准则广泛引入公允价值计量属性，加大了资产或负债的账面价值与计税基础之间的差异。金融资产采用公允价值计量，也是如此。

3.1.2　金融资产初始计量的税会差异

在会计处理上，企业初始确认金融资产时，按照公允价值计量。对于交易性金融资产，相关交易费用直接计入当期损益（"投资收益"账户）；对于其他类别的金融资产，相关交易费用计入资产成本。

在税务处理上，根据所得税法实施条例第五十六条规定，企业的各项资产，包括投资资产等，以历史成本为计税基础。企业初始确认金融资产时，按取得该项资产时实际发生的支出，即以历史成本为计税基础，对按公允价值进行初始确认的资产做纳税调整处理。

所得税法实施条例第七十一条规定，投资资产是指企业对外进行权益性投资和债权性投资所形成的资产。这里说的投资资产与会计上的金融资产在范围上没有差异。投资资产按照以下方法确定成本：

（1）通过支付现金的方式取得的投资资产，以购买价款为成本。

（2）通过支付现金以外的方式取得的投资资产，以该资产的公允价值和支付的相关税费为成本。

由此可见，交易性金融资产初始计量时会产生税会差异，而其他金融资产在初始计量时一般不会产生税会差异。

3.1.3　金融资产后续计量的税会差异

对于不同类别的金融资产，企业分别以摊余成本、以公允价值计量且其变动计入其他综合收益或以公允价值计量且其变动计入当期损益进行后续计量。在金融资产的后续计量中，存在以下税会差异。

1.　公允价值变动

所得税法实施条例第五十六条规定，企业持有各项资产期间资产增值或者减值，除国务院财政、税务主管部门规定可以确认损益外，不得调整该资产的计税基础，因此，金融资产公允价值变动会产生税会差异。

（1）以公允价值计量且其变动计入其他综合收益的金融资产，因为公允价值变动未计入当期损益，所以不会产生纳税调整，但其账面价值与计税基础之间的差异需要确认递延所得税资产（负债）。

（2）以公允价值计量且其变动计入当期损益的金融资产，因为公允价值变动计入当期损益，所以需要调整当年的应纳税所得额。

2.　股息或利息

（1）增值税。全面推进营改增后，利息收入被纳入了增值税的征税范围。股息红利不属于增值税的征税范围，企业需要注意如下特殊事项：

① 投资于国债、地方政府债免征增值税。金融企业同业拆借等特定业务取得的利息收入可免征增值税。

②《财政部　国家税务总局关于全面推开营业税改征增值税试点的通知》（财税〔2016〕36号）规定，金融商品持有期间（含到期）取得的保本收益、报酬等按贷款缴纳增值税。《财政部　国家税务总局关于明确金融房地产开发教育辅助服务等增值税政策的通知》（财税〔2016〕140号）第一条对此规定为，合同中明确承诺到期本金可全部收回的投资收益。金融商品持有期间（含到期）取得的非保本的上述收益，不属于利息或利息性质的收入，不征收增值税。

③ 财税〔2016〕36号文规定，以货币投资并取得固定利润或保底利润的，按"贷款服务"缴纳增值税。

④ 财税〔2016〕36 号文第四十五条规定，债务工具产生增值税纳税义务的时间为合同约定的付息日，并不是按照权责发生制确认债务工具利息收入的时间。

（2）企业所得税。会计确认的金融资产的股息或利息在纳税处理时，既存在永久性差异，也存在暂时性差异。

① 利息收入的确认。所得税法实施条例第十八条规定，利息收入，按照合同约定的债务人应付利息的日期确认收入的实现。例如，股票质押式回购中融入方、融出方、证券公司各方签署《股票质押回购交易业务协议》，协议约定股票质押回购的回购期限为两年。会计处理时，融出方在第一年年末会计处理时采用权责发生制，以实际利率法按期计提利息收入。而确认企业所得税利息收入的时间为回购期限到期时，第一年年末企业做纳税调减处理，到期收取利息（回购）时做纳税调增。

② 股息、红利的确认。所得税法实施条例第十七条规定，股息、红利等权益性投资收益，除国务院财政、税务主管部门另有规定外，按照被投资方做出利润分配决定的日期确认收入的实现。《国家税务总局关于贯彻落实企业所得税法若干税收问题的通知》（国税函〔2010〕79 号）进一步补充：企业权益性投资取得股息、红利等收入，应以被投资企业股东会或股东大会做出利润分配或转股决定的日期，确定收入的实现。虽然符合条件的居民企业之间分配的股利收入可以享受免税政策，但如果涉及境外投资分红，就要按税法规定确认计税收益并计算抵免税额等。

③ 永久性差异。所得税法第二十六条规定，国债利息收入、符合条件的居民企业之间的股息、红利等权益性投资收益为免税收入。关于国债利息收入的计算问题，《国家税务总局关于企业国债投资业务企业所得税处理问题的公告》（国家税务总局公告 2011 年第 36 号）规定，企业到期前转让国债，或者从非发行者投资购买的国债，其持有期间尚未兑付的国债利息收入，可按持有天数及规定公式计算其持有期间利息并申报免税。关于股息、红利等权益性投资收益，不包括连续持有居民企业公开发行并上市流通的股票不足 12 个月取得的投资收益。如果投资企业持有期间不停地买入或卖出某一公司股票，应在年度汇算清缴时检查是否连续持有超过 12 个月，并按最低持仓量计算免税收益。

除了国债利息收入享受免税收入，还有地方政府债券利息收入可以享受免税收入，铁路建设债券利息收入可以减半征收企业所得税。

3. 资产减值

企业以预期信用损失为基础，对下列项目进行减值会计处理并确认损失准备：以摊余成本计量的金融资产和以公允价值计量且其变动计入其他综合收益的金融资产；租赁应收款；合同资产；企业发行的分类为以公允价值计量且其变动计入当期损益的金融负债以外的贷款承诺和财务担保合同。

企业要对影响信用损失的各种合同因素、客户信息、外部信息、前瞻性信息进行评估、识别，计量信用风险，并且在每个资产负债表日评估相关金融资产的信用风险自初始确认后是否已显著增加，分别不同情况按照相当于该金融资产整个存续期内或未来 12 个月的预期信用损失的金额计量其损失变动情况。

所得税法第十条第（七）项规定，未经核定的准备金支出在计算应纳税所得额时，不得扣除。

目前，仅对金融机构、证券行业、担保机构等特殊行业的贷款风险资产等特定资产，允许所计提的规定比例准备金在税前扣除。金融资产计提的减值准备，存在较为复杂的税会差异。

从上面的介绍中可以看出，公允价值产生了大量的税会差异，因此，在实务处理时，增加了纳税调整的工作量和难度。

3.1.4　金融资产重新分类的税会差异

当企业改变其管理金融资产的业务模式时，需要重分类受到影响的金融资产，自重分类日起采用未来适用法进行会计处理。金融资产重新分类的税会差异如表 3-1 所示。

表 3-1　金融资产重新分类的税会差异

原金融资产	重分类后	重分类日	累计利得或损失	原账面价值与公允价值的差额	纳税调整
以摊余成本计量的金融资产	以公允价值计量且其变动计入当期损益的金融资产	公允价值计量	*	公允价值变动损益	借方差：纳税调增 贷方差：纳税调减
	以公允价值计量且其变动计入其他综合收益的金融资产		*	其他综合收益	当期无纳税调整
以公允价值计量且其变动计入其他综合收益的金融资产	以摊余成本计量的金融资产	摊余成本	按实际利率法计算摊销后计入当期损益	*	当期无纳税调整
	以公允价值计量且其变动计入当期损益的金融资产	公允价值计量	转入当期损益	*	借方差：纳税调增 贷方差：纳税调减
以公允价值计量且其变动计入当	以摊余成本计量的金融资产	公允价值作为新的账面余额	*	*	涉及的公允价值变动需要纳税调整

续表

原金融资产	重分类后	重分类日	累计利得或损失	原账面价值与公允价值的差额	纳税调整
期损益的金融资产	以公允价值计量且其变动计入其他综合收益的金融资产	公允价值计量	*	*	当期无纳税调整

3.1.5　金融资产终止确认的税会差异

金融工具确认和计量准则（2017）第十条规定，对于以常规方式购买或出售金融资产的，企业应当在交易日确认将收到的资产和为此将承担的负债，或者在交易日终止确认已出售的资产，同时确认处置利得或损失以及应向购买方收取的应收款项。也就是说，按交易日而不是结算日为基准确认或终止金融资产。虽然金融资产的法律所有权往往在结算日后才转移，但购买方在交易日后即已实质上承担了与金融资产所有权相关的风险和报酬，应予以确认。同样，如果企业已将金融资产所有权上几乎所有的风险和报酬转移给了购买方，则终止确认该金融资产。金融资产终止确认的税会差异，如表 3-2 所示。

表 3-2　金融资产终止确认的税会差异

金融资产	会计处理	纳税调整
以公允价值计量且其变动计入当期损益的金融资产	在交易日终止确认已出售的资产，同时确认处置利得（损失）以及向买方收取的应收款项	转出公允价值变动收益：纳税调增
		转出公允价值变动损失：纳税调减
以公允价值计量且其变动计入其他综合收益的金融资产		从其他综合收益中转出公允价值变动损益到留存收益的：纳税调增
		转入当期损益的：无纳税调整
		转销资产减值损失：纳税调减
以摊余成本计量的金融资产		转销资产减值损失：纳税调减

3.2　交易性金融资产的税会差异

如前所述，企业取得交易性金融资产时，交易费用的处理存在税会差异。在持有交易性金融资产期间，由于公允价值变动，其账面价值与计税基础产生暂时性差异。当账面价值大于计税基础时，形成应纳税暂时性差异，确认为递延所得税负债；当账面价值小于计税基础时，形成可抵扣暂时性差异，确认为递延所得税资产。在处置该交易性金融资产时，转回暂时性差异影响的递延所得税，并按实际收到的价款在扣除历史成本后的差额计入应纳税所得额。

3.2.1　取得交易性金融资产的税会差异

企业取得交易性金融资产时，按其公允价值（不包括支付的价款中所包含的已到付息期但尚未领取的利息或已宣告但尚未发放的现金股利），借记"交易性金融资产——成本"账户；按发生的交易费用，借记"投资收益"账户；按已到付息期但尚未领取的利息或已宣告发放但尚未发放的现金股利，借记"应收利息"或"应收股利"账户；取得增值税专用发票的，按照注明的进项税额，借记"应交税费——应交增值税（进项税额）"；按取得交易性金融资产实际支付的金额，贷记"其他货币资金——存出投资款"等账户。

税务处理时，取得交易性金融资产时的相关交易费用不直接计入当期损益，与其他类别的金融资产一样，计入其计税基础。

🖋【例3-1】2021年8月10日，华远公司购入新华公司股票100 000股，作为交易性资产投资，每股成交价10元，另支付相关税费等交易费用80 000元，取得增值税专用发票，发票注明的税额是4 800元。

借：交易性金融资产——成本　　　　　　　　　　　1 000 000
　　投资收益　　　　　　　　　　　　　　　　　　　 80 000
　　应交税费——应交增值税（进项税额）　　　　　　 4 800
　　　贷：其他货币资金——存出投资款　　　　　　　　　　　 1 084 800
借：递延所得税资产　　　　　　　　　　　　　　　 20 000（80 000×25%）
　　　贷：所得税费用　　　　　　　　　　　　　　　　　　　　 20 000

税务处理：依据前面介绍的所得税法实施条例第五十六条规定进行处理。从会计处理来看，交易费用80 000元抵减了当期利润，而税法不允许这笔费用在税前列支，故产生可抵扣暂时性差异80 000元。因此，此项交易性金融资产的计税成本是108万元，其账面价值为100万元，计入当期损益的8万元交易费用，华远公司在纳税申报时做纳税调增，填报《纳税调整项目明细表（A105000）》第6行，如表3-3所示。

表3-3　纳税调整项目明细表（A105000）

行　次	项　目	账载金额	税收金额	调增金额	调减金额
		1	2	3	4
6	（五）交易性金融资产初始投资调整	*	*	80 000	*

从税务处理来看，与交易性金融资产有关的交易费用，只有待该股票转让时才可与其成本一并在企业所得税前列支，所以"投资收益"账户借方的交易费用80 000元无须扣除。

如果实际支付的价款包含已宣告但未发放的现金股利或已到付息期但尚未领取的债

券利息，则会计上单独确认为应收股利或应收利息，而税法上要求计入初始投资成本，从而产生了税会差异，需做纳税调整处理。

【例 3-2】 2021 年 1 月 10 日，大华公司从二级市场购入马龙公司发行的股票 100 万股作为交易性金融资产，每股购买价 10 元（其中含已宣告但未发放的现金股利 0.5 元），另支付交易费用 10 万元，不考虑增值税等其他因素。

大华公司做如下会计处理：

借：交易性金融资产——成本　　　　　　　　　9 500 000

　　应收股利——马龙公司　　　　　　　　　　500 000

　　投资收益　　　　　　　　　　　　　　　　100 000

　　贷：其他货币资金——存出投资款　　　　　　　　　10 100 000

此项交易性金融资产，会计上的账面价值是 950 万元，计税基础是 1 010 万元，账面价值小于计税基础，产生可抵扣暂时性差异，按 25% 的所得税税率确认 15 万元（600 000×25%）的递延所得税资产。

借：递延得税资产　　　　　　　　　　　　　150 000

　　贷：所得税费用　　　　　　　　　　　　　　　　150 000

3.2.2　持有交易性金融资产的税会差异

持有交易性金融资产期间，被投资企业宣告发放现金股利或在资产负债表日按债券票面利率计算利息时，借记"应收股利"或"应收利息"账户，贷记"投资收益"账户。收到现金股利或债券利息时，借记"银行存款"账户，贷记"应收股利"或"应收利息"账户。

需要注意的是，票面利率和实际利率差异较大的，采用实际利率计算确定债券利息收入。

【例 3-3】 承例 3-1。2022 年 3 月 1 日，新华公司宣告发放股利 70 000 元，3 月 31 日华远公司收到新华公司宣告发放的现金股利 70 000 元。

华远公司的会计处理如下：

借：应收股利　　　　　　　　　　　　　　　70 000

　　贷：投资收益　　　　　　　　　　　　　　　　70 000

借：其他货币资金——存出投资款　　　　　　70 000

　　贷：应收股利　　　　　　　　　　　　　　　　70 000

此时会计处理和所得税法的规定是一致的，不产生暂时性差异。

持有交易性金融资产期间的投资收益形成的是永久性差异，与未来的应纳所得税无关，需要调整当期的应纳税所得额和所得税费用。

在会计处理上，公允价值变动形成的利得或损失计入当期损益。在资产负债表日，交易性金融资产的公允价值高于其账面余额的差额的会计处理如下：借记"交易性金融资产——公允价值变动"账户，贷记"公允价值变动损益"账户；公允价值低于其账面余额的差额的，做相反的会计处理。

税务处理时公允价值的变动不计入应纳税所得额。公允价值变动损益既不是持有收益，也不是处置收益，因此公允价值变动损益并不会影响当期的所得税申报，它只会产生暂时性差异。金融工具的公允价值变动在持有期间不计入应纳税所得额，在实际处置或结算时，处置取得的价款扣除其历史成本后的差额计入处置或结算期间的应纳税所得额。依据所得税法实施条例第五十六条，所得税法以历史成本为基础，而会计上公允价值的变动损益在处置时才能体现出来。

【例3-4】 承例3-1。假设2021年12月31日，华远公司所购入新华公司股票的公允价值分为以下两种情形：情形一，公允价值为105万元；情形二，公允价值为85万元。

情形一：公允价值为105万元时，华远公司的会计处理如下：

借：交易性金融资产——公允价值变动　　　　　　　　50 000

　　贷：公允价值变动损益　　　　　　　　　　　　　　50 000

借：所得税费用　　　　　　　　　　　　12 500（50 000×25%）

　　贷：递延所得税负债　　　　　　　　　　　　　　　12 500

依据所得税法实施条例第五十六条，税法不认可上述会计处理的50 000公允价值变动损益，华远公司在纳税申报时做纳税调减，填报《纳税调整项目明细表（A105000）》第7行，如表3-4所示。

表3-4　纳税调整项目明细表（A105000）

行　次	项　　目	账载金额	税收金额	调增金额	调减金额
		1	2	3	4
7	（六）公允价值变动净损益	50 000	*		50 000

情形二：公允价值为85万元时，华远公司的会计处理如下：

借：公允价值变动损益　　　　　　　　　　　　　　150 000

　　贷：交易性金融资产——公允价值变动　　　　　　150 000

借：递延所得税资产　　　　　　　　　37 500（150 000×25%）

　　贷：所得税费用　　　　　　　　　　　　　　　　37 500

华远公司在纳税申报时做纳税调减，填报《纳税调整项目明细表（A105000）》第7行，如表3-5所示。

表 3-5　纳税调整项目明细表（A105000）

行次	项　　目	账载金额	税收金额	调增金额	调减金额
		1	2	3	4
7	（六）公允价值变动净损益	−150 000	*	150 000	

3.2.3　处置交易性金融资产的税会差异

企业出售交易性金融资产时，按实际收到的金额，借记"其他货币资金——存出投资款"等账户；按该项交易性金融资产的成本，贷记"交易性金融资产——成本"账户；按该项交易性金融资产的公允价值变动额，贷记或借记"交易性金融资产——公允价值变动"账户，贷记或借记"投资收益"账户。同时，将原计入该项交易性金融资产公允价值变动额转出，借记或贷记"投资收益"账户，贷记或借记"公允价值变动损益"账户。

在实际处置或结算时，处置取得的价款扣除其历史成本后的差额计入处置或结算期间的应纳税所得额。

涉及金融商品转让产生的增值税的会计处理，请参阅 3.2.5 节。

【例 3-5】　承例 3-4。2022 年 6 月 20 日，华远公司出售股票，售价为 150 万元，分两种情形进行会计处理。假设不考虑增值税。

情形一：2021 年 12 月 31 日公允价值为 105 万元时，华远公司处置该项投资的会计处理如下：

借：其他货币资金——存出投资款　　　　　　　1 500 000
　贷：交易性金融资产——成本　　　　　　　　　　1 000 000
　　　　　　　　　——公允价值变动　　　　　　　　　50 000
　　投资收益　　　　　　　　　　　　　　　　　　450 000
借：公允价值变动损益　　　　　　　　　　　　　50 000
　贷：投资收益　　　　　　　　　　　　　　　　　　50 000
借：所得税费用　　　　　　　　　　　　　　　112 500
　　递延所得税负债　　　　　　　　　　　　　　12 500
　贷：应交税费——应交所得税　　　　　　　　　　105 000
　　　递延所得税资产　　　　　　　　　　　　　　　20 000

所得税法实施条例第七十一条规定，企业在转让或者处置投资资产时，投资资产的成本准予扣除。通过支付现金方式取得的投资资产，以购买价款为成本。因此，该项交易性金融资产的计税成本和账面价值存在差异，导致各自确认的投资收益存在差异，华远公司纳税申报时需做纳税调整处理，填报《投资收益纳税调整明细表（A105030）》第 1 行，如表 3-6 所示。

表 3-6　投资收益纳税调整明细表（A105030）

行次	项　　目	处置收益						
		会计确认的处置收入	税收计算的处置收入	处置投资的账面价值	处置投资的计税基础	会计确认的处置所得或损失	税收计算的处置所得	纳税调整金额
		4	5	6	7	8（4-6）	9（5-7）	10（9-8）
1	一、交易性金融资产	1 500 000	1 500 000	1 050 000	1 080 000	450 000	420 000	-30 000

情形二：2021 年 12 月 31 日公允价值为 85 万元时，华远公司处置该项投资的会计处理如下：

借：其他货币资金——存出投资款　　　　　　　　1 500 000

　　交易性金融资产——公允价值变动　　　　　　　150 000

　贷：交易性金融资产——成本　　　　　　　　　　　　　　1 000 000

　　　投资收益　　　　　　　　　　　　　　　　　　　　　　650 000

借：投资收益　　　　　　　　　　　　　　　　　　150 000

　贷：公允价值变动损益　　　　　　　　　　　　　　　　　　150 000

借：所得税费用　　　　　　　　　　　　　　　　　162 500

　贷：应交税费——应交所得税　　　　　　　　　　　　　　　105 000

　　　递延所得税资产　　　　　　　　　　　　　　　　　　　 57 500

华远公司纳税申报时需做纳税调整处理，填报《投资收益纳税调整明细表（A105030）》第 1 行，如表 3-7 所示。

表 3-7　投资收益纳税调整明细表（A105030）

行次	项　　目	处置收益						
		会计确认的处置收入	税收计算的处置收入	处置投资的账面价值	处置投资的计税基础	会计确认的处置所得或损失	税收计算的处置所得	纳税调整金额
		4	5	6	7	8（4-6）	9（5-7）	10（9-8）
1	一、交易性金融资产	1 500 000	1 500 000	850 000	1 080 000	650 000	420 000	-230 000

交易性金融资产按公允价值来计量，会计期末，其公允价值变动时要相应调增或减少其账面价值，因此不涉及资产减值的问题。

3.2.4　交易性金融资产的纳税筹划

所得税法第二十六条、所得税法实施条例第八十三条规定，符合条件的居民企业之间的股息、红利收入，在中国境内设立机构、场所的非居民企业从居民企业取得与该机构、场所有实际联系的股息、红利收入，为免税收入，不计入企业应纳税所得额征税（该项所称股息、红利等权益性投资收益，不包括连续持有居民企业公开发行并上市流通的股票不足 12 个月取得的投资收益），也就是说，企业持有上市公司股票不足 12 个月的分红要缴税，其他的分红都无须缴税。而且，如前文所述，企业权益性投资取得股息、红利等收入，应以被投资企业股东会或股东大会做出利润分配或转股决定的日期，确定收入的实现。因此，企业尽量选择超过 12 个月的股利进行分红，从而降低纳税。

3.2.5　金融商品转让的税会处理

财税〔2016〕36 号文规定，销售服务中的金融商品转让缴纳增值税。

金融商品转让，是指转让外汇、有价证券、非货物期货和其他金融商品所有权的业务活动。其他金融商品转让包括基金、信托、理财产品等各类资产管理产品和各种金融衍生品的转让。其中，企业购入基金、信托、理财产品等各类资产管理产品持有至到期的，不属于金融商品转让。《财政部 国家税务总局关于资管产品增值税有关问题的通知》（财税〔2017〕56 号）规定，资产管理产品，包括银行理财产品、资金信托（包括集合资金信托、单一资金信托）、财产权信托、公开募集证券投资基金、特定客户资产管理计划、集合资产管理计划、定向资产管理计划、私募投资基金、债权投资计划、股权投资计划、股债结合型投资计划、资产支持计划、组合类保险资产管理产品、养老保障管理产品。可见，金融商品总体上是金融资产的一部分，其转让行为属于增值税的征税范围。如果转让不属于金融商品的金融资产，如转让普通债权，一般不征收增值税。一般来说，持有债权性投资资产的收益作为贷款服务征收增值税，而持有权益性资产的收益，则需要区分是否属于收取固定收益来确定是否属于增值税的征税范围。

金融商品转让的税法规定：

根据财税〔2016〕36 号文，金融商品转让，按照卖出价扣除买入价后的余额为销售额，金融商品的买入价，可以选择按照加权平均法或移动加权平均法进行会计处理，选择后 36 个月内不得变更。转让金融商品出现的正负差，按盈亏相抵后的余额为销售额。若相抵后出现负值，则结转下一纳税期与下期转让金融商品销售额相抵，但年末时仍然出现负差的，不得转入下一个会计年度。

金融商品转让的会计处理：

2016 年 12 月，财政部印发的《增值税会计处理规定》（财会〔2016〕22 号），对增值税会计处理做出了规定：增值税一般纳税人和小规模纳税人应当在"应交税费"账户下设置"转让金融商品应交增值税"明细账户，用以计算增值税纳税人转让金融商品发生的增值税额。金融商品转让，一般纳税人适用的增值税税率为 6%，小规模纳税人适用的征收率为 3%〔按照《财政部 税务总局关于延续实施应对疫情部分税费优惠政策的公告》（财政部 税务总局公告 2021 年第 7 号）、《财政部 税务总局关于支持个体工商户复工复业增值税政策的公告》（财政部 税务总局公告 2020 年第 13 号），2021 年 12 月 31 日前，小规模纳税人适用的征收率为 1%〕。另外，为进一步支持小微企业发展，财政部发布关于明确增值税小规模纳税人免征增值税政策的公告：自 2021 年 4 月 1 日至 2022 年 12 月 31 日，对月销售额 15 万元以下（含本数）的增值税小规模纳税人，免征增值税。

根据财会〔2016〕22 号文，金融商品实际转让月末，如产生转让收益，则按应纳税额借记"投资收益"等账户，贷记"应交税费——转让金融商品应交增值税"账户；如产生转让损失，则按可结转下月抵扣税额，借记"应交税费——转让金融商品应交增值税"账户，贷记"投资收益"等账户。缴纳增值税时，借记"应交税费——转让金融商品应交增值税"账户，贷记"银行存款"账户。年末，"应交税费——转让金融商品应交增值税"账户如有借方余额，说明本年度的金融商品转让损失无法弥补，则借记"投资收益"等账户，贷记"应交税费——转让金融商品应交增值税"账户。这样一来，"应交税费——转让金融商品应交增值税"账户的年末余额为零。

具体而言，金融商品转让涉税处理主要分为以下四种情况。

（1）上月无负差，本月为正差。企业上月金融商品卖出价大于或等于买入价，没有产生负差，也没有转入本月可抵扣的销售额，而本月金融商品卖出价与买入价为正差。此时，增值税直接按本月的正差额计算。

（2）上月无负差，本月为负差。企业上月金融商品卖出价高于或等于买入价，没有产生负差，本月金融商品卖出价低于买入价，计税依据为负差，金融商品转让本月无须缴纳增值税。本月由于卖出价小于买入价，产生了负差，这个差额可以延到以后期间进行抵扣，到了年末，需转出，不能再转入下一年抵扣。

（3）上月有负差，本月正差大于上月负差。企业上月出售金融商品卖出价小于买入价，产生了负差，本月金融商品转让卖出价高于买入价为正差，且本月正差额大于上月负差额时，金融商品转让只需对本月正差抵减上月负差的余额作为计税依据，缴纳增值税。

（4）转让前期累计负差，年末依然负差。1—11 月期间转让金融商品，卖出价小于买入价，累计是负差，产生借方"应交税费——转让金融商品应交增值税"的可抵扣税额。如果到了 12 月月末还是负差，则做如下会计处理：

借：投资收益

　　贷：应交税费——转让金融商品应交增值税

即，将"应交税费——转让金融商品应交增值税"借方累计金额全部转入投资收益，不能对下一年度产生抵扣。

【例3-6】 万鑫公司属于小规模纳税人，按季申报缴纳增值税和预缴企业所得税，2021年上半年发生下列经济业务：

（1）2021年1月1日，万鑫公司以536 950元从证券市场购入宁远公司股票，作为交易性金融资产进行会计处理，实际支付的价款中包括已宣告但尚未发放的现金股利16 950元；2月1日，宁远公司宣告并分派现金股利16 950元；3月31日以400 000元价格卖出该股票。

（2）2021年4月1日，万鑫公司买入按年付息的山南公司债券312 660元，其中包括已到付息期但尚未领取的债券利息12 660元；5月1日收到债券利息12 660元；6月30日对外出售该批债券，售价537 934元。

（1）2021年1月1日，万鑫公司以536 950元从证券市场购入宁远公司股票，作为交易性金融资产进行会计处理，实际支付的价款中包括已宣告但尚未发放的现金股利16 950元；2月1日，宁远公司宣告并分派现金股利16 950元；3月31日以400 000元价格卖出该股票。

（2）2021年4月1日，万鑫公司买入按年付息的山南公司债券312 660元，其中包括已到付息期但尚未领取的债券利息12 660元；5月1日收到债券利息12 660元；6月30日对外出售该批债券，售价537 934元。

（1）股票金融商品的相关处理。

① 购买宁远公司股票。

借：交易性金融资产——宁远公司股票　　　　　　520 000

　　应收股利——宁远公司　　　　　　　　　　　 16 950

　　贷：其他货币资金——存出投资款　　　　　　　　　　536 950

② 收到宣告分派的股利。

借：其他货币资金——存出投资款　　　　　　　　 16 950

　　贷：应收股利——宁远公司　　　　　　　　　　　　　 16 950

③ 出售宁远公司股票。万鑫公司本期转让宁远公司股票出现负差，后期抵扣的税额为1 188.12元［（400 000–520 000）÷（1+1%）×1%］，当期不用申报缴纳增值税。

借：其他货币资金——存出投资款　　　　　　　　400 000

　　投资收益　　　　　　　　　　　　　　　　　 120 000

　　贷：交易性金融资产——宁远公司股票　　　　　　　　520 000

同时：

借：应交税费——转让金融商品应交增值税　　　　 1 188.12

　　贷：投资收益　　　　　　　　　　　　　　　　　　　 1 188.12

（2）债券金融商品的相关处理。

① 购买山南公司债券。

借：交易性金融资产——山南公司债券　　　　　　300 000

应收利息——山南公司	12 660	
贷：其他货币资金——存出投资款		312 660

② 收到山南公司债券利息。

借：其他货币资金——存出投资款	12 660	
贷：应收利息——山南公司		12 660

③ 出售山南公司债券。万鑫公司本期转让山南公司债券时产生转让收益，应交增值税为 2 355.78 元［（537 934–300 000）÷（1+1%）×1%］，扣除上季度转让股票负差抵扣税额 1 188.12 元后，本期应交增值税为 1 167.66 元。

借：其他货币资金——存出投资款	537 934	
贷：交易性金融资产——山南公司债券		300 000
投资收益		237 934

同时：

借：投资收益	1 167.66	
贷：应交税费——转让金融商品应交增值税		1 167.66

④ 申报缴纳增值税。

借：应交税费——转让金融商品应交增值税	1 167.66	
贷：银行存款		1 167.66

【例3-7】恒发公司属于增值税一般纳税人，按月申报缴纳增值税和预缴企业所得税，2021 年 3 月至 2022 年 2 月，发生下列经济业务：

（1）2021 年 3 月 1 日，恒发公司以 460 万元从证券市场购入荣祥公司股票，作为交易性金融资产进行会计处理，实际支付的价款中，包括已宣告但尚未发放的现金股利 40 万元，另支付相关税费等交易费用 20 万元，取得增值税专用发票，注明税额 1.2 万元。5 月 1 日，收到荣祥公司已宣告并分派的现金股利 40 万元；6 月 30 日，该批交易性金融资产的公允价值高于其账面余额，其公允价值为 480 万元；7 月 1 日，荣祥公司宣告发放持有期间现金股利 16.96 万元；12 月 31 日，购入荣祥公司的股票全部出售，售价为 378.8 万元。

（2）2021 年 3 月 1 日，恒发公司买入金海公司按季付息的债券 700 万元，作为交易性金融资产进行会计处理，实际支付的价款中，包括已到付息期但尚未领取的债券利息 14.84 万元，另支付相关交易税费 32 万元。4 月 1 日，收到金海公司债券利息 14.84 万元；6 月 30 日，该批交易性金融资产的公允价值低于其账面余额，其公允价值为 600 万元；12 月 31 日，计提金海公司支付持有期间债券利息 16.96 万元；2022 年 2 月 28 日，购入金海公司的债券全部出售，售价为 865.16 万元，另外，在金融活动中，支付直接收费金融服务，取得增值税专用发票，价款 10 万元，增值税 0.6 万元。

针对上述业务，恒发公司的会计处理如下。

（1）股票金融商品的相关处理。

① 购入荣祥公司股票。

借：交易性金融资产——成本　　　　　　　　　　　4 000 000

　　投资收益　　　　　　　　　　　　　　　　　　200 000

　　应收股利　　　　　　　　　　　　　　　　　　400 000

　　应交税费——应交税费（进项税额）　　　　　　　12 000

　　贷：其他货币资金——存出投资款　　　　　　　　　　　4 612 000

② 收到荣祥公司已宣告尚未领取的股利。

借：其他货币资金——存出投资款　　　　　　　　　400 000

　　贷：应收股利　　　　　　　　　　　　　　　　　　　400 000

③ 该股票公允价高于其账面余额。

借：交易性金融资产——公允价值变动　　　　　　　800 000

　　贷：公允价值变动损益　　　　　　　　　　　　　　　800 000

④ 荣祥公司宣告发放持有期间股利。根据相关规定，"保本收益、报酬、资金占用费、补偿金"，是指合同中明确承诺到期本金可全部收回的投资收益。金融商品持有期间（含到期）取得的非保本的上述收益，不属于利息或利息性质的收入，不征收增值税。所以，该业务取得的股利不用缴纳增值税。

借：应收股利　　　　　　　　　　　　　　　　　　169 600

　　贷：投资收益　　　　　　　　　　　　　　　　　　　169 600

⑤ 出售荣祥公司的股票。

借：其他货币资金——存出投资款　　　　　　　　3 788 000

　　投资收益　　　　　　　　　　　　　　　　　　212 000

　　公允价值变动损益　　　　　　　　　　　　　　800 000

　　贷：交易性金融资产——成本　　　　　　　　　　　4 000 000

　　　　　　　　　　——公允价值变动　　　　　　　　　800 000

⑥ 12 月计算缴纳增值税。恒发公司本期转让荣祥公司股票出现负差，不用缴纳增值税，下期应抵的增值税为 1.2 万元 [（378.8–400）÷（1+6%）×6%]，并做如下会计处理。

借：应交税费——转让金融商品应交增值税　　　　　12 000

　　贷：投资收益　　　　　　　　　　　　　　　　　　　12 000

年末出现负差的，不得转入下一个会计年度，所以增值税出现的负差应予以转回。

借：投资收益　　　　　　　　　　　　　　　　　　12 000

　　贷：应交税费——转让金融商品应交增值税　　　　　　12 000

（2）债券金融商品的相关处理。

① 购入金海公司债券。

借：交易性金融资产——成本　　　　　　　　　　6 531 600

　　投资收益　　　　　　　　　　　　　　　　　　320 000

　　应收利息　　　　　　　　　　　　　　　　　　148 400

　　贷：其他货币资金——存出投资款　　　　　　　　　7 000 000

② 收到金海公司以前债券利息。

借：其他货币资金——存出投资款　　　　　　　148 400

　　贷：应收利息　　　　　　　　　　　　　　　　　148 400

③ 金海公司债券发生公允价值变动。

借：公允价值变动损益　　　　　　　　　　　　531 600

　　贷：交易性金融资产——公允价值变动　　　　　531 600

④ 计提金海公司债券持有期间利息。金融商品持有期间（含到期）利息（保本收益、报酬、资金占用费、补偿金等）收入，按照贷款服务缴纳增值税。所以，该业务应确认金海公司持有期债券时所计提利息应缴纳的增值税，12月份应申报销项税额0.96万元［16.96÷（1+6%）×6%］。

借：应收利息　　　　　　　　　　　　　　　　169 600

　　贷：投资收益　　　　　　　　　　　　　　　　　160 000

　　　　应交税费——应交增值税（销项税额）　　　　　　9 600

⑤ 支付直接收费金融服务。

借：财务费用　　　　　　　　　　　　　　　　100 000

　　应交税费——应交增值税（进项税额）　　　　　6 000

　　贷：银行存款　　　　　　　　　　　　　　　　　106 000

⑥ 债券全部出售。

借：其他货币资金——存出投资款　　　　　　8 651 600

　　交易性金融资产——公允价值变动　　　　　531 600

　　贷：交易性金融资产——成本　　　　　　　　　6 531 600

　　　　公允价值变动损益　　　　　　　　　　　　531 600

　　　　投资收益　　　　　　　　　　　　　　　2 120 000

⑦ 计提缴纳增值税。恒发公司关于荣祥公司股票金融商品的转让出现的负差，不得抵减转让债券出现的正差。

因此，2022年2月转让金融商品应交增值税为12万元［（865.16－653.16）÷（1+6%）×6%］，做如下会计处理：

借：投资收益　　　　　　　　　　　　　　　　120 000

　　贷：应交税费——转让金融商品应交增值税　　　　120 000

⑧ 申报缴纳增值税。

借：应交税费——转让金融商品应交增值税　　　120 000

　　贷：银行存款　　　　　　　　　　　　　　　　　120 000

3.3　应收款项减值的税会差异

对于单项金额重大的应收款项，应单独进行减值测试，有客观证据表明其发生了减值的，根据其未来现金流量现值低于账面价值的差额，确认信用减值损失，计提坏账准备。坏账准备计提后，可以转回。

所得税法第八条规定，企业实际发生的与取得收入有关的、合理的支出，包括成本、费用、税金、损失和其他支出，准予在计算应纳税所得额时扣除。

所得税法实施条例第三十二条规定，所得税法第八条所称损失，是指企业在生产经营活动中发生的固定资产和存货的盘亏、毁损、报废损失，转让财产损失，呆账损失，坏账损失，自然灾害等不可抗力因素造成的损失以及其他损失。企业发生的损失，减除责任人赔偿和保险赔款后的余额，依照国务院财政、税务主管部门的规定扣除。企业已经作为损失处理的资产，在以后纳税年度又全部收回或者部分收回时，计入当期收入。

《企业财产损失所得税前扣除管理办法》第七条规定，企业因应收、预付账款发生的坏账损失，须经税务机关审批才能在申报企业所得税时扣除。因此，企业实际发生的符合上述条件的"坏账损失"则可以在税前扣除，而计提的坏账准备不得在税前扣除。企业计提坏账准备后，在纳税申报时，需做纳税调整处理，填报《纳税调整项目明细表（A105000）》第 33 行，如表 3-8 所示。

表 3-8　纳税调整项目明细表（A105000）

行　　次	项　　目	账载金额	税收金额	调增金额	调减金额
		1	2	3	4
33	（二）资产减值准备金		*		

根据《小企业会计准则》，小企业的应收账款不计提坏账准备，与所得税法一致，不存在税会差异。

应收款项计提减值准备以后，其账面价值会随之下降，而所得税法规定，资产的减值在转化为实质性损失之前，不允许税前扣除，即应收款项的计税基础不会因减值准备的提取而发生变化，从而产生税会差异。

【例 3-8】 德隆公司 2021 年应收款项余额 400 万元，当年计提坏账准备 20 万元。2020 年发生坏账 24 万元，收回前期已核销的坏账 6 万元。2022 年年末应收款余额 440 万元，计提坏账准备 11 万元。2023 年发生坏账 30 万元，2023 年年末应收款余额 520 万元，计提坏账准备 26 万元。假设德隆公司年末计提坏账准备，其发生的坏账损失已全部经过税务部门审批。

每年会计利润为 1 000 万元，无其他调整项目，预计在未来 3 年内有足够的应纳税所得额可以抵扣。

（1）2021 年。

年末计提坏账准备时：

借：信用减值损失   200 000

  贷：坏账准备   200 000

德隆公司纳税申报时，调增应纳税所得额 20 万元。填制《纳税调整项目明细表（A105000）》第 33 行，如表 3-9 所示。

表 3-9 纳税调整项目明细表（A105000）

行　次	项　目	账载金额	税收金额	调增金额	调减金额
		1	2	3	4
33	（二）资产减值准备金	200 000	*	200 000	0

计算所得税时：

坏账准备的账面价值=20（万元）

累计可抵扣的暂时性差异=20（万元）

期末递延所得税资产=20×25%=5（万元）

应交所得税=（1 000+20）×25%=255（万元）

借：所得税费用   2 500 000

  递延所得税资产   50 000

  贷：应交税费——应交所得税   2 550 000

（2）2022 年。

发生坏账及收回已冲销的坏账时：

借：坏账准备   240 000

  贷：应收账款   240 000

年末计提坏账准备时：

借：信用减值损失   110 000

  贷：坏账准备   110 000

德隆公司纳税申报时，调增应纳税所得额 11 万元。填制《纳税调整项目明细表（A105000）》第 33 行，如表 3-10 所示。

表 3-10 纳税调整项目明细表（A105000）

行　次	项　目	账载金额	税收金额	调增金额	调减金额
		1	2	3	4
33	（二）资产减值准备金	110 000	*	110 000	0

计算所得税时：

坏账准备的账面价值=20−24+6+11=13（万元）

累计可抵扣的暂时性差异=13（万元）

期末递延所得税资产=13×25%=3.25（万元）

应转回递延所得税资产=5−3.25=1.75（万元）

应交所得税=（1 000+6−24+11）×25%=248.25（万元）

借：所得税费用　　　　　　　　　　　　　　2 500 000

　　贷：应交税费——应交所得税　　　　　　　　　　　2 482 500

　　　　递延所得税资产　　　　　　　　　　　　　　　　17 500

（3）2023 年。

发生坏账时：

借：坏账准备　　　　　　　　　　　　　　　300 000

　　贷：应收账款　　　　　　　　　　　　　　　　　300 000

年末计提坏账准备时：

借：信用减值损失　　　　　　　　　　　　　260 000

　　贷：坏账准备　　　　　　　　　　　　　　　　　260 000

德隆公司纳税申报时，调增应纳税所得额 26 万元。填制《纳税调整项目明细表（A105000）》第 33 行，如表 3-11 所示。

表 3-11　纳税调整项目明细表（A105000）

行　次	项　　目	账载金额	税收金额	调增金额	调减金额
		1	2	3	4
33	（二）资产减值准备金	260 000	*	260 000	0

计算所得税时：

坏账准备的账面价值=13−30+26=9（万元）

累计可抵扣的暂时性差异=9（万元）

期末递延所得税资产=9×25%=2.25（万元）

应转回递延所得税资产=3.25−2.25=1（万元）

应交所得税=（1 000−30+26）×25%=249（万元）

借：所得税费用　　　　　　　　　　　　　　2 500 000

　　贷：应交税费——应交所得税　　　　　　　　　　　2 490 000

　　　　递延所得税资产　　　　　　　　　　　　　　　　10 000

相反，如果应收账款账面价值大于其计税基础，则会产生应纳税暂时性差异，会计处理如下：

借：所得税费用

　　贷：递延所得税负债

　　　　应交税费——应交所得税

3.4　以摊余成本计量的金融资产的税会差异

　　企业的金融资产同时符合下列条件的，分类为以摊余成本计量的金融资产：

　　（1）企业管理该金融资产的业务模式是以收取合同现金流量为目标。

　　（2）该金融资产的合同条款规定，在特定日期产生的现金流量，仅为对本金和以未偿付本金金额为基础的利息的支付。

　　一般而言，能够划分为以摊余成本计量的金融资产，主要是指债券型投资，如从二级市场上购入的固定利率国债、浮动利率金融债券等。

　　以摊余成本计量的金融资产通常具有长期性质，但期限较短（一年以内）的债券投资，符合以摊余成本计量的金融资产条件的，也可以将其划为以摊余成本计量的金融资产。

　　如 3.1 节介绍的那样，以摊余成本计量的金融资产的初始计量，税会基本一致。而以摊余成本计量的金融资产在后续计量、减值和处置等方面，税会存在差异。

　　根据《小企业会计准则》，小企业的长期债券投资的溢折价，采用直线法摊销，并且不计提减值准备，这与所得税法的规定一致，不存在税会差异，无须做纳税调整处理。

3.4.1　以摊余成本计量的金融资产后续计量的税会差异

　　企业采用实际利率法，对以摊余成本计量的金融资产进行后续计量。资产负债表日计算确定应收未收利息，其金额由票面面值与票面利率计算确定。分期付息方式借记"应收利息"账户；到期一次还本付息方式借记"债权投资——应计利息"账户。按摊余成本和实际利率计算确定利息收入，贷记"投资收益"账户；按差额借记或贷记"债权投资——利息调整"账户。

　　税务处理：

　　（1）利息收入是指企业将资金提供他人使用但不构成权益性投资，或者因他人占用本企业资金取得的收入，包括存款利息、贷款利息、债券利息、欠款利息等收入。

　　（2）企业对外投资期间，除追加或收回投资调整投资资产的计税基础外，投资资产的计税基础保持不变。

3.4.2　以摊余成本计量的金融资产减值的税会差异

　　当以摊余成本计量的金融资产发生减值时，将其账面价值与预计未来现金流量现值之间的差额确认为减值损失计入当期损益。

税务处理：企业持有各项资产期间资产增值或减值，除国务院财政、税务部门规定可以确认损益外，不得调整该资产的计税基础。

企业在纳税申报时，需做纳税调整处理，填报《纳税调整项目明细表（A105000）》第33 行"资产减值准备金"。

✎【例 3-9】2019 年 1 月 3 日，万鑫公司购入同安公司当年 1 月 1 日发行的 5 年期债券，票面利率 12%，面值 1 000 元，万鑫公司按 1 050 元（含交易费用）的价格购入 100 张。该债券到期一次还本，每年付息一次。根据其管理该债券的业务模式和该债券的合同现金流量特征，将该债券分类为以摊余成本计量的金融资产。假设 2021 年年底同安公司发生财务困难，经协商同安公司只能清偿本金，未来两年利息无法支付。

经测算，该债券的实际利率为 10.66%，根据未来现金流量确定 2021 年年底的该债券投资的现值为 81 662 元［100 000÷（1+10.66%）^{2}］，由于 2021 年年底该债券投资的摊余成本为 102 312 元，因此：

借：信用减值损失　　　　　　　　　　　　　　20 650
　贷：债权投资减值准备　　　　　　　　　　　　　　20 650

所得税法不认可债权投资减值准备，对计提的减值准备在纳税时需要做纳税调增。

万鑫公司纳税申报时，调增应纳税所得额 20 650 元。填制《纳税调整项目明细表（A105000）》第 33 行，如表 3-12 所示。

表 3-12　纳税调整项目明细表（A105000）

行　次	项　目	账载金额	税收金额	调增金额	调减金额
		1	2	3	4
33	（二）资产减值准备金	20 650	*	20 650	0

借：递延所得税资产　　　　　　　　　　　5 162.50（20 650×25%）
　贷：所得税费用　　　　　　　　　　　　　5 162.50

3.4.3　处置以摊余成本计量的金融资产的税会差异

企业处置或者兑现以摊余成本计量的金融资产符合金融资产终止条件的，终止确认以摊余成本计量的金融资产，所转移金融资产的账面价值与因转移而收到的对价的差额计入当期损益。如果部分处置或兑现以摊余成本计量的金融资产，则将所转移金融资产整体的账面价值在终止确认部分和未终止确认部分之间，按照各自的相对公允价值进行分摊。

税务处理：企业处置投资资产属于转让财产收入，按其计税基础与实际取得价款的差额，并入应纳税所得额纳税。

【例3-10】承例3-9。2022年1月1日万鑫公司因急需资金，全部出售该金融资产，取得价款110 000元。

借：其他货币资金——存出投资款　　　　　　　　　　　110 000
　　债权投资减值准备　　　　　　　　　　　　　　　　　20 650
　　贷：债权投资——成本　　　　　　　　　　　　　　　　　100 000
　　　　　　　　——利息调整　　　　　　　　　　　　　　　　2 312
　　　　投资收益　　　　　　　　　　　　　　　　　　　　28 338

债权投资的计税基础为100 000元，收入为110 000元，确认处置收益为10 000元。会计准则与所得税法确认的损失不一致，是由会计上债权投资的摊余成本和减值准备造成的。

万鑫公司纳税申报时，需做纳税调整处理，填报《投资收益纳税调整明细表（A105030）》第3行，如表3-13所示。

表3-13　投资收益纳税调整明细表（A105030）

行次	项　　目	处置收益						
		会计确认的处置收入	税收计算的处置收入	处置投资的账面价值	处置投资的计税基础	会计确认的处置所得或损失	税收计算的处置所得	纳税调整金额
		4	5	6	7	8（4-6）	9（5-7）	10（9-8）
3	三、持有至到期投资	110 000	110 000	81 662	100 000	28 338	10 000	-18 338

3.5　以公允价值计量且其变动计入其他综合收益的金融资产的税会差异

企业的金融资产同时符合下列条件的，分类为以公允价值计量且其变动计入其他综合收益的金融资产：

（1）企业管理该金融资产的业务模式，既以收取合同现金流量为目标，又以出售该金融资产为目标。

（2）该金融资产的合同条款规定，在特定日期产生的现金流量，仅为对本金和以未偿付本金金额为基础的利息的支付。

以公允价值计量且其变动计入其他综合收益的金融资产，相关交易费用计入初始确认金额。

指定为以公允价值计量且其变动计入其他综合收益的非交易性权益工具投资，除了获得的股利（属于投资成本收回部分的除外）计入当期损益外，其他相关的利得和损失（包括汇兑损益）均应计入其他综合收益，且后续不得转入当期损益。当其终止确认时，之前计入其他综合收益的累计利得或损失从其他综合收益中转出，计入留存收益。

在税务处理上，以公允价值计量且其变动计入其他综合收益的金融资产属于所得税法第十四条规定的投资资产。企业在转让或者处置投资资产时，投资资产的成本准予扣除。以公允价值计量且其变动计入其他综合收益的金融资产持有期间取得的利息，根据所得税法第六条规定计入利息收入。

以公允价值计量且其变动计入其他综合收益的金融资产后续计量过程中，不仅要反映其公允价值变动直接计入所有者权益的金额，还要反映由于账面价值与计税基础之间产生暂时性差异，确认递延所得税资产或递延所得税负债的金额。

以公允价值计量且其变动计入其他综合收益的金融资产公允价值变动形成的利得或损失，在持有期间公允价值的变动不计入应纳税所得额。外币货币性金融资产形成的汇兑收益，计入收入总额；企业在货币交易中以及纳税年度终了时，将外币货币性金融资产，按照期末即期人民币汇率中间价折算为人民币时产生的汇兑损失，除已经计入有关资产成本以及向所有者进行利润分配相关的部分外，准予扣除。

其他权益工具投资的现金股利，除连续持有居民企业公开发行并上市流通的股票不足12 个月取得的投资收益外，在被投资企业宣告发放股利时计入当期损益的可从应纳税所得额中减除。以摊余成本计量的金融资产，采用实际利率法确认的利息收入，计入当期应纳税所得额。

【例 3-11】 2021 年 7 月 20 日，汇德公司从二级市场购入股票 200 000 股，每股市价 3 元，手续费 20 000 元；初始确认时，该权益工具指定为以公允价值计量且其变动计入其他综合收益的非交易性权益工具投资。至 2021 年 12 月 31 日，汇德公司仍持有该股票，当时的市价为每股 4 元。2022 年 1 月 10 日，汇德公司售出该股票，售价为每股 5 元，另支付交易费用 30 000 元。假设不考虑增值税。

汇德公司的会计处理如下：

（1）购入股票时：

借：其他权益工具投资　　　　　　　　　　　　　　620 000

　　贷：其他货币资金——存出投资款　　　　　　　　　　　620 000

（2）2021 年 12 月 31 日：

借：其他权益工具投资——公允价值变动　　　　　　180 000

　　贷：其他综合收益——其他权益工具投资公允价值变动　　180 000

（3）2022 年 1 月 10 日出售股票时：

借：其他货币资金——存出投资款　　　　　　　　　970 000

　　其他综合收益——其他权益工具投资公允价值变动　180 000

　　贷：其他权益工具投资——成本　　　　　　　　　　　　620 000

　　　　　　　　　　　——公允价值变动　　　　　　　　　180 000

    盈余公积（或利润分配）   350 000

税务处理：

（1）购入股票，会计账面价值与计税基础一致，均为 620 000 元。

（2）股票处置时，税法确认处置所得为 1 000 000–30 000–620 000=350 000（元），调整增加应纳税所得额 350 000 元。

其他权益工具投资属于所得税法中的投资资产。其他权益工具持有期间的股利所得，会计计入投资收益，最终计入会计利润，税法计入应纳税所得额，所以对于其他权益工具的持有所得无须作纳税调整处理。对于其他权益工具的处置所得，税法确认的处置所得为处置价款与处置过程中的相关税费及计税基础的差额，对于这部分处置所得需要计入应纳税所得额，而会计将以公允价值计量且其变动计入其他综合收益的非交易性权益工具投资的处置收入与相关税费及账面价值的差额计入所有者权益，没有计入会计利润，所以这部分处置所得在资产负债表日需要做纳税调增处理。

以公允价值计量且其变动计入其他综合收益的金融资产所产生的利得或损失，除其减值损失或利得和汇兑损益外，均计入其他综合收益，直至该金融资产终止确认或被重分类。但是，采用实际利率法计算的利息计入当期损益。计入各期损益的金额与视同一直按摊余成本计量而计入各期损益的金额相等。终止确认时，之前计入其他综合收益的累计利得或损失从其他综合收益中转出，计入当期损益。采用实际利率法计算的其他债权投资的利息，计入当期应纳税所得额。

取得其他债权投资时交易费用计入其他债权投资的成本，与税法相同。对于平价购入的其他债权投资，会计的入账价值和税法的计税基础相同的。其他债权投资的税会差异主要体现在以下四个方面：

（1）溢折价购入的其他债权投资，会计的入账价值和税法的计税基础不同。

（2）会计按摊余成本和实际利率确认投资收益，税法按票面利率和面值确认持有所得，二者金额不同，需要做纳税调整。

（3）处置其他债权投资时，税法确认的所得包括两部分，一部分是持有所得，一部分是处置所得，税法确认的处置所得为处置价款与处置过程中的相关税费及计税基础的差额，持有所得指的是持有期间的利息收入，这两部分所得都需要计入应纳税所得额。会计确认的处置利得为处置收入与相关税费及账面价值的差额，应纳税所得额与会计利润的金额不同，需要做纳税调整。

（4）处置其他债权投资时，其他综合收益转入投资收益，计入会计利润，而税法不认可这部分金额，需要做纳税调减处理。

3.6　商品期货套期的税会差异

《企业所得税法实施条例》第五十六条规定，企业的各项资产，包括固定资产、生物资产、无形资产、长期待摊费用、投资资产、存货等，以历史成本为计税基础。前款所称历史成本，是指企业取得该项资产时实际发生的支出。企业持有各项资产期间资产增值或者减值，除国务院财政、税务主管部门规定可以确认损益外，不得调整该资产的计税基础。

1. 套期业务不跨期的情形

【例 3-12】大通公司 T0 期有一批账面价值 500 000 元的原材料，预计到 T1 期完成加工实现销售。由于担心从 T0 到 T1 的期间内产品价格下跌，大通公司在 T0 期卖出一份 T1 期到期的期货进行套期保值，且 T0 和 T1 在同一会计年度。假设大通公司采用完全套保策略，期货到期以净额结算，期货保证金比例 10%。假设在套期关系存续期内，产品价格上涨，导致大通公司在套期工具上损失 100 000 元，而在被套期项目上收益 80 000 元。大通公司至 T1 期以650 000 元出售产成品，同时以净额结算商品期货。不考虑期货市场中每日无负债结算制度的影响，也不考虑原材料采购和产品销售环节的增值税、城建税、教育费附加和印花税等。

（1）会计处理。大通公司采用商品期货对已确认资产（原材料）的公允价值变动风险敞口进行的套期。采用公允价值套期方法进行会计处理，具体会计处理如下。

① T0 期：

借：其他货币资金——存出投资款　　　　　　　　50 000
　　贷：银行存款　　　　　　　　　　　　　　　　　　　　50 000
借：被套期项目　　　　　　　　　　　　　　　500 000
　　贷：库存商品　　　　　　　　　　　　　　　　　　　　500 000

② T1 期：

确认套期工具利得时：

借：套期损益　　　　　　　　　　　　　　　　100 000
　　贷：套期工具——期货合约　　　　　　　　　　　　　　100 000
借：被套期项目　　　　　　　　　　　　　　　　80 000
　　贷：套期损益　　　　　　　　　　　　　　　　　　　　80 000
借：银行存款　　　　　　　　　　　　　　　　　50 000
　　贷：其他货币资金——存出投资款　　　　　　　　　　　50 000

出售库存商品 A，同时以净额结算商品期货：

借：其他货币资金——存出投资款　　　　　　　550 000
　　套期工具——期货合约　　　　　　　　　　100 000
　　贷：主营业务收入　　　　　　　　　　　　　　　　　650 000

借：主营业务成本   580 000

  贷：被套期项目   580 000

套期结束，结转套期无效部分的损益：

借：投资收益   20 000

  贷：套期损益   20 000

会计处理结果体现在年度利润表中，列示为"营业收入"650 000 元，"营业成本"580 000 元，"投资收益"–20 000 元。

（2）税务处理。上述会计处理结果符合国家统一会计制度规定，可填列至《中华人民共和国企业所得税年度纳税申报表（A 类）》（A100000）的第 1~13 行内。另外，需对套期会计中的套期工具和被套期项目的税会差异进行调整，存货公允价值变动而造成"主营业务成本"账户的 80 000 元税会差异，先填报一级附表《纳税调整项目明细表》（A105000）的第 30 行，然后填至《中华人民共和国企业所得税年度纳税申报表（A 类）》（A100000）的第 15 行"纳税调整增加额"；商品期货交易损失 100 000 元，但"投资收益"账户只记录了 20 000 元损失，产生 80 000 元的税会差异，先填报二级附表《投资收益纳税调整明细表》（A105030）的第 4 行，然后填报一级附表《纳税调整项目明细表》（A105000）的第 4 行，最后填列至《中华人民共和国企业所得税年度纳税申报表（A 类）》（A100000）的第 16 行"纳税调整减少额"。在不考虑其他业务时，最终应纳税所得额为 50 000 元，具体如表 3-14 所示。

表 3-14 中华人民共和国企业所得税年度纳税申报表（A 类）（A100000）

行次	类 别	项 目	金额
1	利润总额计算	一、营业收入（填写 A101010）	650 000
2		减：营业成本（填写 A102010）	580 000
9		加：投资收益	–20 000
13		三、利润总额（10+11−12）	50 000
15	应纳税所得额计算	加：纳税调整增加额（填写 A105000）	80 000
16		减：纳税调整减少额（填写 A105000）	80 000
23		五、应纳税所得额（19−20−21−22）	50 000

2. 套期业务跨期的情形

【例 3-13】 承例 3-12。其他条件不变。假设该套期业务跨期完成，并且假设套期工具（商品期货）与被套期项目（存货）在 T0 期资产负债表日的公允价值分别为 60 000 元和 532 000 元。

（1）会计处理。我国目前现有的期货合约期限最长为 1 年，故该套期业务最多影响前后两个会计期间。

相比例 3-12，本例中大通公司要确认期货和存货在 T0 期的公允价值变动如下：

借：套期损益   40 000

贷：套期工具		40 000
借：被套期项目	32 000	
贷：套期损益		32 000

上述处理，导致大通公司确认期货和存货在 T0 期的公允价值变动的金额变化如下：

借：套期损益	60 000	
贷：套期工具		60 000
借：被套期项目	48 000	
贷：套期损益		48 000

进而，套期结束，大通公司结转套期无效部分的损益也发生如下变化：

借：投资收益	12 000	
贷：套期损益		12 000

会计处理体现在 T0 期年度利润表中，在"公允价值变动收益"项目下列示−8 000 元；在 T1 期年度利润表中，列示"营业收入"650 000 元，"营业成本"580 000 元，"投资收益"−12 000 元。

（2）税务处理。T0 期年度企业所得税纳税申报主要涉及对套期工具和被套期项目公允价值变动的财税差异进行调整，先填报一级附表《纳税调整项目明细表》（A105000）的第 7 行，然后填报《中华人民共和国企业所得税年度纳税申报表（A 类）》（A100000）的第 15 行"纳税调整增加额"。相关纳税申报结果如表 3-15 所示。

表 3-15　中华人民共和国企业所得税年度纳税申报表（A 类）（A100000）

行次	类　　别	项　　目	金额
8	利润总额计算	加：公允价值变动收益	−8 000
15	应纳税所得额计算	加：纳税调整增加额（填写 A105000）	8 000
23		五、应纳税所得额（19−20−21−22）	0 000

T1 期年度企业所得税纳税申报与套期不跨期的情形相似，如表 3-16 所示。

表 3-16　中华人民共和国企业所得税年度纳税申报表（A 类）（A100000）

行次	类　　别	项　　目	金　　额
1	利润总额计算	一、营业收入（填写 A101010）	650 000
2		减：营业成本（填写 A102010）	580 000
9		加：投资收益	−12 000
13		三、利润总额（10+11−12）	58 000
15	应纳税所得额计算	加：纳税调整增加额（填写 A105000）	80 000
16		减：纳税调整减少额（填写 A105000）	88 000
23		五、应纳税所得额（19−20−21−22）	50 000

第 4 章

长期股权投资的税会差异与纳税筹划

长期股权投资准则（2014）规定，长期股权投资，是指投资企业对被投资企业实施控制、重大影响的权益性投资，以及对其合营企业的权益性投资。长期股权投资的税会差异主要体现在取得长期股权投资、持有长期股权投资、处置长期股权投资等业务中。本章主要介绍这些业务的税会差异、纳税调整处理和纳税申报表的填制，对存在纳税筹划空间的部分业务，一并介绍。

4.1　取得长期股权投资的税会差异与纳税筹划

对于长期股权投资的初始计量，会计准则主要从长期股权投资取得的途径进行规范，包括企业合并和其他方式。前者包括同一控制下的企业合并和非同一控制下的企业合并，主要形成了对子公司的投资；后者包括支付现金、发行权益性证券、非货币性资产交换、债务重组等方式，主要形成了对合营企业和联营企业的投资。

4.1.1　企业合并取得长期股权投资的税会差异

1. 同一控制下的企业合并取得长期股权投资的税会差异

同一控制下的企业合并，合并方以支付现金、转让非现金资产或承担债务方式作为合并对价的，在合并日按照被合并方所有者权益在最终控制方合并财务报表中的账面价值的份额作为长期股权投资的初始投资成本。长期股权投资初始投资成本与支付的现金、转让的非现金资产以及所承担债务账面价值之间的差额，调整资本公积；资本公积不足冲减的，调整留存收益。

合并方以发行权益性证券作为合并对价的，在合并日按照被合并方所有者权益在最终控制方合并财务报表中的账面价值的份额作为长期股权投资的初始投资成本。按照发行股份的面值总额作为股本，长期股权投资初始投资成本与所发行股份面值总额之间的差额，调整资本公积；资本公积不足冲减的，调整留存收益。

除了上述处理，还需要注意以下事项：

（1）被合并方在合并日的净资产账面价值为负数的，长期股权投资成本按零确定，同时在备查账簿中登记。

（2）如果被合并方在被合并以前，是最终控制方通过非同一控制下的企业合并所控制的，则合并方长期股权投资的初始投资成本还应包含相关的商誉金额。长期股权投资的初始投资成本=子公司自购买日开始持续计算的可辨认净资产公允价值×母公司持股比例+母公司在合并财务报表中确认的商誉。

（3）如果子公司按照改制时确定的资产、负债经评估确认的价值调整资产、负债账面价值的，合并方按照取得子公司经评估确认的可辨认净资产账面价值的份额作为长期股权投资的初始投资成本。

（4）合并方发生的审计、法律服务、评估咨询等中介费用以及其他相关管理费用，在发生时计入管理费用。但以下两种情况除外：

① 与发行债务性工具作为合并对价直接相关的佣金或手续费，计入债务性工具的初始确认金额（"应付债券——利息调整"）；

② 与发行权益性工具作为合并对价直接相关的股票承销费或佣金，冲减资本公积，资本公积不足冲减的，冲减留存收益。

（5）通过多次交换交易，分步取得股权最终形成控股合并的，区别情况进行处理。属于一揽子交易的，合并方将各项交易作为一项取得控制权的交易进行会计处理；不属于一揽子交易的，取得控制权日，投资企业按照以下步骤进行会计处理：

① 确定同一控制下企业合并形成的长期股权投资的初始投资成本，在个别财务报表中，以持股比例计算的合并日应享有被合并方账面所有者权益份额作为该项投资的初始投资成本；

② 长期股权投资初始投资成本与合并对价账面价值之间的差额，调整资本公积，资本公积不足冲减的，冲减留存收益；

③ 合并日之前持有的股权投资，因采用权益法处理或确认的其他综合收益，暂不进行会计处理。

长期股权投资的计税成本原则上以投资企业实际支付的全部价款确定。全部价款包括现金、非现金资产公允价值、所承担债务的公允价值、所发行权益性证券的公允价值以及支付的相关税费（不含企业所得税），但不包括从被投资企业收取的已宣告但尚未发放的现金股利或利润。

所得税法规定，被投资企业对投资企业支付的红利所得并入投资企业的应纳税所得额。该项规定实际上是要求被投资企业用留存收益转增资本（股本）进行税务处理时，视同"先分配，再投资"，即转增资本的金额视同追加投资，作为投资的计税成本处理。被投资企业用资本溢价（股本溢价）转增资本（股本）时，不计入投资企业的计税成本。

同一控制下企业合并发生的各项直接相关费用（资产评估费、咨询费等），税会在处理方法上一致。

企业支付的对价包含非现金资产，还涉及下列税收问题：

（1）以存货（不含开发产品）换取投资，应当视同销售计算增值税。如果是自产应税消费品，那么还需缴纳消费税。计算增值税时，按同期或最近时期同类存货的加权平均价格计算。如果同期或近期无同类售价，那么按组成计税价格计算。但计算消费税时，按最高售价计算。

（2）所得税法实施条例第二十五条规定，企业发生非货币性资产交换的，应当视同销售货物、转让财产。以非现金资产对外投资行为应视同销售，按照公平价格确定收入，同时允许扣除其计税成本。

【例4-1】2021年1月1日，北疆公司以一所厂房和银行存款200万元对东海公司进行投资（北疆公司和东海公司属于同一控制下的两个公司），占东海公司60%的股权，投资时东海公司所有者权益的账面价值为14 000万元。投资时北疆公司资本公积为500万元，盈余公积为200万元。该厂房的账面原价为8 000万元，已计提累计折旧500万元，已计提固定资产减值准备200万元，公允价值为7 600万元。假设不考虑增值税。

北疆公司的会计处理与税务处理如表4-1所示。

表4-1　北疆公司的会计处理与税务处理

会计处理	税务处理	税会差异
借：固定资产清理　　73 000 000 　　累计折旧　　　　5 000 000 　　固定资产减值准备　2 000 000 　贷：固定资产　　　80 000 000 借：长期股权投资——东海公司 84 000 000 　　（140 000 000×60%） 　贷：固定资产清理　73 000 000 　　其他货币资金——存出投资款 2 000 000 　　资本公积　　　9 000 000	企业以经营活动的部分非货币性资产对外投资，在投资交易发生时，将其分解为按公允价值销售有关非货币性资产和对外投资两项经济业务进行所得税处理	对于转出的固定资产减值准备，税法做纳税调减。会计处理未涉及损益类账户，应纳税所得额为100万元（7 600–7 300–200），北疆公司纳税申报时该笔业务调增应纳税所得额100万元

该业务中涉及固定资产部分属于国税函〔2008〕第828号文规定的视同销售，而会计处理没有确认收入，两者存在税会差异。北疆公司纳税申报时需要纳税调整处理，填制《视同销售和房地产开发企业特定业务纳税调整明细表（A105010）》，如表4-2所示。

表4-2　视同销售和房地产开发企业特定业务纳税调整明细表（A105010）

行　次	项　目	税收金额	纳税调整金额
		1	2
1	一、视同销售（营业）收入		
8	（七）用于对外投资项目视同销售收入	76 000 000	76 000 000
11	二、视同销售（营业）成本		
18	（七）用于对外投资项目视同销售成本	75 000 000	75 000 000

【例4-2】2021年6月30日，远华公司向同一集团内的峰松公司收购其持有的南海公司100%的股权，并于当日起能够对南海公司实施控制。合并后南海公司仍维持其独立法人

资格继续经营。两公司在企业合并前采用的会计政策相同。

在合并日，南海公司所有者权益的总额为 4 404 万元，远华公司净资产为 6 000 万元，其中股本 4 000 万元，盈余公积 1 400 万元，资本公积（股本溢价）550 万元，未分配利润 50 万元。远华公司向峰松公司支付的对价如下：现金 3 431 万元；产成品成本 1 000 万元，公允价值为 1 400 万元；旧设备原价 800 万元，累计折旧 400 万元，公允价值为 500 万元；自建房屋原价 900 万元，累计折旧 300 万元，公允价值为 700 万元。

假设产品销售的增值税税率为 13%，不考虑土地增值税、城市维护建设税和教育费附加。合并日远华公司确认对南海公司的长期股权投资。

远华公司的会计处理如下：

借：长期股权投资——南海公司		44 040 000
累计折旧		7 000 000
资本公积——股本溢价		5 500 000
盈余公积		6 590 000
贷：库存商品		10 000 000
应交税费——应交增值税（销项税额）		1 820 000
		（14 000 000×13%）
固定资产——设备		8 000 000
——房屋		9 000 000
库存现金		34 310 000

税务处理：以非现金资产换取股权视同销售处理，调增应纳税所得额 600 万元 [（1 400－1 000）+（500－400）+（700－600）]，长期股权投资计税成本为 6 195 万元（3 413+1 400+500+700 +182）。

远华公司纳税申报时，填制《视同销售和房地产开发企业特定业务纳税调整明细表（A105010）》，如表 4-3 所示。

表 4-3　视同销售和房地产开发企业特定业务纳税调整明细表（A105010）

行　次	项　目	税收金额	纳税调整金额
		1	2
1	一、视同销售（营业）收入		
8	（七）用于对外投资项目视同销售收入	26 000 000	26 000 000
11	二、视同销售（营业）成本		
18	（七）用于对外投资项目视同销售成本	20 000 000	20 000 000

2. 非同一控制下的企业合并取得长期股权投资的税会差异

非同一控制下的企业合并的初始成本为所付出资产的公允价值。账面价值与公允价值之间的差额计入当期损益，反映在营业外收入中。

企业合并成本包括购买方付出的资产、发生或承担的负债、发行的权益性证券的公允价值以及为进行企业合并而发生的各项直接费用之和。其中，支付非货币性资产为对价的，所支付的非货币性资产在购买日的公允价值与其账面价值的差额作为资产处置损益，计入企业合并当期的利润表。具体而言，合并对价为固定资产、无形资产的，公允价值与账面价值的差额，计入资产处置损益；合并对价为长期股权投资或金融资产的，公允价值与其账面价值的差额，计入投资损益；合并对价为存货的，作为销售处理，以其公允价值确认收入，同时结转相应的成本；合并对价为投资性房地产的，以其公允价值确认其他业务收入，同时结转其他业务成本。

多次交易分步实现非同一控制下企业合并的会计处理：

（1）购买日之前持有的股权采用权益法处理。按照原持有的股权投资的账面价值加上新增投资成本之和，作为改按成本法核算的初始投资成本；相关其他综合收益和其他所有者权益变动暂不进行会计处理。

（2）购买日之前持有的股权投资采用公允价值计量。将按照原持有的股权投资的公允价值加上新增投资成本之和，作为改按成本法处理的初始投资成本；原持有股权的公允价值与账面价值之间的差额以及原计入其他综合收益的累计公允价值变动全部转入改按成本法处理的当期投资收益。

企业长期股权投资的计税成本应当以为取得该项投资所付出的全部代价确定。全部代价包括现金、非现金资产公允价值、所承担债务的公允价值、所发行权益性证券的公允价值以及支付的相关税费（不含企业所得税），但不包括自被投资企业收取的已宣告但尚未发放的现金股利或利润。

非同一控制下控股合并取得的长期股权投资的计税成本与会计成本基本相同，但也存在差异，主要如下：

（1）非同一控制下企业合并发生的各项直接相关费用（资产评估费等）计入投资成本，根据所得税法实施条例第二十八条、第二十九条、第三十条的规定，企业生产经营过程中耗费按规定已计入成本的，不得再作为期间费用重复扣除。因此，为合并发生的直接相关费用也可计入投资计税成本。

（2）作为对价的存货、固定资产、无形资产、长期股权投资已计提减值准备的，在视同销售计算资产转让所得时，允许扣除的成本为计税成本净值。

计税成本净值=固定资产、无形资产初始计税成本（不扣除减值准备）-已扣除的折旧额、摊销额

（3）多次交易分步实现非同一控制下的企业合并，其长期股权投资计税基础按照原计税基础与追加投资计税基础之和确定，原计税基础与追加投资计税基础均按照为取得股权实际支付对价的公允价值确定。购买日之前持有的股权投资采用公允价值计量的，会计上

视同"先卖出，再买入"确认的投资收益，不确认应税所得，需做纳税调减处理。

【例4-3】2021年1月1日，盛鹏公司取得了南特公司70%的股权。合并中，盛鹏公司支付的有关资产，在购买日的账面价值与公允价值如表4-4所示。合并中，盛鹏公司为核实南特公司的资产价值，聘请有关机构对该项合并进行咨询，支付咨询费用100万元。

表4-4　盛鹏公司支付有关资产的账面价值与公允价值　　　　　　单位：万元

项　　目	账面价值	公允价值
土地使用权	2 000	3 000
专利技术	900	1 000
银行存款	900	900
合　　计	3 800	4 900

盛鹏公司的会计处理如下：

借：长期股权投资　　　　　　　　　　　　　　49 000 000
　　贷：无形资产　　　　　　　　　　　　　　　　29 000 000
　　　　银行存款　　　　　　　　　　　　　　　　9 000 000
　　　　营业外收入　　　　　　　　　　　　　　　11 000 000

税务处理：

（1）支付的咨询费100万元，本期允许据实扣除，调减应纳税所得额100万元。

（2）长期股权投资计税成本为4 900万元。

（3）假设专利技术原价1 200万元，累计摊销100万元，计提无形资产减值准备200万元。初始计税成本与会计成本相同，税法按10年平均扣除，已累计扣除480万元。以前年度已累计调减180万元（100+200-480）。

无形资产账面价值=1 200-100-200=900（万元）

无形资产计税成本=1 200-480=720（万元）

无形资产转让所得=（3 000-2 000）+（1 000-720）=1 280（万元）

本期调增应纳税所得额=1 280-1 200=80（万元）

【例4-4】2021年3月1日，新博公司以一房产和银行存款200万元向创维公司投资（新博公司和创维公司不属于同一控制的两个公司），占创维公司60%的股权。该固定资产的账面原价为8 000万元，已计提累计折旧500万元，已计提固定资产减值准备200万元，公允价值为7 600万元。投资时创维公司所有者权益的账面价值为14 000万元。投资时新博公司资本公积为500万元，盈余公积为200万元。不考虑其他相关税费。

新博公司的会计处理与税务处理如表4-5所示。

表 4-5　新博公司的会计处理与税务处理

会计处理		税务处理
借：固定资产清理	73 000 000	税法上的应纳税所得额为 100 万元（7 600–7 500），会计上的损益为 300 万元，所以以应纳税所得额调减固定资产 200 万元（如果资产不计提减值准备，非同一控制下以不动产投资，则无税会差异。）
累计折旧	5 000 000	
固定资产减值准备	2 000 000	
贷：固定资产	80 000 000	
借：长期股权投资——创维公司	78 000 000	
	（2 000 000+76 000 000）	
贷：固定资产清理	73 000 000	
其他货币资金——存出投资款	2 000 000	
营业外收入	3 000 000	

4.1.2　其他方式取得长期股权投资的税会差异

其他方式取得长期股权投资，主要是指通过企业合并以外的方式进行投资，如非货币性资产交换、支付现金、发行证券和债务重组等。非货币性资产交换、债务重组取得长期股权投资的税会差异、纳税调整处理及纳税申报表的填制，请参阅第 8 章和第 10 章。

1. 会计处理

如前介绍，通过企业合并以外的方式进行投资，主要是形成对联营企业、合营企业的投资，其成本按照公允价值计量。

（1）支付现金取得的长期股权投资。初始投资成本包括实际支付的价款、直接相关费用、税金及其他必要支出。

（2）发行权益性证券取得的长期股权投资。初始投资成本按照发行的权益性证券的公允价值计量，为发行权益性证券支付给有关证券承销机构的手续费、佣金等与权益性证券发行直接相关的费用，不构成取得长期股权投资的成本。该部分费用在权益性证券的溢价发行收入中扣除，不足扣除的，冲减盈余公积和未分配利润。

（3）以非货币性资产对外投资取得的长期股权投资，按照长期股权投资的公允价值确定初始投资成本。

（4）以非货币性资产交换或债务重组方式取得的长期股权投资的投资成本，按照长期股权投资的公允价值确定，在交易不具有商业实质或公允价值无法取得时，以投出资产的账面价值以及支付的增值税之和确定。

（5）企业进行公司制改建取得的长期股权投资。对资产、负债的账面价值按照评估价值调整的，长期股权投资以评估价值作为改制时的认定成本，评估价值与原账面价值的差额计入资本公积。

2. 税会差异

对合营企业、联营企业投资的计税基础与初始计量成本基本相同，税会处理一致。但是，下列情形除外：

一是企业改制按照评估价值调整长期股权投资成本的，长期股权投资的计税基础不变，仍按照原有计税基础确定。

二是以非货币性资产交换和非货币性资产抵偿债务方式取得的长期股权投资，在交易不具有商业实质或公允价值无法取得的情况下，会计上以投出资产的账面价值与相关税费之和进行初始计量，而税法上分为转让非货币性资产和购买长期股权投资两项交易进行处理。相应地，长期股权投资的计税基础按照非货币性资产的公允价值与相关税费之和确定。具体处理，请参阅第 8 章。

三是以非货币性资产（包括长期股权投资）作为对价取得的长期股权投资，需划分为视同销售和购买长期股权投资处理。当视同销售但选择适用递延纳税政策时，其取得长期股权投资的计税基础按照下列情形执行：

（1）《财政部 国家税务总局关于企业重组业务企业所得税处理若干问题的通知》（财税〔2009〕59 号）第六条规定，以非货币性资产增资方式取得长期股权投资，符合资产收购特殊性税务处理条件的，长期股权投资计税基础按照投出资产的原计税基础确定；以控股子公司的股权作为对价取得的长期股权投资，符合股权收购特殊性税务处理条件的，取得长期股权投资的计税基础按照转让方原持有该项股权的计税基础确定。

（2）《财政部 国家税务总局关于非货币性资产投资企业所得税政策问题的通知》（财税〔2014〕116 号）规定，以非货币性资产对外投资选择按五年期限平均确认资产转让所得的，长期股权投资的计税基础按照投出非货币性资产的计税基础与已确认的应税所得之和确定。具体处理，请参阅第 8 章。

（3）《财政部 国家税务总局关于完善股权激励和技术入股有关所得税政策的通知》（财税〔2016〕10 号）第三条第（一）项规定，企业以技术成果投资入股到境内居民企业，被投资企业支付的对价全部为股票（权）的，经向主管税务机关备案，投资入股当期可暂不纳税，长期股权投资的计税基础按照技术成果原值确定。

4.1.3 取得长期股权投资的纳税筹划

对于企业合并业务，我国税收优惠政策在地区之间存在差异，因此，在合并不同地区相同性质和经营状况的目标企业时，可以获得不同的收益。合并企业可以利用我国现行税法中的地区性优惠政策，将目标企业选择在能够享受优惠政策的地区，合并后改变注册地或将合并企业的利润转移到低税地区，从而降低企业的整体税收负担，使合并后的纳税主体能够取得税收优惠。例如，利用西部地区所得税优惠政策在西部地区投资设立企业，可以缴纳较低的企业所得税。

　　长期股权投资取得方式分为股权收购和投资。按照一般性税务处理方式，股权收购和投资都需要确认利得或损失，并缴纳企业所得税，即一般性税务处理模式下，选择按哪一种方式进行交易并无所得税差异。按照特殊性税务处理规则，对于股权收购而言，被合并方取得合并方股权的计税基础以被收购股权的原有计税基础确定，即此时无须确认股权转让所得或损失，而合并方无实质性的利得，无须缴纳企业所得税。在非货币资产投资中，以非货币性资产投资获得的长期股权投资依据财税〔2014〕116 号文，居民企业以非货币性资产对外投资确认的非货币性资产转让所得，可在不超过五年期限内，分期均匀计入相应年度的应纳税所得额，按规定计算缴纳企业所得税。可知，在特殊性税务处理规则下，选择按照股权收购方式进行交易能够获得较大的节税效益。具体处理，请参阅 8.3 节。

4.2　持有长期股权投资的税会差异与纳税筹划

　　长期股权投资在持有期间，其后续计量主要采用成本法和权益法。在条件变化时，计量方法可能随之改变。本节主要介绍成本法和权益法下长期股权投资后续计量的税会差异、纳税调整处理及纳税申报表的填制。

　　值得注意的是，根据《小企业会计准则》，小企业的长期股权投资在后续计量时仅采用成本法，并且不计提减值准备。

4.2.1　成本法下长期股权投资的税会差异

　　投资企业能够对被投资企业实施控制的长期股权投资，采用成本法进行会计处理。在会计处理上，采用成本法的长期股权投资按照初始投资成本计价。追加或收回投资应调整长期股权投资的成本。被投资企业宣告分派的现金股利或利润，确认为当期投资收益。

　　在税务处理上，投资企业确认所得税法第六条规定的股息、红利等权益性投资收益，不限于被投资企业接受投资后产生的累计净利润的分配额，所获得的利润或现金股利超过上述数额的部分不作为初始投资成本的收回。也就是说，被投资企业宣告分派的现金股利或利润，从被投资企业的累计净利润（包括累计未分配利润和盈余公积）中取得的任何分配支付额，都确认为当期股息、红利等权益性投资收益。股息、红利等权益性投资收益以被投资企业做出利润分配决策的时间确认收入的实现。企业对外投资期间，除追加或收回投资调整长期股权投资的计税基础外，长期股权投资的计税基础保持不变。

　　在同一控制下长期股权投资是按照确定被合并方所有者权益账面价值的份额作为长期股权投资的初始成本的，长期股权投资的初始成本与支付的现金、转让的非现金资产及所承担债务账面价值之间的差额，调整资本公积；资本公积不足冲减的，调整留存收益。所以，对于同一控制下的企业合并不涉及递延所得税的问题。

非同一控制下的吸收合并不确认长期股权投资，但是投资企业取得的资产、负债的入账价值是按照合并日的公允价值计量的。如果是免税合并，则计税基础按资产的账面价值计量。这样资产的账面价值和计税基础之间会产生暂时性差异。

企业购买上市公司的股票从上市公司分得的股息、红利是否免税，按前述的所得税法实施条例第八十三条规定处理。

【例4-5】

（1）2021年1月1日，华文公司以100万元取得天德公司70%的股份。

（2）2021年3月20日，天德公司宣告发放2020年度现金股利30万元。

（3）2021年度，天德公司实现净利润40万元，2022年3月20日，天德公司宣告发放2021年度现金股利20万元。

（4）2022年度，天德公司实现净利润60万元，2023年3月20日，天德公司以盈余公积60万元转增股本。

（5）2023年5月10日，华文公司将天德公司股权全部转让，取得180万元。

华文公司的税会处理如下：

（1）2021年1月1日华文公司取得长期股权投资。

借：长期股权投资——天德公司　　　　　　　　　　1 000 000
　　贷：其他货币资金——存出投资款　　　　　　　　　　　1 000 000

长期股权投资的账面价值与计税基础相等。

（2）2021年3月20日天德公司宣告发放的这部分股利。

借：应收股利——天德公司　　　　　　　　　　210 000
　　贷：投资收益　　　　　　　　　　　　　　　　210 000

税务处理：华文公司确认股权投资的持有收益（股息所得）21万元，属于免税收入。发生持有期间投资收益，并按税法规定为减免税收入的（如国债利息收入等），无须填报《投资收益纳税调整明细表（A105030）》，但需要填报《符合条件的居民企业之间的股息、红利等权益性投资收益优惠明细表（107011）》，如表4-6所示。

（3）2022年3月20日，天德公司分配上年股利。

借：应收股利——天德公司　　　　　　　　　　140 000
　　贷：投资收益　　　　　　　　　　　　　　　　140 000

税务处理：天德公司分派现金股利时，华文公司确认股权投资的持有收益（股息所得）14万元，属于免税收入。发生持有期间投资收益，并按税法规定为减免税收入的（如国债利息收入等），无须填报《投资收益纳税调整明细表（A105030）》，但需要填报《符合条件的居民企业之间的股息、红利等权益性投资收益优惠明细表（107011）》，如表4-7所示。

表 4-6　符合条件的居民企业之间的股息、红利等权益性投资收益优惠明细表（A107011）

行次	被投资企业	统一社会信用代码（纳税人识别号）	投资性质	投资成本	投资比例	被投资企业利润分配确认金额		被投资企业清算确认金额			撤回或减少投资确认金额						合计
						被投资企业做出利润分配或转股决定时间	依决定归属于本公司的股息、红利等权益性投资收益金额	分得的被投资企业清算剩余资产	被清算企业累计未分配利润和累计盈余公积应享有部分	应确认的股息所得	从被投资企业撤回或减少投资取得的资产	减少投资比例	收回初始投资成本	取得资产中超过收回初始投资成本部分	撤回或减少投资应享有被投资企业累计未分配利润和累计盈余公积	应确认的股息所得	
	1	2	3	4	5	6	7	8	9	10（8与9款小）	11	12	13（4×12）	14（11-13）	15	16（14与15款小）	17（7+10+16）
1	天德公司		直接投资	1 000 000	70%	2021.3	210 000										210 000

表 4-7 符合条件的居民企业之间的股息、红利等权益性投资收益优惠明细表（A107011）

行次	被投资企业	被投资企业统一社会信用代码（纳税人识别号）	投资性质	投资成本	投资比例	被投资企业做出利润分配或转股决定时间	被投资企业利润分配确认金额 依决定归属于本公司的股息、红利等权益性投资收益金额	被投资企业清算确认金额			撤回或减少投资确认金额						合计
								企业清算剩余资产	分得的被投资企业累计未分配利润和累计盈余公积应享有部分	应确认的股息所得	从被投资企业撤回或减少投资取得的资产	减少投资比例	收回初始投资成本	取得资产中超过收回初始投资成本部分	撤回或减少投资应享有被投资企业累计未分配利润和累计盈余公积	应确认的股息所得	
	1	2	3	4	5	6	7	8	9	10（8与9孰小）	11	12	13（4×12）	14（11−13）	15	16（14与15孰小）	17（7+10+16）
1	天德公司		直接投资	1 000 000	70%	2022.3	140 000										140 000

（4）2023 年 3 月 20 日天德公司以盈余公积 60 万元转增股本，华文公司不做会计处理。

税务处理：根据税法规定，以盈余公积转增股本，分解为收到现金股利和追加投资两笔业务进行税务处理。

华文公司确认股息所得 42 万元（60×70%），即调增 2022 年度应纳税所得额 42 万元。华文公司该项长期股权投资的账面价值仍为 100 万元，计税基础为 142 万元（100+42）。

借：递延所得税资产　　　　　　　　　　　　　　105 000（420 000×25%）

　　贷：所得税费用　　　　　　　　　　　　　　　　　　105 000

（5）2023 年 5 月 10 日，华文公司将天德公司股权全部转让。

会计处理：华文公司确认投资转让所得 80 万元（180–100）

借：其他货币资金——存出投资款　　　　　　　　1 800 000

　　贷：长期股权投资——天德公司　　　　　　　　　　1 000 000

　　　　投资收益　　　　　　　　　　　　　　　　　　　800 000

税务处理：该项股权投资的计税基础为 142 万元，按照税法规定确认投资转让所得 38 万元（180–142），因此华文公司调减 2023 年度应纳税所得额 42 万元（80–38）。

借：所得税费用　　　　　　　　　　　　　　　　105 000（420 000×25%）

　　贷：递延所得税资产　　　　　　　　　　　　　　　　105 000

至此，华文公司长期股权投资持有期间发生的暂时性差异全部转回。

华文公司在纳税申报时需做纳税调整处理，填报《投资收益纳税调整明细表（A105030）》第 6 行，如表 4-8 所示。

表 4-8　投资收益纳税调整明细表（A105030）

行次	项　　目	处置收益						纳税调整金额
		会计确认的处置收入	税收计算的处置收入	处置投资的账面价值	处置投资的计税基础	会计确认的处置所得或损失	税收计算的处置所得	
		4	5	6	7	8（4–6）	9（5–7）	10（9–8）
6	六、长期股权投资	1 800 000	1 800 000	1 000 000	1 420 000	800 000	420 000	–380 000

4.2.2　权益法下长期股权投资的税会差异

投资企业对联营企业和合营企业的长期股权投资，采用权益法进行会计处理。在权益法下长期股权的后续计量时要随着被投资企业的损益情况来调整长期股权投资的成本。而所得税法规定长期股权投资的计税基础在持有期间不变，这样，长期股权投资的账面价值与计税基础可能产生暂时性差异。

1. 被投资企业当年实现利润或发生亏损

长期股权投资准则第十一条规定：投资企业取得长期股权投资后，应当按照应享有或应分担的被投资企业实现的净损益和其他综合收益的份额，分别确认投资收益和其他综合收益，同时调整长期股权投资的账面价值；投资企业按照被投资企业宣告分派的利润或现金股利计算应享有的部分，相应减少长期股权投资的账面价值。

（1）被投资企业实现利润。被投资企业实现净利润，投资企业按照持股比例调增长期股权投资的账面价值，但长期股权投资的计税基础不变，因此，长期股权投资的账面价值大于计税基础，产生应纳税暂时性差异。

【例 4-6】华文公司于 2021 年 1 月支付价款 900 万元取得天德公司 30% 的股权，作为长期股权投资进行会计处理，取得时天德公司净资产账面价值为 3 600 万元（假设天德公司各项可辨认的资产、负债的公允价值与其账面价值相同），华文公司对天德公司具有重大影响。假设华文公司和天德公司适用的企业所得税税率相同。

天德公司 2021 年实现净利 240 万元，2022 年经股东会决议分配其中的 100 万元。天德公司 2022 年实现净损益 960 万元。2023 年年初华文公司出售取得 1 500 万元。

华文公司的税会处理如下：

① 初始投资时。

借：长期股权投资——成本　　　　　　　　　　　　10 800 000
　　贷：其他货币资金——存出投资款　　　　　　　　　　9 000 000
　　　　营业外收入　　　　　　　　　　　　　　　　　1 800 000

会计处理：长期股权投资的入账价值为 1 080 万元，确认营业外收入 180 万元。

税务处理：长期股权投资的计税基础为 900 万元，180 万元营业外收入不确认为税收收入，需要调减应纳税所得税额。

华文公司在纳税申报时，将 1 800 000 元的营业外收入填列在《一般企业收入明细表（A101010）》的第 26 行中，如表 4-9 所示；纳税调整处理时，填制《纳税调整项目明细表（A105000）》，如表 4-10 所示。

表 4-9　一般企业收入明细表（A101010）

行　次	项　　目	金　　额
26	（十）其他	1 800 000

表 4-10　纳税调整项目明细表（A105000）

行　次	项　　目	账载金额	税收金额	调增金额	调减金额
		1	2	3	4
5	（四）按权益法核算长期股权投资对初始投资成本调整确认收益	*	*	*	1 800 000

② 2021 年年末确认投资收益：2 400 000×30%=720 000（元）。

借：长期股权投资——损益调整　　　　　　　　　720 000

　　贷：投资收益　　　　　　　　　　　　　　　　720 000

税务处理：72 万元投资收益税法不确认为税收收入，调减应纳税所得税额。

华文公司在纳税申报时，需填报《投资收益纳税调整明细表（A105030）》，如表 4-11 所示。

表 4-11　投资收益纳税调整明细表（A105030）

行　次	项　目	持有收益		
		账载金额	税收金额	纳税调整金额
		1	2	3（2-1）
6	六、长期股权投资	720 000	0	−720 000

同时确认递延所得税负债：（1 800 000+720 000）×25%=630 000（元）。

借：所得税费用　　　　　　　　　　　　　　　　630 000

　　贷：递延所得税负债　　　　　　　　　　　　　630 000

③ 2022 年分回股利：1 000 000×30%=300 000（元）。

借：其他货币资金——存出投资款　　　　　　　　300 000

　　贷：长期股权投资——损益调整　　　　　　　　300 000

税务处理：会计上长期股权投资账面减少 30 万元；税法上确认的投资收益为 30 万元，做纳税调增金额为 30 万元。

华文公司在纳税申报时，需填报《投资收益纳税调整明细表（A105030）》，如表 4-12 所示。

表 4-12　投资收益纳税调整明细表（A105030）

行　次	项　目	持有收益		
		账载金额	税收金额	纳税调整金额
		1	2	3（2-1）
6	六、长期股权投资	0	300 000	300 000

30 万元的投资收益属于免税收入，华文公司需要填报《符合条件的居民企业之间的股息、红利等权益性投资收益优惠明细表（A107011）》，如表 4-13 所示。

④ 2022 年天德公司实现的利润确认投资收益：9 600 000×30%=2 880 000（元）。

借：长期股权投资——损益调整　　　　　　　　　2 880 000

　　贷：投资收益　　　　　　　　　　　　　　　　2 880 000

税务处理：288 万元投资收益，税法不确认为税收收入，调减应纳税所得税额。华文公司在纳税申报时，需填报《投资收益纳税调整明细表（A105030）》，如表 4-14 所示。

企业税会差异、纳税调整与筹划实务

表 4-13　符合条件的居民企业之间的股息、红利等权益性投资收益优惠明细表（A107011）

行次	被投资企业	统一社会信用代码（纳税人识别号）	投资性质	投资成本	投资比例	被投资企业利润分配确认金额		被投资企业清算确认金额			撤回或减少投资确认金额						合计
						被投资企业做出利润分配或转股决定时间	依决定归属于本公司的股息、红利等权益性投资收益金额	分得的被投资企业清算剩余资产	被清算企业累计未分配利润和累计盈余公积应享有部分	应确认的股息所得	从被投资企业撤回或减少投资取得的资产	减少投资比例	收回初始投资成本	取得资产中超过收回初始投资成本部分	撤回或减少投资应享有被投资企业累计未分配利润和累计盈余公积	应确认的股息所得	
	1	2	3	4	5	6	7	8	9	10（8与9孰小）	11	12	13（4×12）	14（11-13）	15	16（14与15孰小）	17（7+10+16）
1	天德公司		直接投资	9 000 000	30%	2022.3	300 000										300 000
																	300 000

• 86

表 4-14　投资收益纳税调整明细表（A105030）

行　次	项　目	持有收益		
		账载金额	税收金额	纳税调整金额
		1	2	3（2–1）
6	六、长期股权投资	2 880 000	0	–2 880 000

同时确认递延所得税负债：（288–30）×25%=645 000（元）。

借：所得税费用　　　　　　　　　　　　　　　645 000

　　贷：递延所得税负债　　　　　　　　　　　　　　　645 000

⑤ 2023 年，出售该长期股权投资时。

借：其他货币资金——存出投资款　　　　　　　15 000 000

　　贷：长期股权投资——成本　　　　　　　　　　　10 800 000

　　　　　　　　　　——损益调整　　　　　　　　　　3 300 000

　　　　投资收益　　　　　　　　　　　　　　　　　　900 000

会计处理：确认的投资收益为 900 000 元。

税务处理：确认的投资收益为 600 万元（1 500–900），纳税调增金额为 510 万元（600–90）。

华文公司纳税申报时，需做纳税调整处理，填报《投资收益纳税调整明细表（A105030）》第 6 行，如表 4-15 所示。

表 4-15　投资收益纳税调整明细表（A105030）

行次	项　目	处置收益						
		会计确认的处置收入	税收计算的处置收入	处置投资的账面价值	处置投资的计税基础	会计确认的处置所得或损失	税收计算的处置所得	纳税调整金额
		4	5	6	7	8（4–6）	9（5–7）	10（9–8）
6	六、长期股权投资	15 000 000	15 000 000	14 100 000	9 000 000	900 000	6 000 000	5 100 000

至此，华文公司长期股权投资持有期间所发生的暂时性差异全部转回：5 100 000×25%=1 275 000（元）。

借：递延所得税负债　　　　　　　　　　　　1 275 000

　　贷：所得税费用　　　　　　　　　　　　　　　　1 275 000

（2）被投资企业发生亏损。被投资企业当年发生净亏损，除长期股权投资账面价值已为零的情况外，投资企业按应分担的份额确认投资损失。如果投资企业分担的被投资企业净亏损的份额大于长期股权投资的账面价值，则以该项长期股权投资的账面价值减记至零为限。

年终计税时，被投资企业发生亏损时，投资企业按持股比例调减长期投资的账面价值，但所得税法不确认投资亏损。由于长期股权投资的账面价值小于计税基础，因此形成了可抵扣暂时性差异，符合确认条件的，确认相关的递延所得税资产，借记"递延所得税资产"账户，贷记"所得税费用"账户。

以后如果被投资企业继续亏损，则按规定仍确认投资损失，且符合确认条件的，再确认相关的递延所得税资产，直至停止确认投资损失为止。递延所得税资产存续期间如果所得税税率变动，则按照新所得税税率调整递延所得税资产的账面价值，由此带来的收益或损失计入变动当期的所得税费用。

【例4-7】 2021年12月31日，华发公司以银行存款购入派神公司30%的股份作为长期股权投资进行会计处理，购买价款为2 000万元，并对派神公司产生重大影响。取得投资日派神公司资产、负债的公允价值与其账面价值相同。

2022年，派神公司全年发生亏损500万元。假设派神公司的所得税税率为15%，华发公司的所得税税率为25%。

华发公司的会计处理如下：

确认投资损失=500×30%=150（万元）

借：投资收益　　　　　　　　　　　　　　　　　　　1 500 000

　　贷：长期股权投资——损益调整　　　　　　　　　　　　　1 500 000

确认递延所得税资产=150÷85%×（25%−15%）=17.65（万元）

借：递延所得税资产　　　　　　　　　　　　　　　　176 500

　　贷：所得税费用　　　　　　　　　　　　　　　　　　　176 500

如果华发、派神双方的所得税税率相同，则只对当期应交所得税有影响，而对递延所得税没有影响。

以后年度，被投资企业以其税前利润弥补以前年度亏损时，投资企业先按规定在年终确认投资收益，即按应享有被投资企业净利润的份额，借记"长期股权投资——损益调整"账户，贷记"投资收益"账户。如果投资企业存在备查簿登记的未确认投资损失，则先以应享有被投资企业净利润的份额抵消未确认投资损失，然后恢复确认投资收益。如果被投资企业补亏以后还有现金股利或利润要分配，则宣告分配现金股利或利润时，投资企业借记"应收股利"账户，贷记"长期股权投资——损益调整"账户。

以后年度计算所得税时，因被投资企业以税前利润弥补以前年度的亏损，投资企业按照确认的投资收益中包含的被投资企业税前补亏的份额和投资企业适用的所得税税率计算的所得税金额，转回递延所得税资产，借记"所得税费用"账户，贷记"递延所得税资产"账户。被投资企业税前补亏结束，投资企业原确认的递延所得税资产全部转销结平。

2. 被投资企业发生的其他所有者权益变动

长期股权投资准则第十一条规定，投资企业对于被投资企业除净损益、其他综合收益和利润分配以外所有者权益的其他变动，调整长期股权投资的账面价值并计入所有者权益。但是此时的计税基础不改变，产生了应纳税暂时性差异，确认递延所得税负债。

🖋【例 4-8】2021 年 1 月，利天公司持有津卫公司 30% 的股份，当期津卫公司因持有的其他权益工具投资公允价值的变动计入其他综合收益的金额为 500 万元。

利天公司的会计处理如下：

调增长期股权投资=500×30%=150（万元）

借：长期股权投资——其他权益变动　　　　　　　　　1 500 000

　　贷：其他综合收益　　　　　　　　　　　　　　　　1 500 000

确认递延所得税负债=150×25%=37.5（万元）

借：其他综合收益　　　　　　　　　　　　　　　　375 000

　　贷：递延所得税负债　　　　　　　　　　　　　　375 000

4.2.3　持有长期股权投资减值的纳税筹划

如果投资企业适用的所得税税率高于被投资企业，股东就分回的税后利润要补缴所得税。因此，被投资企业就可以结合投资企业的实际情况来确定合理的股利支付额，使投资企业获得更多的税后净收益。例如，如果 A 公司在 2020 年亏损 100 万元，2021—2022 年 A 公司从被投资企业 B 公司分回的股利额均为 60 万元。A 公司适用 25% 的所得税税率，B 公司适用 15% 的所得税税率，且不处于法定减免税期间。按照规定，如果 A 公司发生亏损，其分回的税后利润可直接用于弥补亏损。B 公司在其他条件允许的情况下，可以把 2021 年度的股利分配额定为 100 万元，将 2022 年度支付的股利额调低为 20 万元。那么，A 公司 2021 年分回的税后利润弥补亏损后的数额为零，故无须补缴企业所得税。

成本法下，在其投资收益已实现但未分回之前，投资企业的"投资收益"账户并不反映其实际已实现的投资收益；而权益法下，不管投资收益是否分回，均在投资企业的"投资收益"账户反映。这样，采用成本法的企业就可以将已实现的投资收益长期滞留在被投资企业账上作为资本积累，以避免这部分投资收益补缴企业所得税。

4.2.4　长期股权投资减值的税会差异

在长期股权投资减值准备方面的税会差异如表 4-16 所示。

表 4-16　长期股权投资减值准备的税会差异

会计处理	税务处理	税务调整
企业对长期股权投资账面价值定期或至少每年年度终了时，逐项进行检查。如果由于市价持续下跌或被投资企业经营状况发生变化等原因导致长期股权投资可收回金额低于其账面价值的，则计提减值准备	长期股权投资期末计价以成本法为计税基础，长期股权投资减值准备不得在当期的应纳税所得额中予以扣除，形成了可抵扣暂时性差异	在适用的税率发生变化时，对已确认的递延所得税资产和递延所得税负债需要重新计量，并将税率变动的影响数计入当期的所得税费用。在长期股权投资计提减值准备后，由于所得税法上长期股权投资减值准备不能在当期的应纳税所得额中予以扣除，因此，导致长期股权投资的账面价值小于所得税法上的计税基础，形成了可抵扣暂时性差异

【例4-9】 2021 年 12 月 31 日，新威公司长期股权投资的账面价值为 6 000 万元，经减值测试可收回金额为 5 000 万元。

新威公司的会计处理如下：

资产减值损失=6 000–5 000=1 000（万元）

借：资产减值损失　　　　　　　　　　　　　　　10 000 000

　　贷：长期股权投资减值准备　　　　　　　　　　　　　10 000 000

递延所得税资产=1 000×25%=250（万元）

借：递延所得税资产　　　　　　　　　　　　　　2 500 000

　　贷：所得税费用　　　　　　　　　　　　　　　　　2 500 000

依据前述的所得税法实施条例第五十六条规定，长期股权投资减值准备不得在税前扣除，新威公司在纳税申报时，需做纳税调整处理，填报《纳税调整项目明细表（A105000）》第 33 行，如表 4-17 所示。

表 4-17　纳税调整项目明细表（A105000）

行　次	项　　目	账载金额	税收金额	调增金额	调减金额
		1	2	3	4
33	（二）资产减值准备金	10 000 000	*	10 000 000	

此外，财税〔2009〕57 号文规定，企业的股权投资符合下列条件之一的，减除可收回金额后确认的无法收回的股权投资，可以作为股权投资损失在计算应纳税所得额时扣除：

（1）被投资企业依法宣告破产、关闭、解散、被撤销，或者被依法注销、吊销营业执照的；

（2）被投资企业财务状况严重恶化，累计发生巨额亏损，已连续停止经营 3 年以上，且无重新恢复经营改组计划的；

（3）对被投资企业不具有控制权，投资期限届满或者投资期限已超过 10 年，且被投资企业因连续 3 年经营亏损导致资不抵债的；

（4）被投资企业财务状况严重恶化，累计发生巨额亏损，已完成清算或清算期超过 3 年以上的；

（5）国务院财政、税务主管部门规定的其他条件。

4.3　处置长期股权投资的税会差异与纳税筹划

本节主要介绍处置股权投资的几种情况：处置后不丧失控制权；处置后丧失控制权，对被投资企业具有共同控制或重大影响；处置后，对被投资企业由控制变为不再具有控制、共同控制或重大影响；处置后，对被投资企业由共同控制或重大影响变为不再具有控制、共同控制或重大影响；完全处置股权投资，包括股权出售和股权捐赠。

4.3.1　处置后不丧失控制权

【例 4-10】宏德公司和瑞风公司不具有关联关系，宏德公司 2021 年 1 月 1 日取得瑞风公司 80% 股权，支付对方 3 000 万元，完成非同一控制下控股合并。取得股权日，瑞风公司可辨认净资产公允价值为 4 000 万元，可辨认资产负债公允价值与账面价值相同。2022 年 7 月 1 日，宏德公司处置 20% 瑞风公司股权，收到处置价款 1 000 万元，处置后仍对瑞风公司具有控制权。（此交易是股权交易，不是股票交易，不属于增值税应税义务，因此不涉及增值税。）

会计处理：宏德公司 2021 年取得瑞风公司 80% 股权，后续计量采用成本法。2022 年宏德公司处置 20% 瑞风公司股权，不丧失控制权，处置瑞风公司股权仍采用成本法，处置价款与初始投资成本处置份额的差额确认投资收益。

宏德公司的会计处理如下。

2021 年 1 月 1 日取得瑞风公司股权时：

借：长期股权投资——成本法　　　　　　　　　　30 000 000
　　贷：银行存款　　　　　　　　　　　　　　　　　30 000 000

2022 年 7 月 1 日处置股权时：

借：银行存款　　　　　　　　　　　　　　　　　10 000 000
　　贷：长期股权投资——成本　　　　　　　　　　　7 500 000
　　　　投资收益　　　　　　　　　　　　　　　　　2 500 000

企业所得税处理：宏德公司在持有该长期股权投资期间不存在税会差异，2022 年宏德公司在处置瑞风公司 20% 股权后仍采用成本法，处置价款与初始投资成本处置份额的差额确认投资收益，不存在税会差异。

4.3.2　长期股权投资成本法转换为权益法

【例 4-11】承例 4-10。瑞风公司 2021 年全年实现净利润 1 000 万元，未进行利润分配；2022年7月1日，宏德公司处置50%瑞风公司股权，收到处置价款2 600万元，处置后对瑞风公司具有重大影响。瑞风公司2022年1—6月实现净利润600万元，未进行利润分配。

会计处理：2022年宏德公司处置50%瑞风公司股权后，剩余股权改按权益法进行会计处理。宏德公司对瑞风公司长期股权投资视同瑞风公司股权投资自购买日一直采用权益法进行追溯调整。

宏德公司的会计处理如下。

2022年7月1日处置股权时：

借：银行存款　　　　　　　　　　　　　　　　　　　　26 000 000
　　贷：长期股权投资——成本　　　　　　　　　　　　18 750 000
　　　　投资收益　　　　　　　　　　　　　　　　　　 7 250 000
借：长期股权投资——权益法　　　　　　　　　　　　　11 250 000
　　贷：长期股权投资——成本法　　　　　　　　　　　11 250 000

对瑞风公司剩余30%股权进行追溯调整如下：

剩余30%股权初始取得时，由于支付对价1 125万元（3 000÷80%×30%）小于初始取得时可辨认净资产份额1 200万元（4 000×30%），两者之间的差额75万元追溯调整以前年度损益——营业外收入。

借：长期股权投资　　　　　　　　　　　　　　　　　　　750 000
　　贷：未分配利润——营业外收入　　　　　　　　　　　675 000
　　　　盈余公积　　　　　　　　　　　　　　　　　　　 75 000

2021年瑞风公司实现的净利润1 000万元导致瑞风公司净资产变动，追溯调整长期股权投资——瑞风公司300万元（1 000×30%）。

借：长期股权投资——损益调整　　　　　　　　　　　　3 000 000
　　贷：未分配利润　　　　　　　　　　　　　　　　　2 700 000
　　　　盈余公积　　　　　　　　　　　　　　　　　　　300 000

2022年1—6月瑞风公司实现净利润600万元，调整长期股权投资180万元（600×30%）。

借：长期股权投资——损益调整　　　　　　　　　　　　1 800 000
　　贷：投资收益　　　　　　　　　　　　　　　　　　1 800 000
借：所得税费用——当期所得税费用　　　　　　　　　　　450 000
　　未分配利润——所得税费用　　　　　　　　　　　　　937 600
　　贷：递延所得税负债　　　　　　　　　　　　　　　1 387 600

企业所得税处理：宏德公司采用成本法期间不存在会计和税务差异。2022年宏德公司在处置瑞风公司50%股权，剩余30%股权改按权益法并进行追溯调整时，调整2021年度期初未分配利润。由于2021年汇算清缴期已过，且会计和税务不存在差异，因此无须调整2021年应纳税所得额。追溯调整2022年瑞风公司净资产变动时，由于瑞风公司未宣告分配利润且未进行利润分配，因此2022年确认投资收益180万元，在2022年企业所得税前纳税调减。

4.3.3　成本法下的长期股权投资转换为以公允价值计量的金融资产

在这种情况下，长期股权投资转为金融资产，具体来看，可以转为以公允价值计量且其变动计入当期损益的金融资产或以公允价值计量且其变动计入其他综合收益的金融资产。

✐【例 4-12】宏德公司 2021 年设立全资子公司瑞风公司，初始投资成本为 2 000 万元，全部为货币资金出资。2022 年处置 90%股权，收到处置价款 2 400 万元。处置当日，剩余股权的公允价值为 220 万元。剩余股权对瑞风公司不具有控制、共同控制和重大影响，并且持有目的不明确，改按以公允价值计量且其变动计入其他综合收益的金融资产进行会计处理。

会计处理：设立瑞风公司时，宏德公司控制之，采用成本法进行长期股权投资的会计处理。2022 年宏德公司处置子公司股权丧失控制权，剩余股权按照处置股权当日的公允价值计量，剩余股权按份额计算账面价值 200 万元（2 000×10%）与公允价值 220 万元的差额 20 万元计入当期损益。

宏德公司的会计处理如下。

2021 年投资设立瑞风公司时：

借：长期股权投资	20 000 000	
贷：银行存款		20 000 000

2022 年处置股权时：

借：银行存款	24 000 000	
贷：长期股权投资		18 000 000
投资收益		6 000 000
借：其他权益工具投资	2 200 000	
贷：长期股权投资		2 000 000
投资收益		200 000
借：所得税费用	50 000	
贷：递延所得税负债		50 000

企业所得税处理：由于成本法下长期股权投资后续成本一直为初始投资成本，因此持有期间不存在税会差异。在处置股权丧失控制权时，会计处理上剩余股权按照公允价值计量，且公允价值 220 万元与账面价值 200 万元的差额确认为当期损益 20 万元，但是税法上由于剩余股权没有处置，仍按照历史成本计量，计入当期损益的 20 万元在 2020 年企业所得税前纳税调整。

4.3.4　权益法下的长期股权投资转换为以公允价值计量的金融资产

在这种情况下，会计上视同全部处置的长期股权投资，确认投资收益，再按照公允价值购买金融资产，而税法是按照实际处置的金额扣除处置部分股权的计税基础计算资产转让所得，资产转让所得与投资收益的差额做纳税调整处理。企业持有金融资产的计税基础与处置部分股权的计税基础按照比例划分。

【例 4-13】顺天公司持有同安公司 30%有表决权的股份，能够对同安公司施加重大影响。2021 年 10 月，顺天公司将该项投资中的 50%出售给非关联方，取得价款 3 600 万元，相关手续于当日完成。顺天公司将剩余股权投资转为以公允价值计量且其变动计入其他综合收益的金融资产。出售时，该项长期股权投资的账面价值为 6 400 万元，其中投资成本为 5 200 万元，损益调整为 600 万元，其他综合收益为 400 万元（性质为被投资企业的以公允价值计量且其变动计入其他综合收益的金融资产的累计公允价值变动），除净损益、其他综合收益和利润分配外的其他所有者权益变动为 200 万元。剩余股权的公允价值为 3 600 万元。假设顺天公司持有同安公司 30%股份的计税基础为 5 200 万元，不考虑相关税费等其他因素影响。

顺天公司的会计处理如下：

借：银行存款　　　　　　　　　　　　　　　　36 000 000
　　其他权益工具投资　　　　　　　　　　　　36 000 000
　　贷：长期股权投资——投资成本　　　　　　　　　　　52 000 000
　　　　　　　　　　——损益调整　　　　　　　　　　　6 000 000
　　　　　　　　　　——其他综合收益　　　　　　　　　4 000 000
　　　　　　　　　　——其他权益变动　　　　　　　　　2 000 000
　　　　投资收益　　　　　　　　　　　　　　　　　　　8 000 000
借：其他综合收益　　　　　　　　　　　　　　4 000 000
　　资本公积——其他资本公积　　　　　　　　2 000 000
　　贷：投资收益　　　　　　　　　　　　　　　　　　　6 000 000

税务处理：本期确认股权转让所得=股权转让收入−长期股权投资计税基础=3 600−5 200×50%=1 000（万元）。会计上投资收益 1 400 万元与股权转让所得 1 000 万元的差额，做纳税调减处理。其他权益工具投资的计税基础=5 200−5 200×50%=2 600（万元）。

4.3.5　全部出售股权

根据会计准则规定，转让、处置长期股权投资时，以所收到的处置收入与长期股权投资的账面价值（包括已确认但尚未收到的应收股利）和处置过程中发生的按会计规定计入损益的相关税费的差额确认为当期投资损益，并同时结转已经计提的长期股权投资减值准备。

在税务处理上，企业处置长期股权投资，属于所得税法第六条规定的转让财产收入。所得税法第十四条规定，企业对外投资期间，投资资产的成本在计算应纳税所得额时不得扣除。第十六条规定，企业转让资产，该项资产的净值和转让费用可以在计算应纳税所得额时扣除。所以，企业处置长期股权投资时，其计税基础与实际取得价款的差额计入应纳税所得额。

企业在转让、处置股权投资时发生的股权投资损失，允许在税前扣除，但每年中扣除的金额不得超过投资企业当年实现的股权投资收益和转让所得,超过的部分可以结转到以后的纳税年度进行扣除。

企业在转让、处置长期股权投资时,以所得税法上确认的投资收益作为计税基础,按照所得税税率,计算当期应缴纳的所得税金额;并根据会计上转让、处置长期股权投资时,投资收益的账面价值与计税基础的差额确定暂时性差异数。用该数额乘以税率计算可抵扣或转回的递延所得税资产,借记"所得税费用"账户;根据发生的可抵扣或转回的暂时性差异对所得税的影响额,借记或贷记"递延所得税资产"账户;以实际缴纳的所得税贷记"应交税费——应交所得税"账户。

【例 4-15】 2019 年 1 月,中丰公司以一批设备为对价,取得泰康公司 30%股权作为长期股权投资进行会计处理,设备的原价为 1 300 万元,已提折旧 500 万元,公允价值为 1 000 万元。泰康公司净资产为 2 600 万元。假定泰康公司 2019 年实现净利润 200 万元,宣告分配现金股利 50 万元,双方所得税税率一致。假定泰康公司 2020 年净利润为 0,该项投资减值 80 万元。2021 年中丰公司将该项投资全部转让,收取价款 960 万元。

转让时,中丰公司的会计处理如下:

借:长期股权投资减值准备　　　　　　　　　　　　800 000
　　其他货币资金——存出投资款　　　　　　　　　9 600 000
　　投资收益　　　　　　　　　　　　　　　　　　50 000
　　贷:长期股权投资——投资成本　　　　　　　　　　10 000 000
　　　　　　　　　　——损益调整　　　　　　　　　　450 000

2021 年年末,长期股权投资的账面价值为 0(965+80−1 000−45),计税基础也为 0。2020年年末的可抵扣暂时性差异 35 万元转回。

中丰公司各年的暂时性差异如表 4-18 所示。

表 4-18　中丰公司各年的暂时性差异　　　　　　　　　　　单位:万元

年　　份	账面价值	计税基础	暂时性差异	
			应纳税暂时性差异	可抵扣暂时性差异
2019 年年末	1 045	1 000	45	0
2020 年年末	965	1 000	0	35
2021 年年末	0	0	0	0

【例 4-16】 承例 4-15。假设泰康公司净资产为 3 500 万元。假定中丰公司 2021 年将该项投资全部转让,收取价款 960 万元。

中丰公司的会计处理如下:

借:长期股权投资减值准备　　　　　　　　　　　　800 000
　　其他货币资金——存出投资款　　　　　　　　　9 600 000

投资收益 550 000

贷：长期股权投资——投资成本 10 500 000

——损益调整 450 000

2021 年年末，长期股权投资的账面价值为 0（1 015+80-1 050-45），计税基础也为 0。2020 年年末的应纳税暂时性差异 15 万元转回。

中丰公司各年的暂时性差异如表 4-19 所示。

表 4-19　中丰公司各年的暂时性差异　　　　　　　　　　　单位：万元

年　份	账面价值	计税基础	暂时性差异	
			应纳税暂时性差异	可抵扣暂时性差异
2019 年年末	1 095	1 000	95	0
2020 年年末	1 015	1 000	15	0
2021 年年末	0	0	0	0

对于投资损失，如果存在税会差异，那么在纳税申报时，企业需填制二级附表《资产损失税前扣除及纳税调整明细表（A105090）》，然后将相关数据填列在一级附表《纳税调整项目明细表（A105000）》，最终将相关汇总数据填列在主表《企业所得税年度纳税申报表（A 类）（A100000）》的第 15 行或第 16 行。相关报表如表 4-20 至表 4-22 所示。

表 4-20　资产损失税前扣除及纳税调整明细表（A105090）

行次	项目	资产损失直接计入本年损益金额	资产损失准备金核销金额	资产处置收入	赔偿收入	资产计税基础	资产损失的税收金额	纳税调整金额
		1	2	3	4	5	6（5-3-4）	7
24	九、股权（权益）性投资损失							
25	其中：股权转让损失							

表 4-21　纳税调整项目明细表（A105000）

行　次	项　目	账载金额	税收金额	调增金额	调减金额
		1	2	3	4
34	（三）资产损失（填写 A105090）				

表 4-22　中华人民共和国企业所得税年度纳税申报表（A 类）（A100000）

行　次	类　别	项　目	金　额
15		加：纳税调整增加额（填写 A105000）	
16		减：纳税调整减少额（填写 A105000）	

4.3.6　企业公益股权捐赠

1. 企业公益股权捐赠的会计处理

企业用于捐赠的公益股权是指企业持有的其他企业的股权、上市公司股票等。企业持有其他企业的股权在"长期股权投资"账户进行会计处理，按对被投资企业实施的控制程度和影响程度分别采用成本法和权益法进行后续计量。企业持有的上市公司股票，按持有意图分别在"长期股权投资""交易性金融资产""其他权益工具投资"账户进行会计处理。企业在进行公益股权捐赠时，因捐赠业务属于企业发生的与其经营活动无联系的非日常活动，将股权的账面价值结转至"营业外支出"账户，同时将股权在后续计量期间计入"其他综合收益""资本公积""公允价值变动损益"账户的金额结转至"投资收益"账户。

2. 企业公益股权捐赠的税务处理

《财政部 国家税务总局关于公益股权捐赠企业所得税政策问题的通知》（财税〔2016〕45 号）规定，企业公益股权捐赠需视同转让股权，以股权的历史成本为股权转让收入额，以股权的历史成本为依据确定捐赠额在所得税前予以扣除。依据财税〔2018〕15 号文，若企业在纳税年度内发生了其他公益捐赠事项，先扣除以前年度结转的捐赠支出，再扣除当年发生的捐赠支出。因此，企业公益股权捐赠的所得税问题，涉及两个方面：一是视同转让股权，需确认视同销售收入和视同销售成本，将视同股权转让所得并入应纳税所得额；二是捐赠支出的扣除，需确认准予在捐赠当年税前扣除的金额和结转以后三年的税前扣除金额。

（1）视同股权转让的税务处理。企业向公益性社会团体实施的股权捐赠，在会计处理时不确认收入。现行税法明确了股权的历史成本为视同销售收入额。因此，在企业所得税处理时，以历史成本调整增加应纳税所得额。

企业将公益股权对外捐赠实质上属于投资资产的转让或者处置，依照所得税法实施条例第五十六条的规定，历史成本是视同销售成本，以历史成本调整减少应纳税所得额。

公益股权捐赠视同股权转让的所得额为零，不会增加企业的纳税负担。相反，因股权捐赠视同股权转让，增加了企业的视同销售收入，相应地增加了业务招待费和广告费的税前扣除金额，一定程度上降低了企业的纳税负担。

（2）公益股权捐赠支出的税务处理。企业在进行公益股权捐赠支出的税务处理时，需明确税法捐赠额、会计账载捐赠额和税前扣除限额。捐赠当年税前扣除的金额取决于税法捐赠额、会计账载捐赠额和税前扣除限额三者之间的大小关系。

4.3.7　处置长期股权投资的纳税筹划

国税函〔2010〕79 号文规定，企业转让股权收入，应于转让协议生效且完成股权变更手续时，确认收入的实现。转让股权收入扣除取得该股权所发生的成本后，为股权转让所得。企业在计算股权转让所得时，不得扣除被投资企业未分配利润等股东留存收益中按该项股权所可能分配的金额。如果企业发生亏损，其分回的利润可先弥补亏损，弥补亏损后仍有余额的，再按规定补缴所得税。为了简化计算，企业发生亏损，对其从被投资企业分回的投资收益，允许不再还原为税前利润，而直接用于弥补亏损，剩余部分再按规定计算补缴。如果企业既有按规定需要补税的投资收益，也有无须补税的投资收益，可先用需要补税的投资收益直接弥补亏损，弥补后还有亏损的，再用无须补税的投资收益弥补亏损，弥补后有盈余的，不再补税。因此，尽量选择盈利年度高的时候去处置长期股权投资或者在处置之前采取先分红再转让股权形式，此时税前抵扣的额度就高。而根据国家税务总局公告〔2011〕第 34 号文规定，"企业撤资取得的资产中，相当于初始出资部分，应确认为投资收回。相当于被投资企业累计未分配利润和累计盈余公积按减少实收资本比例计算的部分，应确认为股息所得，按规定可免缴企业所得税"。因此，企业也可采取通过原企业股东撤资后新股东增资的形式进行节税。

4.4　增加股权投资的税会差异

4.4.1　公允价值计量的金融资产转换为权益法下的长期股权投资

1. 会计处理

（1）权益法下的初始投资成本按照原持有的股权投资的公允价值与新增投资成本（公允价值）之和确定。

（2）原持有的股权投资分类为以公允价值计量且其变动计入其他综合收益的金融资产的，其公允价值与账面价值之间的差额转入改按权益法进行会计处理的当期损益。

（3）原计入其他综合收益的累计公允价值变动转入改按权益法进行会计处理的当期损益。

（4）比较上述计算所得的初始投资成本与按照追加投资后全新的持股比例计算确定的应享有被投资企业在追加投资日可辨认净资产公允价值份额之间的差额，前者大于后者的，不调整长期股权投资的账面价值；前者小于后者的，差额调整长期股权投资的账面价值，并计入当期营业外收入。

2. 税会差异

公允价值计量转换为权益法，因股权投资未转让，故不确认所得，会计上确认的投资收益及营业外收入需做纳税调整。长期股权投资的计税基础按照原有计税基础与新增投资计税基础之和确定。

【例 4-17】2021 年 2 月，同安公司以 300 万元现金从非关联方取得顺天公司 10% 的股权。同安公司将其划分为以公允价值计量且其变动计入其他综合收益的金融资产。2022 年 1 月 2 日，同安公司以 600 万元现金从另一非关联方取得顺天公司 12% 的股权，相关手续于当日完成。当日，顺天公司可辨认净资产公允价值总额为 4 000 万元，同安公司对顺天公司投资的账面价值为 500 万元，计入其他综合收益的累计公允价值变动为 200 万元，同安公司对顺天公司投资的公允价值为 550 万元。取得该部分股权后，按照顺天公司章程规定，同安公司能够对顺天公司施加重大影响。不考虑相关税费等其他因素影响。

会计处理：

（1）同安公司对顺天公司 22% 股权的初始投资成本 = 原持有 10% 股权的公允价值 550 万元 + 新增投资而支付对价的公允价值 600 万元 = 1 150 万元。

（2）原投资资产的公允价值与账面价值之间的差额 50 万元（550-500）转入改按权益法进行会计处理的当期损益。

（3）其他综合收益的累计公允价值变动为 200 万元转入当期损益。

（4）由于初始投资成本 1 150 万元大于同安公司应享有顺天公司可辨认净资产公允价值的份额为 880 万元（4 000×22%），因此同安公司无须调整长期股权投资的成本。

同安公司的会计处理如下：

借：长期股权投资——投资成本　　　　　　　　　11 500 000
　　贷：其他权益工具投资——成本　　　　　　　　　　　3 000 000
　　　　　　　　　　　　——公允价值变动　　　　　　　2 000 000
　　　　投资收益　　　　　　　　　　　　　　　　　　　　500 000
　　　　银行存款　　　　　　　　　　　　　　　　　　　6 000 000
借：其他综合收益　　　　　　　　　　　　　　　　2 000 000
　　贷：投资收益　　　　　　　　　　　　　　　　　　　2 000 000

税务处理：同安公司不是转让顺天公司股权，而是对顺天公司追加投资，故不确认资产转让所得，投资收益 250 万元做纳税调减处理。同安公司持有顺天公司 22% 股权的计税基础 = 初始计税基础 + 追加投资计税基础 = 300+600=900（万元）。

4.4.2 公允价值计量的金融资产转换为成本法下的长期股权投资

1. 同一控制下的企业合并

（1）会计处理。

① 按照被合并方所有者权益在最终控制方合并财务报表中的账面价值（包含商誉）的份额，确定合并日长期股权投资的初始投资成本。

② 按照合并日长期股权投资的初始投资成本与达到合并前的金融资产账面价值加上

合并日进一步取得股份新支付对价的账面价值之和的差额，调整资本公积（溢价）。资本公积不足冲减的，冲减留存收益。

③ 合并日之前持有股权投资确认的其他综合收益，暂不进行会计处理。

（2）税会差异。因为公允价值计量转换为成本法进行会计处理，会计上不涉及损益账户，所以税法上不确认所得，不涉及纳税调整。因为长期股权投资的计税基础与会计初始成本不同，所以投资计税基础按照原有计税基础与新增投资计税基础之和确定。未来处置股权时，计税基础与账面价值的差额需做纳税调整处理。

2. 非同一控制下的企业合并

（1）会计处理。

① 股权投资的公允价值加上新增投资成本之和，作为改按成本法进行会计处理的初始投资成本。

② 原持有股权的公允价值与账面价值之间的差额以及原计入其他综合收益的累计公允价值变动，全部转入改按成本法的当期投资收益。

（2）税会差异。公允价值计量与成本法转换，因金融资产未转让，故不确认所得，会计上确认的投资收益需做纳税调整。因为长期股权投资的计税基础与会计初始成本有所不同，所以投资计税基础按照原计税基础与新增计税基础之和确定。

【例4-18】 顺天公司2021年、2022年投资业务资料如下：

① 2021年4月1日，顺天公司以每股5元的价格购入同安公司的股票250万股，并由此持有同安公司5%的股权。顺天公司与同安公司不存在关联方关系。顺天公司将对同安公司的投资划分为以公允价值计量且其变动计入其他综合收益的金融资产。2021年12月31日该股票的收盘价格为每股7元。

② 2022年4月1日，顺天公司以银行存款26 100万元为对价，收购同安公司55%的股权，相关手续于当日完成。假设顺天公司前后两次购买同安公司股权不构成一揽子交易，顺天公司取得同安公司控制权之日为2022年4月1日，原5%股权的公允价值为2 400万元。假定不考虑相关税费等其他因素影响。

顺天公司的会计处理如下：

① 顺天公司2021年的会计处理。2021年4月1日，顺天公司对同安公司投资的成本=250×5=1 250（万元）；2021年12月31日，其他权益工具投资公允价值变动金额=250×（7-5）=500（万元）。

借：其他权益工具投资——成本	12 500 000	
贷：银行存款		12 500 000
借：其他权益工具投资——公允价值变动	5 000 000	
贷：其他综合收益		5 000 000

② 顺天公司购买日对同安公司按成本法核算的初始投资成本=购买日前原持有其他权益工具投资的公允价值 2 400+追加投资应支付对价的公允价值 26 100=28 500（万元）。

③ 影响顺天公司 2022 年个别财务报表投资收益的金额=原持有 5%股权的公允价值与账面价值的差额＋其他综合收益的金额=［2 400–（1 250+500）］+500=1 150（万元）。

④ 顺天公司 2022 年的会计处理。

2022 年 4 月 1 日：

借：长期股权投资　　　　　　　　　　　　　　　　285 000 000
　　贷：其他权益工具投资——成本　　　　　　　　　　　　12 500 000
　　　　　　　　　　　　——公允价值变动　　　　　　　　　5 000 000
　　　　投资收益　　　　　　　　　　　　　　　　　　　　6 500 000
　　　　银行存款　　　　　　　　　　　　　　　　　　　261 000 000

购买日前原持有其他权益工具投资相关的其他综合收益为 500 万元，购买日将其转入当期投资收益。

借：其他综合收益　　　　　　　　　　　　　　　　　5 000 000
　　贷：投资收益　　　　　　　　　　　　　　　　　　　　5 000 000

税务处理：2021 年 4 月 1 日，顺天公司出资 1 250 万元购买同安公司 5%的股权，投资计税基础为 1 250 万元。2021 年同安公司 5%股权的公允价值为 1 750 万元，投资计税基础不变，仍为 1 250 万元。2022 年 4 月 1 日，顺天公司未转让股权，而追加投资 26 100 万元，故不确认资产转让所得，投资收益 1 150 万元做纳税调减处理。至此，顺天公司持有同安公司 60%股权的计税基础=初始计税基础+追加投资计税基础=1 250+26 100=27 350（万元）。

4.4.3　权益法转换为成本法

1. 同一控制下的企业合并

（1）会计处理。

① 按照购买日购买方支付资产、承担债务、发行权益性证券的公允价值确定长期股权投资的初始投资成本。

② 按照合并日长期股权投资的初始投资成本与达到合并前的长期股权投资账面价值加上合并日进一步取得股份新支付对价的账面价值之和的差额，调整资本公积。资本公积不足冲减的，冲减留存收益。

③ 合并日之前持有的股权投资，因采用权益法而确认的其他综合收益，暂不进行会计处理。

（2）税会差异。权益法转换为成本法，会计上不涉及损益，税收方面因股权未转让，故不确认所得，不涉及纳税调整。长期股权投资的计税基础按照原计税基础与新增计税基础之和确定，未来处置股权时，计税基础与账面价值的差额需做纳税调整。

2. 非同一控制下的企业合并

（1）会计处理。

① 将按照原股权投资的账面价值加上新增投资成本之和，作为改按成本法下的初始投资成本。

借：长期股权投资（原持有的股权投资账面价值+新增投资公允价值）

　　贷：长期股权投资——投资成本

　　　　　　　　　　——损益调整

　　　　　　　　　　——其他综合收益

　　　　　　　　　　——其他权益变动

　　　　　银行存款等

② 购买日之前持有的股权采用权益法的，相关其他综合收益、其他资本公积不做会计处理，在实际处置该项投资时相应转入处置期间的当期损益。

（2）税会差异。权益法转换为成本法，会计上不涉及损益，税收方面因投资未转让，故不确认所得，不涉及纳税调整。长期股权投资的计税基础按照原计税基础与追加投资计税基础之和确定，未来处置股权时，计税基础与账面价值的差额需做纳税调整。

第 5 章

投资性房地产的税会差异与纳税筹划

投资性房地产是指为赚取租金或资本增值，或两者兼有而持有的房地产。所得税法及其实施条例未定义投资性房地产，对于会计确认的投资性房地产，需要按一般的固定资产或无形资产进行税务处理。本章主要介绍取得投资性房地产的税会差异、持有投资性房地产的税会差异、投资性房地产转换的税会差异，以及这些业务的纳税调整处理和纳税申报表的填制，对存在纳税筹划空间的部分业务，一并介绍。

5.1 取得投资性房地产的税会差异

会计准则规定，企业取得的投资性房地产，按照取得时的成本进行初始计量：外购投资性房地产的成本，包括购买价款和可直接归属于该资产的相关税费；自行建造投资性房地产的成本，由建造该项资产达到预定可使用状态前所发生的必要支出构成。对于在建造投资性房地产过程中发生的利息支出，根据借款费用准则的规定，如果符合"资产支出已经发生，借款费用已经发生和为使资产达到预定可使用或者可销售状态所必要的购建或者生产活动已经开始"条件的，则将借款费用资本化，计入投资性房地产的账面价值。

在初始计量方面，所得税法规定与会计规定基本一致，都倾向于采用历史成本，如表5-1所示。

表 5-1　投资性房地产成本的税会规定

项　　目	会计准则	所得税法
外购投资性房地产的成本	包括购买价款、相关税费和可直接归属于该资产的其他支出	购入的固定资产，按购入价加上发生的包装费、运杂费、安装费以及缴纳的税金后的价值计价
自行建造的投资性房地产	自行建造投资性房地产的成本，由建造该项资产达到预定可使用状态前所发生的必要支出构成	自制、自建的固定资产，在竣工使用时按实际发生的成本计价
在建造投资性房地产过程中发生的利息支出	根据借款费用准则的规定处理，将符合资本条件的借款费用计入投资性房地产的成本	从事房地产开发业务的企业为开发房地产而借入资金所发生的借款费用，在房地产完工之前发生的，计入有关房地产的开发成本
其他方式取得的投资性房地产的成本	按照相关准则的规定确定	涉及一些特殊事项时（如债务重组、非货币性资产交换等），根据其相关规定分析

【例5-1】2018年12月31日，城建股份有限公司一建筑物完工投入使用，总价值为100万元，城建公司将其留给自己使用，预计使用年限为20年，采用直线法计提折旧，假设报废时无残值。使用一年后，2020年1月1日将该建筑物对外出租，租期为2年，每年收取租金

8 万元，出租当日该建筑物的公允价值为 105 万元，2020 年 12 月 31 日该建筑物的公允价值为 110 万元，2021 年 12 月 31 日该建筑物的公允价值为 120 万元，2021 年 12 月 31 日租期到期公司收回自己使用。（城建公司对投资性房地产采用公允价值计量。）

（1）2018 年 12 月 31 日建筑物完工时的会计处理。

借：固定资产　　　　　　　　　　　　　　　　　　　1 000 000

　　贷：在建工程　　　　　　　　　　　　　　　　　　　　　1 000 000

（2）假设 2019 年按年计提折旧。

借：管理费用　　　　　　　　　　　　　　　　　　　　50 000

　　贷：累计折旧　　　　　　　　　　　　　　　　　　　　　　50 000

（3）2020 年 1 月 1 日将该建筑物对外出租。

建筑物对外出租时：

借：投资性房地产——成本　　　　　　　　　　　　　1 050 000

　　累计折旧　　　　　　　　　　　　　　　　　　　　50 000

　　贷：固定资产　　　　　　　　　　　　　　　　　　　　　1 000 000

　　　　其他综合收益　　　　　　　　　　　　　　　　　　　　100 000

按照所得税法规定，尽管企业资产发生了增值，但不涉及所得税问题。

取得租金收入时：

借：银行存款　　　　　　　　　　　　　　　　　　　　80 000

　　贷：其他业务收入　　　　　　　　　　　　　　　　　　　　80 000

（4）在资产负债表日对投资性房地产按当日公允价值计量，不再对投资性房地产提取折旧或摊销。

因此，2020 年 12 月 31 日对投资性房地产按当日公允价值进行计量，同时调整当期损益。

借：投资性房地产——公允价值变动　　　　　　　　　　50 000

　　贷：公允价值变动损益　　　　　　　　　　　　　　　　　　50 000

公允价值变动损益增加当年度利润 50 000 元。按所得税法规定，不涉及应纳税所得额的计算，因此需在利润的基础上调减纳税所得额 50 000 元，城建股份有限公司在纳税申报时，填报《纳税调整项目明细表（A105000）》第 7 行，如表 5-2 所示。

表 5-2　纳税调整项目明细表（A105000）

行　　次	项　　目	账载金额	税收金额	调增金额	调减金额
		1	2	3	4
7	（六）公允价值变动净损益	50 000	*		50 000

（5）2021 年 12 月 31 日租期到期，公司收回建筑物自己使用。

将采用公允价值模式计量的投资性房地产转为自用时，按该项投资性房地产在转换日的公允价值，借记"固定资产"账户；按该项投资性房地产的成本，贷记"投资性房地产——成本"账户；按该项投资性房地产的公允价值变动，贷记或借记"投资性房地产——公允价值变动"账户；按其差额，贷记或借记"公允价值变动损益"账户。

借：固定资产　　　　　　　　　　　　　　　　1 200 000

　贷：投资性房地产——成本　　　　　　　　　　　　1 050 000

　　　　　　　　——公允价值变动　　　　　　　　　　50 000

　　公允价值变动损益　　　　　　　　　　　　　　　100 000

本年度发生的公允价值变动损益会增加公司利润 100 000 元，而按所得税法规定，不涉及应纳税所得额的计算，因此需调减纳税所得额 100 000 元，城建股份有限公司在纳税申报时，填报《纳税调整项目明细表（A105000）》第 7 行，如表 5-3 所示。

表 5-3　纳税调整项目明细表（A105000）

行　次	项　目	账载金额	税收金额	调增金额	调减金额
		1	2	3	4
7	（六）公允价值变动净损益	100 000	*		100 000

另外，收回自用固定资产的账面成本为 1 200 000 元，而所得税法认定的该固定资产的成本仍为 1 000 000 元。

（6）收回后每年计提折旧=1 200 000÷17=70 588.24（元）。

借：管理费用等　　　　　　　　　　　　　　　70 588.24

　贷：累计折旧　　　　　　　　　　　　　　　　　70 588.24

城建股份有限公司在 2022 年度计算利润时扣除的折旧为 70 588.24 元，而在计算应纳税所得额时允许扣除的折旧只有 50 000 元，因此需调增纳税所得额 20 588.24 元，城建股份有限公司需要填报《资产折旧、摊销情况及纳税调整明细表》（A105080）的第 2 行，如表 5-4 所示。

表 5-4　资产折旧、摊销情况及纳税调整明细表（A105080）

行次	项　目		账载金额			税收金额					纳税调整金额
			资产原值	本年折旧、摊销额	累计折旧、摊销额	资产计税基础	税收折旧、摊销额	享受加速折旧政策的资产按税收一般规定计算的折旧、摊销额	加速折旧统计额	累计折旧、摊销额	
			1	2	3	4	5	6	7=5−6	8	9（2−5）
1	一、固定资产（2+3+4+5+6+7）								*	*	
2	所有固定资产	（一）房屋、建筑物	1 200 000	70 588.24	120 588.24	1 000 000	50 000	*	*	200 000	20 588.24

5.2　持有投资性房地产的税会差异与纳税筹划

持有投资性房地产，在成本模式下，当不发生资产减值时，税会处理基本一致；当发生资产减值时，税会处理存在差异。而在公允价值模式下，税会存在明显的差异：会计上在年末按投资性房地产的公允价值调整其账面价值，差额计入当期损益，不计提折旧或摊销；税务上按实际成本确定投资性房地产的账面价值，不确认公允价值变化所产生的应纳税所得额，对投资性房地产计提折旧或摊销。

5.2.1　成本模式下投资性房地产的税会差异

会计准则规定，采用成本模式进行后续计量的投资性房地产按期计提折旧或进行摊销，借记"其他业务成本"等账户，贷记"投资性房地产累计折旧（摊销）"账户。同时，投资性房地产经减值测试后确定发生减值的，计提减值准备，借记"资产减值损失"账户，贷记"投资性房地产减值准备"账户。减值损失一经确认，不得转回。

依据所得税法实施条例第五十六条规定，投资性房地产减值准备不得在税前扣除。

由此可以看出，采用成本模式，发生资产减值时，税会处理存在差异。

【例 5-2】2019 年 1 月 1 日，中房公司用 2 000 万元购入一项土地使用权，并于同日将其出租，每年获得租金 400 万元。公司采用成本模式，该项土地使用权按 20 年分摊。2021 年 12 月 31 日，该项土地使用权的减值准备为 160 万元。

（1）2019 年 1 月 1 日。

借：投资性房地产——成本　　　　　　　　　　20 000 000
　　贷：银行存款　　　　　　　　　　　　　　　　　20 000 000

税务处理：确认无形资产计税基础为 2 000 万元。

（2）每年确认租金收入，摊销投资性房地产账面价值。

借：银行存款　　　　　　　　　　　　　　　　4 000 000
　　贷：其他业务收入　　　　　　　　　　　　　　　4 000 000
借：其他业务成本　　　　　　　　　　　　　　1 000 000
　　贷：投资性房地产累计摊销　　　　　　　　　　　1 000 000

（3）2021 年计提减值准备。

借：资产减值损失　　　　　　　　　　　　　　1 600 000
　　贷：投资性房地产减值准备　　　　　　　　　　　1 600 000

投资性房地产计提减值准备时，纳税调整处理如下：

如果（本期会计折旧额或摊销额+本期计提减值准备）－按税法规定本期允许扣除的折旧额或摊销额>0，此时投资性房地产账面价值小于计税基础，形成可抵扣暂时性差异，那么调增应纳税所得额=（本期会计折旧额或摊销额+本期计提减值准备）－ 按税法规定本期允许扣除的折旧额或摊销额。

如果（本期会计折旧额或摊销额+本期计提减值准备）－ 按税法规定本期允许扣除的折旧额或摊销额<0，此时投资性房地产账面价值大于计税基础，形成应纳税暂时性差异，那么调减应纳税所得额=（本期会计折旧额或摊销额+本期计提减值准备）－ 按税法规定本期允许扣除的折旧额或摊销额。

假设税法和会计计提的摊销额一致，中房公司在纳税申报时，需对资产减值准备金做纳税调整处理，填报《纳税调整项目明细表（A105000）》第33行，如表5-5所示。

表5-5　纳税调整项目明细表（A105000）

行　　次	项　　目	账载金额	税收金额	调增金额	调减金额
		1	2	3	4
33	（二）资产减值准备金	1 600 000	*	1 600 000	

5.2.2　公允价值模式下投资性房地产的税会差异

采用公允价值模式进行后续计量，将资产负债表日投资性房地产的账面价值调整为公允价值，公允价值与原账面价值之间的差额计入当期损益。在这种计量模式下，不对投资性房地产计提折旧。

所得税法规定，通常情况下不得调整投资性房地产账面价值。例如，当投资性房地产以低于账面价值的公允价值计价时，所得税法不允许从应纳税所得额中扣除差额。

在公允价值模式下投资性房地产的税会差异如表5-6所示。

表5-6　公允价值模式下投资性房地产的税会差异

会计处理	税务处理
投资性房地产采用公允价值计量，不对投资性房地产计提折旧或摊销，以资产负债表日投资性房地产的公允价值为基础调整其账面价值，公允价值与原账面价值之间的差额计入当期损益。不计提投资性房地产折旧。 　当房地产用途未发生改变时，只允许成本模式转为公允价值模式。当房地产用途发生改变时，由公允价值计量的投资性房地产转为非投资性房地产，以转换当日的公允价值作为自用等非投资性房地产的账面价值，公允价值与原账面价值的差额计入当期损益	按照所得税法规定的方法计提折旧，对投资性房地产未实现的收益或损失不予确认。 　当房地产用途未发生改变时，按成本计量，故调整该损益，同时按照所得税法的规定补提折旧，调整应纳税所得额。当自用等非投资性房地产转为公允价值计量的投资性房地产，当公允价值小于原账面价值时，差额计入损益，税法不承认该损失，需要调整纳税所得额，同时按照所得税法规定补提折旧；当公允价值大于原账面价值，直接计入所有者权益，不计入损益，税务处理时也不做调整，但可按照所得税法补提折旧纳税。 　按实际成本确定投资性房地产的账面价值，不确认公允价值变化所产生的所得，对投资性房地产计提折旧或摊销

【例 5-3】 2018 年 12 月 20 日，中原公司将一栋盖好的厂房出租给惠源公司，租期为 3 年，该厂房总造价为 80 万元。中原公司采用公允价值模式计量，2019 年年底，该厂房的公允价值为 100 万元。2020 年年底，该厂房的公允价值为 90 万元。2021 年 12 月 31 日，租期届满，中原公司将该厂房出售，取得价款 100 万元。假定税法规定按 20 年计提折旧，不考虑残值和除所得税以外的其他税费，中原公司每年实现的会计利润均为 100 万元，无其他纳税调整项目。

中原公司的会计处理和税务处理如表 5-7 所示。

表 5-7　中原公司的会计处理和税务处理

日　　期	会计处理	税务处理
2018 年 12 月 20 日	借：投资性房地产——成本　800 000 　　贷：在建工程　800 000	厂房建成即开始出租确认为投资性房地产，按实际发生的成本入账
2019 年 12 月 31 日	按市场价格对投资性房地产的账面价值进行调整，差额 20 万元计入当期损益；另外，采用公允价值模式的无须对投资性房地产计提折旧。 借：投资性房地产——公允价值变动　200 000 　　贷：公允价值变动损益　200 000	税务上计提折旧 4 万元（80÷20），不确认公允价值变动产生的所得，会计处理比税务处理多计收益 24 万元（20+4）。因此，中原公司在申报 2019 年所得税时调减应纳税所得额 24 万元，应交企业所得税 19 万元〔（100–24）×25%〕。 　　此时，资产的账面价值为 100 万元，资产的计税基础为 76 万元，二者之间的暂时性差异为 24 万元，属于应纳税暂时性差异，确认递延所得税负债 6 万元（24×25%）。 借：所得税费用　250 000 　　贷：应交税费——应交所得税　190 000 　　　　递延所得税负债　60 000
2020 年 12 月 31 日	该厂房的公允价值为 90 万元，账面价值为 100 万元，差额计入当期损益。 借：公允价值变动损益　100 000 　　贷：投资性房地产——公允价值变动　100 000	税务上计提折旧 4 万元，不确认资产公允价值变动产生的损失，会计处理比税务处理多计损失 6 万元（10–4）。因此，中原公司在申报 2020 年所得税时，调增应纳税所得额 6 万元，应交企业所得税 26.5 万元〔（100+6）×25%〕。 　　此时，资产的账面价值为 90 万元，资产计税基础为 72 万元（80–8），二者之间的差额 18 万元（90–72）为累计确认的应纳税暂时性差异。2020 年年底，保留的递延所得税负债余额为 4.5 万元（18×25%），该账户年初余额为 6 万元，转回递延所得税负债 1.5 万元。 借：所得税费用　250 000 　　递延所得税负债　15 000 　　贷：应交税费——应交所得税　265 000

日　期	会计处理	税务处理
2021年12月31日	借：银行存款　　　　1 000 000 　　贷：其他业务收入　　1 000 000 借：其他业务成本　　　 900 000 　　贷：投资性房地产——成本 　　　　　　　　　　　 800 000 　　　　——公允价值变动 　　　　　　　　　　　 100 000 同时将投资性房地产累计公允价值变动转入其他业务收入。 借：公允价值变动损益　 100 000 　　贷：其他业务收入　　 100 000	税务上计提折旧4万元；确认厂房转让收入100万元、计税成本68万元（80–12），即确认转让所得32万元（100–68），税务处理比会计处理多计所得18万元。因此，中原公司在申报2021年所得税时调增应纳税所得额18万元，应交企业所得税29.5万元〔（100+18）×25%〕。 此时，厂房账面价值为零，计税基础（成本）也为零，年初递延所得税负债余额4.5万元全部转回。 借：所得税费用　　　　　 250 000 　　递延所得税负债　　　 45 000 　　贷：应交税费——应交所得税 　　　　　　　　　　　　 295 000

中原公司进行2019年的纳税申报时，公允价值变动损益和投资性房地产折旧要做纳税调整处理。200 000元的公允价值变动损益，在纳税申报时，填报《纳税调整项目明细表（A105000）》第7行，如表5-8所示。

表5-8　纳税调整项目明细表（A105000）

行　次	项　目	账载金额	税收金额	调增金额	调减金额
		1	2	3	4
7	（六）公允价值变动净损益	200 000	*		200 000

对于40 000元的投资性房地产折旧，中原公司纳税调整时，填报《资产折旧、摊销情况及纳税调整明细表（A105080）》的第2行，如表5-9所示。

表5-9　资产折旧、摊销情况及纳税调整明细表（A105080）

行次	项　目		账载金额		税收金额					纳税调整金额
			资产原值	本年折旧、摊销额	累计折旧、摊销额	资产计税基础	税收折旧、摊销额	享受加速折旧政策的资产按税收一般规定计算的折旧、摊销额	加速折旧统计额	累计折旧、摊销额	
			1	2	3	4	5	6	7（5–6）	8	9（2–5）
1	一、固定资产（2+3+4+5+6+7）							*	*		
2	所有固定资产	（一）房屋、建筑物	1 000 000	0	0	800 000	40 000	*	*	40 000	–40 000

中原公司进行 2020 年的纳税申报时，公允价值变动损益和投资性房地产折旧要做纳税调整处理。对于 100 000 元的公允价值变动损益，中原公司需要填报《纳税调整项目明细表（A105000）》第 7 行，如表 5-10 所示。

表 5-10　纳税调整项目明细表（A105000）

行　次	项　目	账载金额	税收金额	调增金额	调减金额
		1	2	3	4
7	（六）公允价值变动净损益	−100 000	*	100 000	

对于 40 000 元的投资性房地产折旧，中原公司纳税调整时，填报《资产折旧、摊销情况及纳税调整明细表（A105080）》的第 2 行，如表 5-11 所示。

表 5-11　资产折旧、摊销情况及纳税调整明细表（A105080）

行次	项　目		账载金额			税收金额					纳税调整金额
			资产原值	本年折旧、摊销额	累计折旧、摊销额	资产计税基础	税收折旧、摊销额	享受加速折旧政策的资产按税收一般规定计算的折旧、摊销额	加速折旧统计额	累计折旧、摊销额	
			1	2	3	4	5	6	7（5−6）	8	9（2−5）
1	一、固定资产（2+3+4+5+6+7）								*	*	
2	所有固定资产	（一）房屋、建筑物	900 000	0	0	800 000	40 000	*	*	80 000	−40 000

【例 5-4】 2018 年 12 月 24 日，北光厂将一项用于出租的办公楼投入使用，该办公楼总投资为 100 万元。公司采用公允价值模式计量，2019 年年底，该办公楼的市场价格为 120 万元。2020 年年底，该办公楼的市场价格为 110 万元。2021 年 12 月，公司将该办公楼出售，取得价款 115 万元。假定所得税法规定，按 20 年计提折旧，不考虑残值和除所得税以外的其他税费，公司每年实现的利润均为 100 万元，无其他纳税调整项目。则与该项资产相关的暂时性差异和产生的递延所得税资产（或负债）及递延所得税费用和收益计算如表 5-12 所示。

表 5-12　暂时性差异及递延所得税费用的计算　　　　　单位：万元

项　目	2019 年	2020 年	2021 年
账面价值	120	110	0
计税基础	100−100÷20=95	95−5=90	0
应税暂时性差异	120−95=25	20	0

续表

项　目	2019 年	2020 年	2021 年
期初递延所得税负债	0	6.25	5
期末递延所得税负债	25×25%=6.25	20×25%=5	0
递延所得税费用	6.25−0=6.25	5−6.25=−1.25	0−5=−5

利润表中北光厂当期所得税的计算如表 5-13 所示。

表 5-13　利润表中当期所得税的计算　　　　　　　单位：万元

项　目	2019 年	2020 年	2021 年
会计利润	100	100	100
会计折旧	0	0	0
计税折旧	5	5	5
公允价值产生的收益	120−100=20	110−120=−10	0
会计转让收益	0	0	115−110=5
税法转让收益	0	0	115−（100−15）=30
应纳税所得额	100−20−5=75	100+10−5=105	100−5−5+30=120
当期应交所得税	75×25%=18.75	105×25%=26.25	120×25%=30
所得税费用	18.75+6.25=25	26.25+（−1.25）=25	30+（−5）=25

对于公允价值变动损益和投资性房地产折旧，北光厂进行 2019 年的纳税申报时做纳税调整处理。对于 200 000 元的公允价值变动损益，北光厂填报《纳税调整项目明细表（A105000）》第 7 行，如表 5-14 所示。

表 5-14　纳税调整项目明细表（A105000）

行　次	项　目	账载金额	税收金额	调增金额	调减金额
		1	2	3	4
7	（六）公允价值变动净损益	200 000	*		200 000

对于 50 000 元的投资性房地产折旧，北光厂填报《资产折旧、摊销情况及纳税调整明细表（A105080）》的第 2 行，如表 5-15 所示。

表 5-15　资产折旧、摊销情况及纳税调整明细表（A105080）

行次	项目		账载金额			税收金额					纳税调整金额
			资产原值	本年折旧、摊销额	累计折旧、摊销额	资产计税基础	税收折旧、摊销额	享受加速折旧政策的资产按税收一般规定计算的折旧、摊销额	加速折旧统计额	累计折旧、摊销额	
			1	2	3	4	5	6	7（5−6）	8	9（2−5）
1	一、固定资产（2+3+4+5+6+7）							*	*		
2	所有固定资产	（一）房屋、建筑物	1 200 000	0	0	1 000 000	50 000	*		50 000	−50 000

对于公允价值变动损益和投资性房地产折旧，北光厂进行 2020 年的纳税申报时做纳税调整处理。对于 100 000 元的公允价值变动损益，北光厂填报《纳税调整项目明细表（A105000）》第 7 行，如表 5-16 所示。

表 5-16　纳税调整项目明细表（A105000）

行次	项目	账载金额	税收金额	调增金额	调减金额
		1	2	3	4
7	（六）公允价值变动净损益	−100 000	*	100 000	

对于 50 000 元的投资性房地产折旧，北光厂填报《资产折旧、摊销情况及纳税调整明细表（A105080）》的第 2 行，如表 5-17 所示。

表 5-17　资产折旧、摊销情况及纳税调整明细表（A105080）

行次	项目		账载金额			税收金额					纳税调整金额
			资产原值	本年折旧、摊销额	累计折旧、摊销额	资产计税基础	税收折旧、摊销额	享受加速折旧政策的资产按税收一般规定计算的折旧、摊销额	加速折旧统计额	累计折旧、摊销额	
			1	2	3	4	5	6	7（5−6）	8	9（2−5）
1	一、固定资产（2+3+4+5+6+7）							*	*		
2	所有固定资产	（一）房屋、建筑物	1 100 000	0	0	1 000 000	50 000	*	*	100 000	−50 000

5.2.3　持有投资性房地产的纳税筹划

在成本模式下的纳税筹划与固定资产、无形资产相似。在成本模式下，计提折旧和摊销可以降低企业的税负，因此，成本模式下的投资性房地产处理有利于节税。税法规定，无论企业如何计量，投资性房地产税务处理时均以初始取得的原始成本为计税基础，计税基础不随投资性房地产持有期间的升值而调增，这无疑为企业减少了一大笔现金流出。无论企业如何计量投资性房地产，税法都将其视为无形资产或固定资产进行处理。在公允价值模式下，不计提折旧或摊销，折旧或摊销的抵税作用消失。

5.3　投资性房地产转换的税会差异与纳税筹划

5.3.1　投资性房地产转为自用房地产

企业将投资性房地产转为自用，将投资性房地产转换为固定资产（或无形资产），会计上确定转换后的房地产入账价值时，会计准则区分成本模式与公允价值模式两种情况处理。

在成本模式下，按该项投资性房地产在转换日的账面余额、累计折旧或摊销、减值准备等，分别转入"固定资产（无形资产）""累计折旧（累计摊销）""固定资产（无形资产）减值准备"等账户，即以其转换前的账面价值为基础确定的，不改变所转换房地产的账面金额。

所得税法规定，房地产企业自行建造的房屋如果在项目立项申报，并经有关部门在"建设工程规划许可证"上注明作为自建固定资产的，则不作为视同销售处理，但必须在自建固定资产项目完工后规定的工作日内向主管税务机关报告，报送相关立项批准文件。如果在项目立项申报中，"建设工程规划许可证"上未注明是自建固定资产的，则要根据具体情况来分析：如果该开发产品先出租后自用，并且已做过视同销售处理，则转为自用后作为固定资产管理，按规定计提折旧在税前扣除；如果该开发产品建成后直接自用，则按所得税法规定按视同销售规定确认收入，计算缴纳企业所得税。

在公允价值模式下，以其转换当日的公允价值作为自用房地产账面价值，转换当日的公允价值与投资性房地产原账面价值的差额计入当期损益。由于该损益并不是因转让房地产形成的，因此税法上不予确认。

总之，投资性房地产转为自用房地产，在成本模式下，没有计提减值准备的，税会对资产的计价基本一致；计提了减值准备的，税会对资产的计价存在差异。在公允价值模式下，税会对资产的计价存在差异。

【例 5-5】2021 年 1 月，远洋公司将原采用公允价值模式计价的一幢出租用厂房收回，作为固定资产。在收回前，该厂房账面价值为 1 800 万元，成本为 1 500 万元，公允价值变动为 300 万元。转换当天，该厂房公允价值为 1 900 万元。

会计处理：该厂房转换后的入账价值按照转换当天该厂房的公允价值，确认为 1 900 万元，公允价值和账面价值的差额为 100 万元，计入当期损益。

借：固定资产　　　　　　　　　　　　　　　　　　　　19 000 000
　　贷：投资性房地产——成本　　　　　　　　　　　　　　15 000 000
　　　　　　　　　　——公允价值变动　　　　　　　　　　 3 000 000
　　　　公允价值变动损益　　　　　　　　　　　　　　　　 1 000 000

税务处理：所得税法按照历史成本确认固定资产价值为 1 500 万元，固定资产计价上的税会差异，会对固定资产使用寿命期限内的折旧产生影响，在各期间要进行纳税调整。

5.3.2　其他资产转为投资性房地产

企业将作为存货的房地产转换为采用成本模式计量的投资性房地产，按该项存货在转换日的账面价值，借记"投资性房地产"账户；对已计提的减值准备，借记"存货跌价准备"账户；按账面余额，贷记"开发产品"账户。将自用房地产转换为成本模式计量的投资性房地产，按该房地产在转换日的原价、累计折旧、减值准备等，分别转入"投资性房地产"账户、"投资性房地产累计折旧（摊销）"账户、"投资性房地产减值准备"账户，借记"投资性房地产"账户、"累计折旧"账户，贷记"开发产品"账户、"投资性房地产累计折旧（摊销）"账户。

对于自用房地产转换为采用公允价值模式计量的投资性房地产，会计准则要求投资性房地产按照转换当日的公允价值计价，转换当日公允价值小于原账面价值的，按差额计入"公允价值变动损益"账户，该损益在年度企业所得税汇算时不允许税前扣除，调增应纳税所得额。如果转换当日的公允价值大于原账面价值，则按其差额贷记"其他综合收益"账户，由于不是转让收益，税法上也不确认该收益，在年度企业所得税汇算时对其他综合收益无须做纳税调整。

【例 5-6】中原地产公司将开发产品（一幢写字楼）作为投资性房地产对外出租，开发产品成本为 1 300 万元。转换当天，其公允价值为 1 500 万元。

（1）采用成本模式计量的投资性房地产的会计处理。

借：投资性房地产　　　　　　　　　　　　　　　　　　13 000 000
　　贷：开发商品　　　　　　　　　　　　　　　　　　　　13 000 000

（2）采用公允价值模式计量的投资性房地产的会计处理。

借：投资性房地产——成本　　　　　　　　　　　　　　15 000 000

贷：开发商品   13 000 000

　　其他综合收益   2 000 000

5.3.3　投资性房地产转换的纳税筹划

　　在按成本模式计量的投资性房地产和其他资产的转换中，企业可通过改变折旧计提方法采用加速折旧法来增加税前扣除额，以降低企业所得税额。例如，将折旧计提方法更改为加权平均法在前期增加折旧的计提，由此在前期少纳税，可将资金用于其他投资获取投资收益，又或者在投资性房地产转换中缩短折旧年限，同样可以达到节税的目的。按公允价值模式计量的投资性房地产转换为其他资产，投资性房地产公允价值变动不影响企业所得税额，因此当公允价值持续下降时，企业可以将投资性房地产转换为自用房地产，将公允价值变动损失转换为应交所得税的减少额度并在转换后通过计提固定资产折旧增加所得税的税前抵扣来减少应纳税额。

第6章

固定资产的税会差异与纳税筹划

固定资产，是指企业为提供劳务、出租或经营管理而持有的，使用寿命超过一个会计年度的有形资产。固定资产的税会差异主要体现在取得固定资产、持有固定资产和处置固定资产等业务中。本章主要介绍这些业务的税会差异、纳税调整处理和纳税申报表的填制，对存在纳税筹划空间的部分业务，一并介绍。

6.1 取得固定资产的税会差异

固定资产的来源渠道不同，取得成本的具体构成内容不同，其会计处理也不尽相同。下面分别介绍通过自行建造、外购、投资者投入等途径取得固定资产的税会差异。非货币性资产交换、债务重组取得固定资产的税会差异、纳税调整处理和纳税申报表的填制，请参阅第 8 章和第 10 章。

6.1.1 自行建造的固定资产

一般纳税人购进货物或应税劳务用于自行建造（包括改扩建、安装）机器设备等动产作为固定资产而发生的进项税额，凭增值税专用发票、海关进口增值税专用缴款书从销项税额中抵扣。购入时，按照专用发票或海关完税凭证上记载的计入工程物资或在建工程成本的金额，借记"工程物资""在建工程"等账户；按专用发票或海关完税凭证上注明的增值税额，借记"应交税费——应交增值税（进项税额）"（或"应交税费——待认证进项税额"等）账户；按照应付或实际支付的金额，贷记"应付账款""应付票据""银行存款""长期应付款"等账户。

企业为建造房屋建筑等不动产工程购入的工程物资，如用于机器设备等动产工程，或转为企业生产用原材料，则按增值税专用发票上注明的不含税价格，借记"在建工程""原材料"等账户，贷记"工程物资"账户。

企业为建造房屋建筑等不动产工程或者机器设备等动产工程领用了本企业产品，按领用产品的成本及应负担的增值税额，借记"在建工程"账户，按领用产品成本，贷记"库存商品"账户。

所得税法实施条例第五十八条规定，自行建造的固定资产，以竣工结算前发生的支出为计税基础。

在建工程试运行期间的收入在会计上冲减工程成本；在税法中计入当期应纳税所得额。例如，某企业在建工程的建造成本为 6 000 元，试运行期间取得收入为 900 元，生产成本为 600 元。会计上固定资产价值为 5 700 元［6 000-（900-600）］。税法上当年调整应纳税所得额为 300 元（900-600）；固定资产价值为 6 000 元。

会计准则和所得税法都规定自行建造的固定资产的成本由该项资产达到预定可使用状态前所必要的实际支出构成，包括买价或自建成本和相关税费等。但两者之间还是存在差异的，如表 6-1 所示。

表 6-1　自行建造固定资产的税会差异

项　　目	所得税法	会计准则
需安装调试的固定资产的试运行收入	不能直接冲减"在建工程"成本，而应并入总收入，调增应纳税所得额	冲减"在建工程"成本
外商投资企业因采购国产设备而收到退还的增值税款	作为收入调增应纳税所得额	冲减固定资产的入账价值

【例 6-1】 上电公司因质量管理上的需要，准备为技术部门添置某种型号的用于产品质量检测的设备若干套。公司在自制这批设备的过程中，耗用外购材料 500 万元，该批材料已抵扣进项税额 65 万元，另领用自制产品 100 万元，耗用人工及其他费用 200 万元。

会计处理上，自制设备耗用外购材料 500 万元，无须转出已抵扣的进项税额 65 万元；领用自制产品 100 万元，直接计入"在建工程"账户，不视同销售，产品完工后，由"在建工程"账户转入"固定资产"账户，转入金额为 800 万元（500+100+200）。公司生产这种设备是为了技术部门用于产品质量检测的，是为了作为固定资产而持有的，因此该自制设备通过"在建工程"账户进行会计处理，无须进行纳税调整。

6.1.2　外购的固定资产

企业外购的固定资产成本包括购买价款，相关税费，使固定资产达到预定可使用状态前所发生的可归属于该项资产的运输费、装卸费、安装费和专业人员服务费等。

企业购入机器设备等动产时，作为购入固定资产而发生的进项税额，凭增值税专用发票、海关进口增值税专用缴款书从销项税额中抵扣。

企业购入的固定资产若专用于简易计税方法计税项目、免征增值税项目、集体福利或者个人消费，则其进项税额不得抵扣，计入固定资产成本。已抵扣进项税额的不动产，发生非正常损失，或者改变用途，专用于简易计税方法计税项目、免征增值税项目、集体福利或者个人消费的，按照下列公式计算不得抵扣的进项税额：

不得抵扣的进项税额=（已抵扣进项税额+待抵扣进项税额）×不动产净值率

不动产净值率=（不动产净值÷不动产原值）×100%

不得抵扣的进项税额小于或等于该不动产已抵扣进项税额的，在该不动产改变用途的当期，将不得抵扣的进项税额从进项税额中扣减。

不得抵扣的进项税额大于该不动产已抵扣进项税额的，在该不动产改变用途的当期，将已抵扣进项税额从进项税额中扣减，并从该不动产待抵扣进项税额中扣减不得抵扣进项税额与已抵扣进项税额的差额。

外购固定资产的税会差异如表 6-2 所示。

表 6-2　外购固定资产的税会差异

会计处理	税务处理	差　异
包括购买价款，相关税费，使固定资产达到预定可使用状态前所发生的可归属于该项资产的运输费、装卸费、安装费和专业人员服务费等。 　购买固定资产的价款超过正常信用条件延期支付，实质上具有融资性质的固定资产的成本以购买价款的现值为基础确定。实际支付的价款与购买价款的现值之间的差额，除按照借款费用准则予以资本化的以外，在信用期间内计入当期损益。确定固定资产成本时，考虑预计弃置费用因素，按照现值计算确定计入固定资产原价的金额	以购买价款和支付的相关税费及直接归属于该资产达到预定用途发生的其他支出为计税基础	所得税法规定固定资产原值中不含有弃置费用，购买固定资产的价款无须折现，购买固定资产时计入当期损益的利息不允许在税前扣除。 　正常情况下外购固定资产的账面价值与按照所得税法规定确定的计税基础是一致的。但是，如果外购固定资产超过正常信用条件延期或分期支付价款，则取得的固定资产账面价值与按照所得税法规定确定的计税基础之间会存在差异

【例 6-2】　中化集团购入某项含有放射元素的仪器 1 000 万元，增值税为 130 万元，预计使用期满报废时需要发生特殊处理费用的现值为 300 万元。

借：固定资产　　　　　　　　　　　　　　　　　　13 000 000

　　应交税费——应交增值税（进项税额）　　　　　 1 300 000

　贷：银行存款　　　　　　　　　　　　　　　　　　　　11 300 000

　　预计负债——预计弃置费　　　　　　　　　　　　　　 3 000 000

对于预计使用期满报废时需要特殊处理费用的现值为 300 万元，所得税法不予确认。所得税法认定的该固定资产的成本为 1 000 万元，因此在以后期间固定资产提取折旧时存在税会差异，要做纳税调整处理。通常在企业实际支付弃置费用时，所得税法允许抵减应纳税所得额。在固定资产的持有期间，因确认弃置费用而多提的折旧和利息就不能进行税前扣除。可见，固定资产的弃置费用在会计确认当期不允许抵扣，实际支付时才可以抵减应纳税所得额，由此产生固定资产持有期间的暂时性差异。

根据《小企业会计准则》，小企业分期付款购入的固定资产，按照合同约定的付款总额和在签订合同过程中发生的相关税费等，借记"固定资产"账户或"在建工程"账户，贷记"长期应付款"等账户，如果发生增值税，则借记"应交税费——应交增值税（进项税额）"账户。这与所得税法的规定是一致的，不存在税会差异，不需做纳税调整处理。

【例 6-3】　2019 年 12 月 31 日，力天公司购入某型机器作为固定资产使用，该机器已收到，不需安装。购货合同约定，该型机器的总价款为 200 万元，分 3 年支付，2020 年 12 月

31 日支付 100 万元，2021 年 12 月 31 日支付 60 万元，2022 年 12 月 31 日支付 40 万元。预计使用 5 年，假定净残值为零，并且折旧方法、折旧年限和净残值会计与税法规定均相同，假定力天公司 3 年期银行借款年利率为 6%。

力天公司的税会处理如下：

（1）2019 年 12 月 31 日。

固定资产入账价值 $=100\div(1+6\%)+60\div(1+6\%)^2+40\div(1+6\%)^3=181.324$（万元）

长期应付款入账价值为 200 万元。

未确认融资费用 $=200-181.324=18.676$（万元）

借：固定资产	1 813 240	
未确认融资费用	186 760	
贷：长期应付款		2 000 000

税务处理：固定资产计税基础为 200 万元，而固定资产账面价值为 181.324 万元，差异金额为 18.676 万元。

由于计税基础大于账面价值导致以后期间计税折旧大于会计折旧的金额，因此分别调减各年度应纳税所得额 37 352 元 $[(2\,000\,000-1\,813\,240)\div5]$。

（2）2020 年 12 月 31 日。

借：长期应付款	1 000 000	
贷：银行存款		1 000 000
借：财务费用	108 794.40	
	$[(2\,000\,000-186\,760)\times6\%]$	
贷：未确认融资费用		108 794.40

税务处理：由于计税基础大于账面价值导致以后期间计税折旧大于会计折旧的金额，因此调减应纳税所得额 37 352 元。

由于固定资产计税基础大于账面价值的金额已通过固定资产折旧方式获得扣除，因此，"未确认融资费用"转入"财务费用"账户的金额不得重复扣除，调增应纳税所得额 108 794.40 元。

（3）2021 年 12 月 31 日。

借：长期应付款	600 000	
贷：银行存款		600 000
借：财务费用	55 322.06	
	$\{[(2\,000\,000-1\,000\,000)-(186\,760-108\,794.40)]\times6\%\}$	
贷：未确认融资费用		55 322.06

税务处理：由于计税基础大于会计成本导致以后期间计税折旧大于会计折旧的金额，因此调减各年度应纳税所得额 37 352 元。

由于固定资产计税基础大于会计成本的金额已通过固定资产折旧方式获得扣除，因此，"未确认融资费用"转入"财务费用"账户的金额不得重复扣除，调增应纳税所得额 55 322.06 元。

（4）2022 年 12 月 31 日。

借：长期应付款   400 000

 贷：银行存款   400 000

借：财务费用   22 641.39

{[（2 000 000–1 000 000–600 000）–（186 760–108 794.40–55 322.06）]×6%}

 贷：未确认融资费用   22 641.39

税务处理：由于计税基础大于会计成本导致以后期间计税折旧大于会计折旧的金额，因此调减各年度应纳税所得额 37 352 元。

"未确认融资费用"转入"财务费用"账户的金额不得重复扣除，调增应纳税所得额 22 641.39元。

6.1.3 投资者投入的固定资产

对于投资者投入的固定资产，会计准则规定，该固定资产按照投资合同或协议约定的价值确定，价格不公允的除外；所得税法规定接受投资的固定资产价值必须符合实际价值，不能完全按投资约定价值作为计价标准，按照合同或协议确定的合理价格或评估确认的价格确定。两者之间的差异如表 6-3 所示。

表 6-3　投资者投入固定资产的税会差异

会计处理	税务处理	差异
按照投资合同或协议约定的价值确定，但合同或协议约定价值不公允的除外	投资者投入的固定资产，根据该资产折旧程度，以合同或协议约定的合理价格或参照有关的市场价格合理确定	所得税法规定除按投资合同或协议约定的价值确定外，还可以按照评估确认的价值作为固定资产的计税成本；同时，会计准则还规定固定资产的成本中包含该项固定资产的预计弃置费用的现值，而所得税法中不包含这部分内容

6.2 持有固定资产的税会差异与纳税筹划

持有固定资产的税会差异主要体现在固定资产折旧、固定资产后续支出和固定资产减值准备等业务中。本节主要介绍这些业务的税会差异、纳税调整处理及纳税申报表的填制，并介绍固定资产折旧的纳税筹划。

6.2.1 固定资产折旧的税会差异

1. 固定资产一般折旧的税会差异

会计准则规定，企业对所有固定资产计提折旧，但已提足折旧仍继续使用的固定资产和单独计价入账的土地除外。固定资产折旧的税会差异如表 6-4 所示。

表 6-4　固定资产折旧的税会差异

项　　目	税务处理	会计处理
折旧计提的起点	所得税法实施条例第五十九条规定,企业应当自固定资产投入使用月份的次月起计算折旧	从固定资产达到预定可使用状态的次月起计提折旧
折旧范围	不得提取折旧的固定资产包括: 房屋、建筑物以外未投入使用的固定资产; 以经营租赁方式租入的固定资产; 以融资租赁方式租出的固定资产; 已足额提取折旧仍继续使用的固定资产; 与经营活动无关的固定资产; 单独估价作为固定资产入账的土地; 其他不得计算折旧扣除的固定资产	除了已提足折旧仍继续使用的固定资产和单独计价入账的土地之外,企业对所有固定资产计提折旧
计提折旧的总额	固定资产计提折旧的总额为固定资产的计税成本,即固定资产原值扣除其预计净残值后的金额	固定资产应计折旧总额是计提折旧的固定资产的入账价值扣除其预计净残值后的金额,已计提减值准备的固定资产,再扣除已计提的固定资产减值准备累计金额
折旧方法	采用直线法折旧时,企业的固定资产由于技术进步等原因,确需加速折旧的,可以缩短折旧年限或者采取加速折旧的方法。采取缩短折旧年限方法的,最低折旧年限不得低于规定折旧年限的 60%;采取加速折旧方法的,可以采取双倍余额递减法或者年数总和法。 所得税法实施条例第五十九条规定,固定资产按照直线法计算的折旧,准予扣除	选用的折旧方法包括年限平均法、工作量法、双倍余额递减法和年数总和法等,固定资产的折旧方法一经确定,不得随意变更
计提折旧的时间	企业从固定资产使用月份的次月起计提折旧;停止使用的固定资产,从停止使用月份的次月起停止计提折旧。已达到预定可使用状态但尚未办理竣工决算的固定资产,按照估计价值确定其成本,并计提折旧和做纳税调整处理,因为不符合所得税法的确定性原则,不应按估计价值计算折旧税前扣除;待办理竣工决算后,再按实际成本确定其计税基础,计提折旧并在税前扣除	固定资产按月计提折旧,当月增加的固定资产,当月不计提折旧,从下月起计提折旧;当月减少的固定资产,当月仍计提折旧,从下月起不计提折旧
折旧年限	除另有规定者外,房屋、建筑物为 20 年;飞机、火车、轮船、机器、机械和其他生产设备为 10 年;与生产经营活动有关的器具、工具、家具等为 5 年;飞机、火车、轮船以外的运输工具为 4 年;电子设备为 3 年	企业确定固定资产使用寿命,应考虑下列因素:预计生产能力或实物产量,预计有形损耗和无形损耗,法律或者类似规定对资产使用情况的限制

项　目	税务处理	会计处理
预计净残值	企业根据固定资产的性质和使用情况，合理确定固定资产的预计净残值。固定资产的预计净残值一经确定，不得变更。 　　所得税法只认可企业在取得固定资产时合理确定的预计净残值，因此一旦企业在固定资产使用过程中对其预计净残值进行了调整，并据此计提折旧，则与所得税法允许扣除的折旧额存在差异	企业根据固定资产的性质和使用情况，合理确定固定资产的使用寿命和预计净残值。固定资产的使用寿命、预计净残值一经确定，不得随意变更。 　　企业至少于每年年度终了，对预计净残值进行复核。预计净残值预计数与原先估计数有差异的，调整预计净残值

　　固定资产一般折旧产生的税会差异，需填报《资产折旧、摊销情况及纳税调整明细表》（A105080），如表 6-5 所示。

表 6-5　资产折旧、摊销情况及纳税调整明细表（A105080）

行次	项　目	账载金额			税收金额					纳税调整金额
		资产原值	本年折旧、摊销额	累计折旧、摊销额	资产计税基础	税收折旧额	享受加速折旧政策的资产按税收一般规定计算的折旧、摊销额	加速折旧统计额	累计折旧、摊销额	
		1	2	3	4	5	6	7（5-6）	8	9（2-5）
1	一、固定资产（2+3+4+5+6+7）						*	*		
2	（一）房屋、建筑物						*	*		
3	（二）飞机、火车、轮船、机器、机械和其他生产设备						*	*		
4	（三）与生产经营活动有关的器具、工具、家具等						*	*		
5	（四）飞机、火车、轮船以外的运输工具						*	*		
6	（五）电子设备						*	*		
7	（六）其他						*	*		

（注：行次 2-7 左侧标注"所有固定资产"）

　　【例 6-4】　中原公司为一家一般生产型企业，不属于固定资产加速折旧政策范围内的企业，2020 年 12 月购入生产工具设备，原价为 1 525 000 元，增值税为 198 250 元，预计使用年限为 5 年，预计净残值为 25 000 元，按年数总和法计提折旧。2021 年 12 月公司在检查时发现，由于经营环境恶化，该设备有可能发生减值，可收回金额为 920 000 元。假设整个过程不考虑其他相关税费。该设备一直采用年数总和法计提折旧，预计净残值始终为 25 000 元。预计使用寿命没有发生变更。中原公司按年度计提固定资产折旧。

（1）中原公司的会计处理。

2020 年 12 月，取得固定资产：

借：固定资产　　　　　　　　　　　　　　　　　　1 525 000

　　应交税费——应交增值税（进项税额）　　　　　198 250

　　贷：银行存款　　　　　　　　　　　　　　　　　　1 723 250

在不考虑减值因素情况下，2021—2025 年每年应计提的折旧额分别如下：

2021 年：（1 525 000–25 000）×5÷15=500 000（元）

2022 年：（1 525 000–25 000）×4÷15=400 000（元）

2023 年：（1 525 000–25 000）×3÷15=300 000（元）

2024 年：（1 525 000–25 000）×2÷15=200 000（元）

2025 年：（1 525 000–25 000）×1÷15=100 000（元）

① 2021 年年末计提折旧。在计提固定资产减值准备前，2021 年年末应计提折旧为 500 000 元。

借：制造费用　　　　　　　　　　　　　　　　　　500 000

　　贷：累计折旧　　　　　　　　　　　　　　　　　　500 000

② 2021 年年末计提减值准备。2021 年 12 月对固定资产进行检查时发现，由于经营环境恶化，该设备的可收回金额为 920 000 元，而其账面净值为 1 025 000 元，计提减值准备为 105 000 元（1 025 000–920 000）。

借：资产减值损失　　　　　　　　　　　　　　　　105 000

　　贷：固定资产减值准备　　　　　　　　　　　　　　105 000

2021 年计提减值准备 105 000 元后，该设备的账面价值为 920 000 元（1 525 000–500 000–105 000）。

③ 2022—2025 年计提折旧。2022 年年末应计提的折旧额为 358 000 元［（920 000–25 000）×4÷10］。

借：制造费用　　　　　　　　　　　　　　　　　　358 000

　　贷：累计折旧　　　　　　　　　　　　　　　　　　358 000

2022 年年末计提折旧后，该设备的账面价值为 562 000 元（920 000–358 000）。

2023 年年末计提折旧额为 268 500 元［（920 000–25 000）×3÷10］，该设备的账面价值为 293 500 元（562 000–268 500）。

2024 年年末计提折旧额为 179 000 元［（920 000–25 000）×2÷10］，该设备的账面价值为 114 500 元（293 500–179 000）。

2025 年年末应计提折旧额为 89 500 元［（920 000–25 000）×1÷10］。

（2）中原公司的纳税调整。根据所得税法规定，固定资产计提折旧一般采用直线法，而且不能减去计提的固定资产减值准备，因此需要做纳税调整处理。中原公司 2021—2025 年每年计提折旧额为 300 000 元［（1 525 000–25 000）÷5］。中原公司 2021—2025 年各年分别按照会计口径和税法口径计算提取（或转入）的折旧额以及两者的差额，如表 6-6 所示。

表 6-6　2021—2025 年按照会计和税法口径计算折旧额　　　　单位：元

年　份	按照会计口径提取	按照税法口径提取	差　额
2021	500 000	300 000	200 000
2022	358 000	300 000	58 000
2023	268 500	300 000	−31 500
2024	179 000	300 000	−121 000
2025	89 500	300 000	−210 500
总　计	1 395 000	1 500 000	−105 000

对于固定资产折旧的税会差异，中原公司进行 2021 年度纳税申报时，需要填报《资产折旧、摊销情况及纳税调整明细表（A105080）》，如表 6-7 所示；对于固定资产减值准备的税会差异，需要填报《纳税调整项目明细表》（A105000）第 33 行，如表 6-8 所示。

表 6-7　资产折旧、摊销情况及纳税调整明细表（A105080）

行次	项　目	账载金额			税收金额					纳税调整金额
		资产原值	本年折旧、摊销额	累计折旧、摊销额	资产计税基础	税收折旧、摊销额	享受加速折旧政策的资产按税收一般规定计算的折旧、摊销额	加速折旧统计额	累计折旧、摊销额	
		1	2	3	4	5	6	7 (5−6)	8	9(2−5)
1	一、固定资产（2+3+4+5+6+7）						*	*		
4	所有固定资产 （三）与生产经营活动有关的器具、工具、家具等	1 525 000	500 000	500 000	1 525 000	300 000	*	*	300 000	200 000

表 6-8　纳税调整项目明细表（A105000）

行　次	项　目	账载金额 1	税收金额 2	调增金额 3	调减金额 4
33	（二）资产减值准备金	105 000	*	105 000	

对于固定资产折旧的税会差异，中原公司进行 2022 年度纳税申报时，需要填报《资产折旧、摊销情况及纳税调整明细表（A105080）》，如表 6-9 所示。

表 6-9 资产折旧、摊销情况及纳税调整明细表（A105080）

行次	项目		账载金额			税收金额					纳税调整金额
			资产原值	本年折旧、摊销额	累计折旧、摊销额	资产计税基础	税收折旧、摊销额	享受加速折旧政策的资产按税收一般规定计算的折旧、摊销额	加速折旧统计额	累计折旧、摊销额	
			1	2	3	4	5	6	7(5–6)	8	9（2–5）
1	一、固定资产（2+3+4+5+6+7）								*	*	
4	所有固定资产	（三）与生产经营活动有关的器具、工具、家具等	1 525 000	358 000	858 000	1 500 000	300 000	*	*	600 000	58 000

对于固定资产折旧的税会差异，中原公司进行 2023 年度纳税申报时，需要填报《资产折旧、摊销情况及纳税调整明细表（A105080）》，如表 6-10 所示。

表 6-10 资产折旧、摊销情况及纳税调整明细表（A105080）

行次	项目		账载金额			税收金额					纳税调整金额
			资产原值	本年折旧、摊销额	累计折旧、摊销额	资产计税基础	税收折旧、摊销额	享受加速折旧政策的资产按税收一般规定计算的折旧、摊销额	加速折旧统计额	累计折旧、摊销额	
			1	2	3	4	5	6	7(5–6)	8	9（2–5）
1	一、固定资产（2+3+4+5+6+7）								*	*	
4	所有固定资产	（三）与生产经营活动有关的器具、工具、家具等	1 525 000	268 500	1 126 500	1 500 000	300 000	*	*	900 000	–31 500

对于固定资产折旧的税会差异，中原公司进行 2024 年度纳税申报时，需要填报《资产折旧、摊销情况及纳税调整明细表（A105080）》，如表 6-11 所示。

表 6-11　资产折旧、摊销情况及纳税调整明细表（A105080）

行次	项目		账载金额			税收金额					
			资产原值	本年折旧、摊销额	累计折旧、摊销额	资产计税基础	税收折旧、摊销额	享受加速折旧政策的资产按税收一般规定计算的折旧、摊销额	加速折旧统计额	累计折旧、摊销额	纳税调整金额
			1	2	3	4	5	6	7（5−6）	8	9（2−5）
1	一、固定资产（2+3+4+5+6+7）							*	*		
4	所有固定资产	（三）与生产经营活动有关的器具、工具、家具等	1 525 000	179 000	1 305 500	1 500 000	300 000	*	*	1 200 000	−121 000

对于固定资产折旧的税会差异，中原公司进行 2025 年度纳税申报时，需要填报《资产折旧、摊销情况及纳税调整明细表（A105080）》，如表 6-12 所示。

表 6-12　资产折旧、摊销情况及纳税调整明细表（A105080）

行次	项目		账载金额			税收金额					
			资产原值	本年折旧、摊销额	累计折旧、摊销额	资产计税基础	税收折旧、摊销额	享受加速折旧政策的资产按税收一般规定计算的折旧、摊销额	加速折旧统计额	累计折旧、摊销额	纳税调整金额
			1	2	3	4	5	6	7（5−6）	8	9（2−5）
1	一、固定资产（2+3+4+5+6+7）							*	*		
4	所有固定资产	（三）与生产经营活动有关的器具、工具、家具等	1 525 000	89 500	1 395 000	1 500 000	300 000	*	*	1 500 000	−210 500

2. 安全生产费用的税会差异

安全生产费用是指企业按照规定标准提取在成本中列支，专门用于完善和改进企业或者项目安全生产条件的资金。安全生产费用按照"企业提取、政府监管、确保需要、规范使用"的原则进行管理。安全生产费用提取与使用的不同步，会产生财税差异。

　　《财政部关于印发企业会计准则解释第 3 号的通知》（财会〔2009〕8 号）第三条规定，高危行业企业按照国家规定提取的安全生产费，应当计入相关产品的成本或当期损益，同时记入"4301 专项储备"账户。企业使用提取的安全生产费时，属于费用性支出的，直接冲减专项储备。企业使用提取的安全生产费形成固定资产的，通过"在建工程"账户归集所发生的支出，待安全项目完工达到预定可使用状态时确认为固定资产；同时，按照形成固定资产的成本冲减专项储备，并确认相同金额的累计折旧。该固定资产在以后期间不再计提折旧。

　　《国家税务总局关于煤矿企业维简费和高危行业企业安全生产费用企业所得税税前扣除问题的公告》（国家税务总局公告 2011 年第 26 号）第一条规定，煤矿企业实际发生的维简费支出和高危行业企业实际发生的安全生产费用支出，属于收益性支出的，可直接作为当期费用在税前扣除；属于资本性支出的，计入有关资产成本，并按所得税法规定计提折旧或摊销费用在税前扣除。企业按照有关规定预提的维简费和安全生产费用，不得在税前扣除。

　　✎【例 6-5】　华大公司属于高危行业，2021 年按照规定提取安全生产费 160 万元，6 月使用提取的安全生产费购入安全防护设备一台，价款 120 万元，增值税进项税额 15.6 万元，同月安装完毕并投入使用。9 月支付安全生产检查及安全技能培训等费用 20 万元。2022 年按照规定提取安全生产费 60 万元，当年发生安全生产检查及安全技能培训等费用支出 70 万元。假定安全防护设备税法规定的折旧年限为 5 年，无残值。

　　（1）2021 年会计处理。

　　① 按照规定提取安全生产费：

借：制造费用（或管理费用）　　　　　　　　　　　　1 600 000
　　　贷：专项储备　　　　　　　　　　　　　　　　　　　　　1 600 000

　　② 使用提取的安全生产费购入安全防护设备：

借：在建工程　　　　　　　　　　　　　　　　　　　1 200 000
　　应交税费——应交增值税（进项税额）　　　　　　　156 000
　　　贷：银行存款　　　　　　　　　　　　　　　　　　　　　1 356 000

固定资产达到预定可使用状态：

借：固定资产　　　　　　　　　　　　　　　　　　　1 200 000
　　　贷：在建工程　　　　　　　　　　　　　　　　　　　　　1 200 000

同时，按照形成固定资产的成本冲减专项储备，并确认相同金额的累计折旧：

借：专项储备　　　　　　　　　　　　　　　　　　　1 200 000
　　　贷：累计折旧　　　　　　　　　　　　　　　　　　　　　1 200 000

　　③ 支付安全生产检查及安全技能培训等费用：

借：专项储备　　　　　　　　　　　　　　　　　　　　200 000

贷：银行存款　　　　　　　　　　　　　　　　　　　　　　　　 200 000

（2）2021年税务处理。对于固定资产折旧的税会差异，华大公司进行2021年度纳税申报时，需要填报《资产折旧、摊销情况及纳税调整明细表（A105080）》，如表6-13所示；对于提取安全生产费用和支付安全生产检查及安全技能培训等费用，华大公司填报《纳税调整项目明细表（A105000）》，如表6-14所示。

表6-13　资产折旧、摊销情况及纳税调整明细表（A105080）

行次	项　　目		账载金额			税收金额					纳税调整金额
			资产原值	本年折旧、摊销额	累计折旧、摊销额	资产计税基础	税收折旧、摊销额	享受加速折旧政策的资产按税收一般规定计算的折旧、摊销额	加速折旧统计额	累计折旧、摊销额	
			1	2	3	4	5	6	7（5-6）	8	9（2-5）
1	一、固定资产（2+3+4+5+6+7）							*	*		
4	所有固定资产	（三）与生产经营活动有关的器具、工具、家具等	1 200 000	0	1 200 000	1 200 000	120 000	*	*	120 000	-120 000

表6-14　纳税调整项目明细表（A105000）

行　　次	项　　目	账载金额	税收金额	调增金额	调减金额
		1	2	3	4
26	（十三）跨期扣除项目	1 600 000	200 000	1 400 000	

（3）2022年会计处理。

① 按照规定提取安全生产费：

借：制造费用（或管理费用）　　　　　　　　　　　　　　　　 600 000

　　贷：专项储备　　　　　　　　　　　　　　　　　　　　　　 600 000

② 支付安全生产检查及安全技能培训等费用：

借：专项储备　　　　　　　　　　　　　　　　　　　　　　　 700 000

　　贷：银行存款　　　　　　　　　　　　　　　　　　　　　　 700 000

（4）2022年税务处理。2022年未发生安全生产费用资本性支出，但2021年度使用安全生产费用形成的固定资产，2022年按所得税法规定计提的折旧24万元（120÷5）可在税前扣除。对于固定资产折旧的税会差异，华大公司进行2022年度纳税申报时，需要填报《资产折旧、摊销情况及纳税调整明细表（A105080）》，如表6-15所示；对于提取安全生产费用和支付安全生产检查及安全技能培训等费用，华大公司填报《纳税调整项目明细表（A105000）》，如表 6-16 所示。

表 6-15　资产折旧、摊销情况及纳税调整明细表（A105080）

行次	项　目		账载金额			税收金额					纳税调整金额
			资产原值	本年折旧、摊销额	累计折旧、摊销额	资产计税基础	税收折旧、摊销额	享受加速折旧政策的资产按税收一般规定计算的折旧、摊销额	加速折旧统计额	累计折旧、摊销额	
			1	2	3	4	5	6	7（5-6）	8	9（2-5）
1	一、固定资产（2+3+4+5+6+7）							*	*		
4	所有固定资产	（三）与生产经营活动有关的器具、工具、家具等	1 200 000	0	1 200 000	1 200 000	240 000	*	*	360 000	-240 000

表 6-16　纳税调整项目明细表（A105000）

行　次	项　目	账载金额	税收金额	调增金额	调减金额
		1	2	3	4
26	（十三）跨期扣除项目	600 000	700 000		100 000

3. 加速折旧的税会差异

所得税法第三十二条规定，企业的固定资产由于技术进步等原因，确需加速折旧的，可以缩短折旧年限或者采取加速折旧的方法。所得税法实施条例第九十八条规定，所得税法第三十二条所称可以采取缩短折旧年限或者采取加速折旧的方法的固定资产，包括：由于技术进步，产品更新换代较快的固定资产；常年处于强震动、高腐蚀状态的固定资产。

采取缩短折旧年限方法的，最低折旧年限不得低于所得税法实施条例第六十条规定折旧年限的 60%；采取加速折旧方法的，可以采取双倍余额递减法或者年数总和法。

按照所得税法及其实施条例有关规定，企业根据自身生产经营需要，也可选择不实行加速折旧政策。

企业根据税法、《国家税务总局关于企业固定资产加速折旧所得税处理有关问题的通知》（国税发〔2009〕81 号）、《国家税务总局关于企业所得税应纳税所得额若干问题的公告》（国家税务总局公告 2014 年第 29 号）、《财政部 国家税务总局关于完善固定资产加速折旧税收政策有关问题的通知》（财税〔2014〕75 号）、《财政部 国家税务总局关于进一步完善固定资产加速折旧企业所得税政策的通知》(财税〔2015〕106 号)、《国家税务总局关于全民所有制企业公司制改制企业所得税处理问题的公告》(国家税务总局公告 2017 年第 34 号)、《财政部 税务总局关于设备器具扣除有关企业所得税政策的通知》(财税〔2018〕54 号)、《国家税务总局关于设备器具扣除有关企业所得税政策执行问题的公告》(国家税务总局公告 2018 年第 46 号)、《财政部 税务总局关于扩大固定资产加速折旧优惠政策适用范围的公告》(财政部 税务总局公告 2019 年第 66 号)、《财政部 税务总局关于支持新型冠状病毒感染的肺炎疫情防控有关税收政策的公告》(2020 年第 8 号)、《财政部 税务总局关于海南自由贸易港企业所得税优惠政策的通知》(财税〔2020〕31 号)等相关规定,以及国家统一企业会计制度,在《资产折旧、摊销情况及纳税调整明细表(A105080)》(见表 6-17)中填报资产折旧的会计处理、税收规定,以及纳税调整情况。

表 6-17 具体填报要求如下。

(1)第 8 行"(一)重要行业固定资产加速折旧":适用于符合财税〔2014〕75 号、财税〔2015〕106 号和财政部、税务总局公告 2019 年第 66 号文件规定的制造业,信息传输、软件和信息技术服务业行业(以下称"重要行业")的企业填报,填报新购进固定资产享受加速折旧政策的有关情况及优惠统计情况。重要行业纳税人按照上述文件规定享受固定资产一次性扣除政策的资产情况在第 11 行"(四)500 万元以下设备器具一次性扣除"中填报。

(2)第 9 行"(二)其他行业研发设备加速折旧":适用于重要行业以外的其他企业填报,填报单位价值超过 100 万元以上专用研发设备采取缩短折旧年限或加速折旧方法的有关情况及优惠统计情况。

(3)第 10 行"(三)海南自由贸易港企业固定资产加速折旧",适用于在海南自由贸易港设立的企业填报,填报新购置(含自建)500 万元以上的固定资产,按照税收规定采取缩短折旧年限或加速折旧方法的有关情况及优惠统计情况。若固定资产同时符合重要行业加速折旧政策条件,纳税人自行选择在本表第 8 行或本行填报,但不得重复填报。

(4)第 11 行"(四)500 万元以下设备器具一次性扣除":填报新购进单位价值不超过 500 万元的设备、器具等,按照税收规定一次性扣除的有关情况及优惠统计情况。对疫情防控重点保障物资生产企业,其为扩大产能新购置的相关设备价值不超过 500 万元的,按照税收规定一次性扣除的有关情况及优惠统计情况在本行填列。

(5)第 12 行"(五)疫情防控重点保障物资生产企业单价 500 万元以上设备一次性扣除",填报疫情防控重点保障物资生产企业单价 500 万元以上设备,按照税收规定一次性扣除的有关情况及优惠统计情况。

表 6-17　资产折旧、摊销情况及纳税调整明细表 （A105080）

行次	项目	账载金额			资产计税基础	税收金额				纳税调整金额
		资产原值	本年折旧、摊销额	累计折旧、摊销额		税收折旧、摊销额	享受加速折旧政策的资产按税收一般规定计算的折旧、摊销额	加速折旧、摊销统计额	累计折旧、摊销额	
		1	2	3	4	5	6	7 (5-6)	8	9 (2-5)
8	（一）重要行业固定资产加速折旧（不含一次性扣除）									*
9	（二）其他行业研发设备加速折旧									*
10	（三）海南自由贸易港企业固定资产加速折旧									*
11	（四）500 万元以下设备器具一次性扣除									*
12	（五）疫情防控重点保障物资生产企业单价 500 万元以上设备一次性扣除									*
13	（六）海南自由贸易港企业固定资产一次性扣除									*
14	（七）技术进步、更新换代固定资产加速折旧									*
15	（八）常年强震动、高腐蚀固定资产加速折旧									*
16	（九）外购软件加速折旧									*
17	（十）集成电路企业生产设备加速折旧									*

其中：享受固定资产加速折旧又一次性扣除政策的资产折旧额大于一般折旧额的部分

（6）第13行"（六）海南自由贸易港企业固定资产一次性扣除"：填报海南自由贸易港企业新购置（含自建）固定资产，按照税收规定采取一次性摊销方法的有关情况及优惠统计情况。若固定资产同时符合"500万元以下设备器具一次性扣除"政策的，由纳税人自行选择在第11行或本行填报，但不得重复填报。

（7）第14行"（七）技术进步、更新换代固定资产加速折旧"：填报固定资产因技术进步、产品更新换代较快而按税收规定享受固定资产加速折旧政策的有关情况及优惠统计情况。

（8）第15行"（八）常年强震动、高腐蚀固定资产加速折旧"：填报常年处于强震动、高腐蚀状态的固定资产按税收规定享受固定资产加速折旧政策的有关情况及优惠统计情况。

（9）第16行"（九）外购软件加速折旧"：填报企业外购软件作为固定资产处理，按财税〔2012〕27号文件规定享受加速折旧政策的有关情况及优惠统计情况。

（10）第17行"（十）集成电路企业生产设备加速折旧"：填报集成电路生产企业的生产设备，按照财税〔2012〕27号文件规定享受加速折旧政策的有关情况及优惠统计情况。

6.2.2 固定资产折旧的纳税筹划

固定资产折旧的纳税筹划可从折旧方法和折旧年限两方面入手。首先，不同折旧方法的年折旧提取额不同，直接关系到利润额抵减的程度。在企业盈利时，加速折旧法可使固定资产成本在使用期限内加速得到补偿，企业在第一年、第二年少纳税，使纳税期向后递延，达到延期纳税的目的，相当于政府向企业提供了一笔无息贷款，且固定资产价值越大，这笔资金就越多。依据财政部、税务总局公告2019年第66号文，自2019年1月1日起，财税〔2014〕75号和财税〔2015〕106号规定固定资产加速折旧优惠的行业范围，扩大至全部制造业领域。企业拥有并使用符合规定条件的固定资产采取加速折旧方法的，可以采用双倍余额递减法或者年数总和法。在企业亏损时，考虑到企业亏损的税前弥补规定，企业宜采用直线折旧方法，延长弥补亏损期限，以充分利用折旧的节税效用。类似地，享受税收优惠政策的企业宜采用直线法折旧。其次，折旧年限的确定。固定资产的折旧年限是一个预计的经验值，为企业进行纳税筹划提供了可能性。企业通过缩短折旧年限（不低于税法规定年限）有利于加速成本收回，可使后期成本前移，从而使前期会计利润发生后移，在税率稳定的情况下，达到延期纳税的目的；处于免税期的企业应采用较长的折旧年限，如通过采用使征税期折旧抵税额现值与免税期折旧抵税额现值之差最大的年限（一般为免税期间的5~6倍）可获得最大的抵税现金流量现值，以在免税期间得到更大的节税效用。

6.2.3 固定资产后续支出的税会差异

所得税法规定固定资产日常修理费用可在发生当期直接据实扣除，固定资产修理的税务处理与会计处理不完全相同，在税前扣除上产生暂时性差异。

所得税法第十三条规定，在计算应纳税所得额时，企业发生的下列支出，作为长期待摊费用，按照规定摊销的，准予扣除：已足额提取折旧的固定资产的改建支出；租入固定资产的改建支出；固定资产的大修理支出。

固定资产的大修理支出，是指同时符合下列条件的支出：

（1）修理支出达到取得固定资产时的计税基础50%以上；

（2）修理后固定资产的使用寿命延长2年以上。

所得税法实施条例规定，固定资产的改建支出是指改变房屋或建筑物结构、延长使用年限等发生的支出。已足额提取折旧的固定资产的改建支出，按固定资产预计尚可使用年限分期摊销；租入固定资产的改建支出，按照合同约定的剩余租赁期限分期摊销。所得税法实施条例第五十八条规定，改建的固定资产，除已足额提取折旧的固定资产的改建支出和租入固定资产的改建支出外，以改建过程中发生的改建支出增加计税基础。改建的固定资产延长使用年限的，适当延长折旧年限。

会计准则和所得税法均确认为当期费用的情况：如果发生的固定资产后续支出为一般修理支出，则在实际发生时计入当期损益，可作为成本费用项目，允许在计算企业所得税时全额扣除。

会计准则和所得税法均确认为固定资产成本的情况：符合固定资产确认标准的大修理支出和改建支出，会计和税法均予以资本化，增加固定资产成本和计税基础，如有被替换的部分，则扣除其价值。计提的固定资产折旧费用允许在计算企业所得税时全额扣除。

在上述两种情况下，固定资产的账面价值与计税基础一致，无须考虑暂时性差异对所得税费用的影响。

不满足固定资产确认条件的固定资产大修理支出和已提足折旧固定资产发生的改建支出，可以先在长期待摊费用账户归集，修理或改建项目完成后，再在会计上一次性计入费用，税法上确认为长期待摊费用或固定资产，在固定资产尚可使用年限内分期摊销。在此种情况下，需要考虑资产账面价值与计税基础的差异对所得税费用的影响。

固定资产后续支出的税会差异如表 6-18 所示。

表 6-18　固定资产后续支出的税会差异

税务处理	会计处理
已足额提取折旧的固定资产的改建支出，按照固定资产预计尚可使用年限分期摊销。改建的固定资产延长使用年限的，适当延长折旧年限	与固定资产有关的后续支出，符合会计准则第四条规定的固定资产确认条件的，计入固定资产成本；不符合的，在发生当期计入当期损益

【例6-6】2014年12月31日，经典公司投入使用一条生产线，原价100 000元，估计净残值4 000元，预计使用10年。2020年12月31日，公司决定对现有生产线进行扩建，以提高其生产能力；2021年1月1日至2021年3月31日，经3个月的改扩建，完成了对这条生产线的改扩建工程，共发生支出20 000元，全部以银行存款支付；改扩建后，预计其使用年限延长了2年，估计净残值不变。该固定资产采用直线法计提折旧。为简化计算，整个过程不考虑其他税费（计算结果保留整数）。

（1）2020年12月31日固定资产转入改扩建时。

2015年1月1日至2020年12月31日，公司每年提取的折旧金额分别为：

固定资产折旧=（100 000 – 4 000）÷10=9 600（元）

累计折旧金额=9 600×6＝57 600（元）

将固定资产的净值转入"在建工程"时的会计处理：

借：在建工程	42 400	
累计折旧	57 600	
贷：固定资产		100 000

（2）2021年1月1日至3月31日，固定资产后续支出发生时的会计处理。

借：在建工程	20 000	
贷：银行存款		20 000

（3）2021年3月31日，生产线达到预定可使用状态时的会计处理。

借：固定资产	62 400	
贷：在建工程		62 400

（4）2021年4月1日起，每年计提的固定资产折旧9 733元［62 400–4 000）÷6］，2020年计提的固定资产折旧7 300元（9 733×9÷12）。

计提固定资产折旧的会计处理如下：

借：制造费用	7 300	
贷：累计折旧		7 300

按所得税法的规定，经典公司的处理如下：2021年3月31日，计算的改扩建后的固定资产原价为120 000元（100 000 + 20 000）。2015年1月1日至2020年12月31日累计提取折旧金额57 600元。2021年4月1日起，每年计提的固定资产折旧为9 733元［（120 000–4 000–57 600）÷6］。2021年计提的固定资产折旧为7 300元（9 733×9÷12）。

已提足折旧的固定资产的改建支出、经营租入固定资产的改建支出、固定资产的大修理支出都可以形成长期待摊费用。如果存在长期待摊费用的纳税调整，则企业可以填报《资产折旧、摊销情况及纳税调整明细表》（A105080），如表6-19所示。

表 6-19　资产折旧、摊销情况及纳税调整明细表（A105080）

行次	项　目	账载金额			税收金额					纳税调整金额
		资产原值	本年折旧、摊销额	累计折旧、摊销额	资产计税基础	税收折旧、摊销额	享受加速折旧政策的资产按税收一般规定计算的折旧、摊销额	加速折旧统计额	累计折旧、摊销额	
		1	2	3	4	5	6	7（5-6）	8	9（2-5）
33	四、长期待摊费用（34+35+36+37+38）						*	*		
34	（一）已足额提取折旧的固定资产的改建支出						*	*		
35	（二）租入固定资产的改建支出						*	*		
36	（三）固定资产的大修理支出						*	*		
37	（四）开办费						*	*		
38	（五）其他						*	*		

6.2.4　固定资产减值的税会差异

所得税法规定，企业实际发生的与取得收入有关的、合理的支出，包括成本、费用、税金、损失和其他支出，可以在计算应纳税所得额时扣除。在资产可能已经发生了减值的迹象，而没有实际发生资产的损失时，在税法上不认定为资产的减值，不允许在计算应纳税所得额时扣除；只有资产实际发生了损失时，符合所得税法规定条件的，在税法上经批准才可以认定为损失，允许在计算应纳税所得额时扣除。固定资产减值的税会差异如表6-20 所示。

表 6-20　固定资产减值的税会差异

会计处理	税务处理	差　异
企业在会计期末判断固定资产是否存在可能发生减值的迹象。资产存在减值迹象的，估计其可收回金额。可收回金额根据资产的公允价值减去处置费用后的净额与资产预计未来现金流量的现值两者之间较高者确定。资产未来现金流量的现值按照资产在持续使用过程中和最终处置时所产生的预计未来现金流量，选择恰当的折现率对其进行折现后的金额加以确定	企业计提的固定资产减值准备不得在税前扣除，而当计提减值准备的固定资产被处置时，已计提的固定资产减值准备已在计提期间调增应纳税所得额的，处置时调减应纳税所得额	会计准则规定，固定资产的减值准备税前可以扣除；所得税法规定，企业计提的固定资产减值准备不得在税前扣除

表 6-20 所产生的差异，即因计提固定资产减值准备的期间与允许在计算应纳税所得额时扣除的资产损失的期间不同而产生的差异，作为可抵扣暂时性差异，在计算当期应纳税所得额时，企业在按照会计准则规定计算的当期利润总额的基础上，加上按照所得税法规定不允许从当期应纳税所得额中扣除但按会计准则规定计入计提当期损益的固定资产减值准备的金额，调整当期应纳税所得额。

【例 6-7】 2018 年 12 月，大华公司购进一台生产用设备，价值 100 万元，预计使用年限为 5 年（税法规定不短于 5 年），预计净残值为 5 万元，采用平均年限法计提折旧。2020年年末，公司发现该设备发生减值，预计可收回金额为 35 万元，剩余使用年限为 2 年，预计净残值不变。

大华公司的税会处理如下：

（1）购进设备。

借：固定资产   1 000 000

  贷：银行存款   1 000 000

（2）2019 年提取折旧 19 万元［（1 000 000–50 000）÷5］。

借：制造费用   190 000

  贷：累计折旧   190 000

会计处理与税务处理一致。

（3）2020 年提取折旧 19 万元。

借：制造费用   190 000

  贷：累计折旧   190 000

2020 年年末计提减值准备：

借：资产减值损失   270 000

       （1 000 000–190 000×2–350 000）

  贷：固定资产减值准备   270 000

大华公司在 2020 年年末提取的固定资产减值准备，不得在税前扣除，在纳税申报时，需做纳税调整处理，填报《纳税调整项目明细表》（A105000）第 33 行，如表 6-21 所示。

表 6-21 纳税调整项目明细表（A105000）

行 次	项 目	账载金额	税收金额	调增金额	调减金额
		1	2	3	4
33	（二）资产减值准备金	270 000	*	270 000	

调增应纳税所得额 27 万元，同时确认递延所得税资产。

借：递延所得税资产   67 500

  贷：所得税费用   67 500

（4）2021 年和 2022 年每年提取折旧 15 万元［（350 000–50 000）÷2］。

借：制造费用　　　　　　　　　　　　　　　　　150 000

　　贷：累计折旧　　　　　　　　　　　　　　　　　　　150 000

税务处理：大华公司在 2020 年年末提取的固定资产减值准备，不得在税前扣除，此时固定资产的账面价值为 35 万元，而计税基础为 62 万元［1 000 000–（190 000×2）］。

2021 年和 2022 年，对于固定资产折旧的税会差异，大华公司需要填报《资产折旧、摊销情况及纳税调整明细表（A105080）》，如表 6-22 所示。

表 6-22　资产折旧、摊销情况及纳税调整明细表（A105080）

行次	项　目		账载金额			税收金额					纳税调整金额
			资产原值	本年折旧、摊销额	累计折旧、摊销额	资产计税基础	税收折旧、摊销额	享受加速折旧政策的资产按税收一般规定计算的折旧、摊销额	加速折旧统计额	累计折旧、摊销额	
			1	2	3	4	5	6	7（5–6）	8	9（2–5）
1	一、固定资产（2+3+4+5+6+7）							*	*		
4	所有固定资产	（三）与生产经营活动有关的器具、工具、家具等	1 000 000	150 000	530 000	1 000 000	190 000	*	*	570 000	–40 000

因此，大华公司每年申报调减应纳税所得额 4 万元，同时转回递延所得税资产。

借：所得税费用　　　　　　　　　　　　　　　　10 000

　　贷：递延所得税资产　　　　　　　　　　　　　　　　10 000

（5）2023 年。会计实际提取的折旧为 0，对于固定资产折旧的税会差异，大华公司需要填报《资产折旧、摊销情况及纳税调整明细表（A105080）》，如表 6-23 所示。

表 6-23　资产折旧、摊销情况及纳税调整明细表（A105080）

行次	项　目	账载金额			税收金额					纳税调整金额
		资产原值	本年折旧、摊销额	累计折旧、摊销额	资产计税基础	税收折旧、摊销额	享受加速折旧政策的资产按税收一般规定计算的折旧、摊销额	加速折旧统计额	累计折旧、摊销额	
		1	2	3	4	5	6	7（5–6）	8	9（2–5）
1	一、固定资产（2+3+4+5+6+7）						*	*		

续表

行次	项目		账载金额			税收金额					纳税调整金额
			资产原值	本年折旧、摊销额	累计折旧、摊销额	资产计税基础	税收折旧、摊销额	享受加速折旧政策的资产按税收一般规定计算的折旧、摊销额	加速折旧统计额	累计折旧、摊销额	
			1	2	3	4	5	6	7(5−6)	8	9(2−5)
4	所有固定资产	（三）与生产经营活动有关的器具、工具、家具等	1 000 000	0	68 000	1 000 000	190 000	*	*	760 000	−190 000

因此，大华公司调减应纳税所得额 19 万元，同时转回递延所得税资产。至此，大华公司因计提减值准备而发生的暂时性差异全部转回（27−4×2−19=0）。

借：所得税费用　　　　　　　　　　　　　　　47 500

　贷：递延所得税资产　　　　　　　　　　　　　　47 500

假设 2022 年 12 月将固定资产出售，收入 10 万元，纳税调整时，会计损益为 5 万元［10−（100−68−27）］；计税损益为−14 万元［10−（100−76）］，纳税调减额为−19 万元（−14−5）。

由此可见，如果按冲减的"固定资产减值准备"借方发生额做纳税调减 27 万元，则忽视了 2021 年和 2022 年累计已做纳税调减 8 万元的因素，形成重复调减，产生纳税调整错误。

6.3 处置固定资产的税会差异与纳税筹划

固定资产处置包括出售、报废、投资、捐赠、抵债、调拨等。固定资产处置的税会差异如表 6-24 所示。

表 6-24　固定资产处置的税会差异

会计准则	所得税法	差异
企业持有待售的固定资产，对其预计净残值进行调整。企业出售、转让、报废固定资产或发生固定资产毁损时，将处置收入扣除账面价值和相关税费后的金额计入当期损益。固定资产的账面价值是固定资产成本扣减累计折旧和累计减值准备后的金额。固定资产盘亏造成的损失，计入当期损益	准予扣除金额为与纳税人取得收入有关的成本、费用和损失，即纳税人转让各类固定资产发生的费用允许扣除的余额部分，并且当纳税人不能提供完整、准确的收入及成本、费用凭证，不能正确计算应纳税所得额时，税务机关有权核定其应纳税所得额	会计准则规定，企业将固定资产的处置收入扣除账面价值和相关税费后的金额计入当期损益。所得税法规定，纳税人处置固定资产的损益为处置收入扣除税法口径上的原值、残值、保险或责任人赔偿款后的余额部分

1. 以固定资产抵偿债务

以固定资产抵债，适用债务重组准则（2019）。债务人以非现金资产抵偿债务的过程，债务人在相关资产和所清偿债务符合终止确认条件时予以终止确认，所清偿债务账面价值与转让资产账面价值之间的差额计入当期损益。此时，债务重组交易以公允价值作为交易价格，不产生所得税纳税差异，无须做纳税调整处理。

【例 6-8】奇奇公司与华丰公司达成债务重组协议，奇奇公司将其一辆小汽车（原价10 万元，累计折旧 4 万元）偿还华丰公司的债务 8 万元。假定小汽车未计提减值准备。

奇奇公司的会计处理如下：

借：固定资产清理	60 000	
累计折旧	40 000	
贷：固定资产		100 000
借：应付账款	80 000	
贷：固定资产清理		60 000
其他收益——债务重组收益		20 000

2. 以固定资产对外投资

以固定资产对外投资，视为非货币性资产交换，适用非货币性资产交换准则（2019）。只有采用公允价值计价的情况下才确认非货币性资产交换损益，而且，采用公允价值法时无论是否涉及补价，企业都将换出资产的公允价值与其账面价值的差额确认为交易损益。在采用账面价值法时，企业一律不确认交易损益。

【例 6-9】奇奇公司将小汽车（原价 10 万元，累计折旧 4 万元）投资给华丰公司，协议价为 8 万元，该投资具有商业实质。假设奇奇公司收到华丰公司的补价 1 万元，小汽车未计提减值准备。

奇奇公司的会计处理如下：

借：固定资产清理	60 000	
累计折旧	40 000	
贷：固定资产		100 000
借：长期股权投资（公允价值）	80 000	
银行存款	10 000	
贷：固定资产清理（账面价值）		60 000
资产处置损益		30 000

由于会计准则采用了公允价值，并将交易收益计入了"资产处置损益"账户，换出固定资产的计提成本与会计价值一样，不存在税会差异，因此无须做纳税调整处理。

【例 6-10】 承例 6-9。假如协议价不公允，该投资不具有商业实质，其余条件不变。

奇奇公司的会计处理如下：

借：长期股权投资   60 000

  贷：固定资产清理   60 000

税务处理：将固定资产对外投资视同销售，奇奇公司在汇算清缴时做纳税调整处理，填制《视同销售和房地产开发企业特定业务纳税调整明细表（A105010）》，如表 6-25 所示。

表 6-25   视同销售和房地产开发企业特定业务纳税调整明细表（A105010）

行　次	项　目	税收金额	纳税调整金额
		1	2
1	一、视同销售（营业）收入		
8	（七）用于对外投资项目视同销售收入	80 000	80 000
11	二、视同销售（营业）成本		
18	（七）用于对外投资项目视同销售成本	60 000	60 000

3. 固定资产的盘亏与报废

财税〔2009〕57 号文规定，对企业盘亏的固定资产，以该固定资产的账面净值减除责任人赔偿后的余额，作为固定资产盘亏损失在计算应纳税所得额时扣除；对企业毁损、报废的固定资产，以该固定资产的账面净值减除残值、保险赔款和责任人赔偿后的余额，作为固定资产毁损、报废损失在计算应纳税所得额时扣除；对企业被盗的固定资产，以该固定资产的账面净值减除保险赔款和责任人赔偿后的余额，作为固定资产被盗损失在计算应纳税所得额时扣除。

对固定资产盘亏、毁损、报废而造成的净损失，会计将财产损失计入"营业外支出"账户，作为会计利润的抵减项。

【例 6-11】 2021 年年末盘点，东风公司盘亏一批运输卡车，原价 150 万元，已提折旧 50 万元，经董事会决议，由过失人赔偿 85 万元。

东风公司的会计处理如表 6-26 所示。

表 6-26 东风公司的会计处理

转销盘亏资产	收到过失人的赔款	结转净损失
借：待处理财产损溢—— 　　待处理固定资产损溢 　　　　　　　　　　1 000 000 　　累计折旧　　500 000 　贷：固定资产　1 500 000	借：银行存款　　　　850 000 　贷：待处理财产损溢—— 　　　待处理固定资产损溢 　　　　　　　　　　850 000	借：营业外支出——固定资产盘亏 　　　　　　　　　　150 000 　贷：待处理财产损溢—— 　　　待处理固定资产损溢 　　　　　　　　　　150 000

4．固定资产对外捐赠

企业将自产、委托加工的产成品和外购的固定资产用于捐赠，将捐赠资产的账面价值及应缴纳的流转税等相关费用，借记"营业外支出"账户；按捐出资产已计提的减值准备，借记"固定资产减值准备"账户；按捐出资产的账面余额，贷记"固定资产"账户；按捐出资产涉及的应缴纳的增值税、消费税及相关税费，贷记"应交税费"等账户。涉及捐出固定资产的，通过"固定资产清理"账户，对捐出固定资产的账面价值、发生的清理费用及应缴纳的相关税费等通过"固定资产清理"账户的余额转入"营业外支出"账户。

【例 6-12】2021 年 2 月 18 日，润泽公司将购入的一台挖掘机直接捐往灾区，该设备原值 70 万元，已提折旧 30 万元，发生减值准备 10 万元，发生清理费用 1 万元。该挖掘机的市场公允价值是 40 万元，捐赠中无其他相关税费。假设润泽公司年末利润总额为 1 000 万元，无其他纳税调整事项，所得税税率为 25%。

润泽公司的会计处理如下：

借：固定资产清理　　　　　　　　　　　　　　　　300 000
　　固定资产减值准备　　　　　　　　　　　　　　100 000
　　累计折旧　　　　　　　　　　　　　　　　　　300 000
　　贷：固定资产　　　　　　　　　　　　　　　　　　700 000

支付清理费时：

借：固定资产清理　　　　　　　　　　　　　　　　 10 000
　　贷：银行存款　　　　　　　　　　　　　　　　　　 10 000

将固定资产清理转入营业外支出：

借：营业外支出　　　　　　　　　　　　　　　　　310 000
　　贷：固定资产清理　　　　　　　　　　　　　　　　310 000

上述业务，属于国税函〔2008〕第 828 号文规定的视同销售，而会计处理没有确认收入，存在税会差异，润泽公司纳税申报时，需要填报《视同销售和房地产开发企业特定业务纳税调整明细表（A105010）》（见表 6-27）和《捐赠支出纳税调整明细表（A105070）》（见表 6-28）。

表 6-27　视同销售和房地产开发企业特定业务纳税调整明细表（A105010）

行　次	项　目	税收金额	纳税调整金额
		1	2
1	一、视同销售（营业）收入		
7	（六）用于对外捐赠视同销售收入	400 000	400 000
11	二、视同销售（营业）成本		
17	（六）用于对外捐赠视同销售成本	310 000	310 000

表 6-28　捐赠支出纳税调整明细表（A105070）

行次	项　目	账载金额	以前年度结转可扣除的捐赠额	按税收规定计算的扣除限额	税收金额	纳税调增金额	纳税调减金额	可结转以后年度扣除的捐赠额
		1	2	3	4	5	6	7
1	一、非公益性捐赠	310 000	*	*	*	310 000	*	*

视同销售产生的纳税调整金额=40-（70-30-10）-1=9（万元）

因为直接向灾区的捐赠不得扣除，所以对外捐赠产生的纳税调整金额为 31 万元，因捐赠业务产生的纳税调整金额为 40 万元（9+31）。

润泽公司 2021 年应纳所得税额=（1 000+40）×25%=260（万元）

借：所得税费用　　　　　　　　　　　　2 600 000

　　贷：应交税费——应交所得税　　　　　　　　2 600 000

由此可以看出，符合所得税法规定的公益性捐赠可以按年度会计利润总额的 12%以内准予扣除，否则不得扣除，需要调整应纳税所得额。

5. 固定资产损失的税务处理

固定资产损失属于固定资产达到或超过使用年限而正常报废清理的损失，企业可以填报《资产损失税前扣除及纳税调整明细表》（A105090），如表 6-29 所示。

表 6-29　资产损失税前扣除及纳税调整明细表（A105090）

行次	项　目	资产损失直接计入本年损益金额	资产损失准备金核销金额	资产处置收入	赔偿收入	资产计税基础	资产损失的税收金额	纳税调整金额
		1	2	3	4	5	6(5-3-4)	7
7	四、固定资产损失		*					
8	其中：固定资产盘亏、丢失、报废、损毁或被盗损失							

6. 处置固定资产的纳税筹划

固定资产处置可从出售、投资、抵债等方面进行纳税筹划。固定资产若直接出售，按照固定资产转让所得扣除转让成本后的金额作为应纳税所得额，按照适用税率计算缴纳企业所得税并于当年一次缴纳。固定资产若以投资方式处置，则视为非货币性资产交换。固定资产若以抵债方式处置，则视为债务重组。对二者可按照财税〔2009〕59 号文对非货币性资产、债务重组的规定，选择一般性税务处理或特殊性税务处理方式计算企业所得税。

由于特殊性税务处理可将企业所得税在五年内分期缴纳，而一般性税务处理在当期一次缴纳，因此企业在处置固定资产时可以充分考虑各种情况，并尽可能使其符合特殊性税务处理条件，按照特殊性税务处理方式在五年内分期缴纳，实现递延纳税，从而获得资金时间价值。具体处理，请参阅第 8 章和第 10 章。

第7章

无形资产的税会差异与纳税筹划

　　无形资产，是指企业拥有或者控制的没有实物形态的可辨认非货币性资产。无形资产的税会差异主要体现在取得无形资产、持有无形资产和处置无形资产等业务中。本章主要介绍这些业务的税会差异、纳税调整处理和纳税申报表的填制，对存在纳税筹划空间的部分业务，一并介绍。

7.1　取得无形资产的税会差异与纳税筹划

　　本节主要介绍通过外购、投资者投入、接受捐赠、自行研发等方式取得无形资产的税会差异、纳税调整处理及纳税申报表的填制，以及取得无形资产环节存在的纳税筹划。非货币性资产交换、债务重组取得无形资产的税会差异、纳税调整处理及纳税申报表的填制，请参阅第 8 章和第 10 章。

7.1.1　无形资产确认的税会差异

　　会计准则与所得税法在无形资产确认方面存在的差异，如表 7-1 所示。

表 7-1　无形资产确认的税会差异

会计处理	税务处理	差　异
无形资产同时满足下列条件的，才能予以确认： （1）与该无形资产有关的经济利益很可能流入企业； （2）该无形资产的成本能够可靠地计量	企业为生产产品、提供劳务、出租或者经营管理而持有的、没有实物形态的非货币性长期资产，包括专利权、商标权、著作权、土地使用权、非专利技术、商誉等	一是土地使用权。会计准则规定，企业取得的土地使用权确认为无形资产，如果用于赚取租金或者资本增值的，则将其作为投资性房地产处理。所得税法没有将土地使用权分别归属于无形资产和投资性房地产，企业将取得的土地使用权作为无形资产处理。 　　二是商誉。会计准则将商誉作为独立于无形资产的单独一类资产进行确认、计量和披露，而所得税法将商誉作为无形资产的一部分进行处理

7.1.2　外购、投资者投入、接受捐赠无形资产的税会差异

　　会计准则规定无形资产按照成本进行初始计量。除内部开发无形资产外，以其他方式取得的无形资产的计税基础一般等于账面价值。

　　会计准则规定，投资者投入的无形资产，按投资合同或协议约定的价值入账，如合同或协议约定价值不公允，则按公允价值确定。

　　通过接受捐赠取得的无形资产以该资产的公允价值和支付的相关税费为计税基础。

　　外购无形资产的税会差异如表 7-2 所示。

表7-2　外购无形资产的税会差异

会计处理	税务处理	差异
购买无形资产的价款超过正常信用条件延期支付，实质上具有融资性质的，无形资产的成本以购买价款的现值为基础确定。实际支付的价款与购买价款的现值之间的差额，除按照借款费用准则应予资本化的以外，在信用期间内计入当期损益	以购买价款和支付的相关税费以及直接归属于使该资产达到预定用途发生的其他支出为计税基础	会计准则规定无形资产的初始成本中含有购买无形资产的价款超过正常信用条件延期支付，无形资产的成本以购买价款的现值为基础确定，实际支付的价款与购买价款的现值之间的差额，应予资本化的以外，在信用期间内计入当期损益。因此，实际支付的价款不一定全部作为无形资产的成本。所得税法规定无形资产初始成本按照实际支付的金额来计价，购买无形资产的价款无须折现，购买无形资产时会计计入当期损益的利息不允许在税前扣除

【例 7-1】假设华飞公司 2021 年 1 月 1 日通过延期支付方式取得一项专利权，该项专利权的购买成本为 2 400 000 元。华飞公司因延期支付款项而需要支付的费用是 600 000 元，其中，2021 年需要负担 240 000 元。该项资产采用直线法摊销，会计准则和所得税法规定的摊销年限为 5 年。

根据上述资料，2021 年 1 月 1 日，无形资产在税法上的入账价值为 3 000 000 元，在会计上的入账价值为 2 400 000 元。2021 年 1 月 1 日，会计上确认的 240 000 元的未确认融资费用，税法上不准予以扣除，只有在实际支付该笔费用时，税法才予以扣除。2021 年会计上确认的无形资产的累计摊销额为 480 000 元，税法上确认的无形资产的累计摊销额为 600 000 元，应纳税所得额需调增 120 000 元。

【例 7-2】华瑞公司计划外购一项技术，若现在支付价款，价款和相关税费为 1 000 万元，若延期一年支付，价款和相关税费为 1 200 万元，延期支付的价差有 100 万元可以资本化，无形资产采用直线法摊销，会计准则和所得税法规定的摊销年限均为 5 年。

华瑞公司的会计处理与税务处理如表 7-3 所示。

表7-3　华瑞公司的会计处理与税务处理

项　目	会计处理	税务处理	差　异
现在支付价款	每年计入当期损益为=200 万元（1 000÷5）	允许扣除的费用每年也为 200 万元	没有差异
延期一年支付	在第 1 年将不能资本化的延期支付价差 100 万元计入损益，其余 1 100 万元计入无形资产。每年计入成本费用依次为 320 万元、220 万元、220 万元、220 万元、220 万元	将实际支付的价款 1 200 万元作为此无形资产的价值允许扣除的费用，每年为 240 万元（1 200÷5）	延期支付价款与现在支付价款相比，延期支付共计获得抵税收益 50 万元［（240−200）×5×25%］，获得推迟支付 1 000 万元资金的利益，但多支付 200 万元的价款

根据《小企业会计准则》，小企业分期付款购入的无形资产，按照合同约定的付款总额和在签订合同过程中发生的相关税费等，借记"无形资产"账户，贷记"长期应付款"等账户。这与所得税法的规定是一致的，所以不存在税会差异，无须做纳税调整处理。

7.1.3　自行研发无形资产的税会差异

无论是会计准则，还是所得税法，都将研发费用列入重点规范的对象。表 7-4 列示了会计准则与所得税法关于企业研究开发支出的一些规定。

表 7-4　研究开发支出的税务处理与会计处理

会计处理			税务处理
无法区分研究开发阶段	研究阶段	开发阶段	
将其发生的研发支出全部费用化，计入当期管理费用；同时从事多项研究开发活动的，所发生的支出能够按照合理的标准在各项研究开发活动之间进行分配，研发支出无法明确分配的，计入当期损益，不计入开发活动的成本	从已经进行的研究活动看，将来是否会转入开发、开发后是否会形成无形资产等具有较大的不确定性。企业研究阶段的支出全部费用化，计入当期管理费用	企业内部开发项目发生的开发支出，在同时满足下列条件时，才能确认为无形资产： （1）完成该无形资产以使其能够使用或出售在技术上具有可行性； （2）企业应能够说明其开发无形资产的目的； （3）无形资产能够为企业带来未来经济利益； （4）有足够的技术、财务资源和其他资源支持，以完成该无形资产的开发，并有能力使用或出售该无形资产； （5）归属于该无形资产开发阶段的支出能够可靠地计量，企业对于研究开发的支出，单独进行会计处理	以开发过程中该资产符合资本化条件后至达到预定用途前发生的支出为计税基础

《财政部　国家税务总局关于完善研究开发费用税前加计扣除政策的通知》（财税〔2015〕119 号）、《财政部　国家税务总局关于提高科技型中小企业研究开发费用税前加计扣除比例的通知》（财税〔2017〕34 号）、《财政部　税务总局关于企业委托境外研究开发费用税前加计扣除有关政策问题的通知》（财税〔2018〕64 号）、《财政部　税务总局　科技部关于提高研究开发费税前加计扣除比例的通知》（财税〔2018〕99 号）、《财政部　税务总局关于进一步完善研发费用税前加计扣除政策的公告》（财税〔2021〕13 号）等相关税收政策，对研发费用加计扣除政策进行了详细的规定。

1. 研发活动的定义

研发活动，是指企业为获得科学与技术新知识，创造性运用科学技术新知识，或实质性改进技术、产品（服务）、工艺而持续进行的具有明确目标的系统性活动。

企业为获得创新性、创意性、突破性的产品进行创意设计活动而发生的相关费用，可按照财税〔2015〕119号文规定进行税前加计扣除。创意设计活动是指多媒体软件、动漫游戏软件开发，数字动漫、游戏设计制作；房屋建筑工程设计（绿色建筑评价标准为三星）、风景园林工程专项设计；工业设计、多媒体设计、动漫及衍生产品设计、模型设计等。

2. 允许加计扣除的研发费用的具体范围

（1）人员人工费用。直接从事研发活动人员的工资薪金、基本养老保险费、基本医疗保险费、失业保险费、工伤保险费、生育保险费和住房公积金，以及外聘研发人员的劳务费用。

（2）直接投入费用。研发活动直接消耗的材料、燃料和动力费用；用于中间试验和产品试制的模具、工艺装备开发及制造费，不构成固定资产的样品、样机及一般测试手段购置费，试制产品的检验费；用于研发活动的仪器、设备的运行维护、调整、检验、维修等费用，以及通过经营租赁方式租入的用于研发活动的仪器、设备租赁费。

（3）折旧费用。用于研发活动的仪器、设备的折旧费。

（4）无形资产摊销。用于研发活动的软件、专利权、非专利技术（包括许可证、专有技术、设计和计算方法等）的摊销费用。

（5）新产品设计费等。包括新产品设计费、新工艺规程制定费、新药研制的临床试验费、勘探开发技术的现场试验费。

（6）其他相关费用。与研发活动直接相关的其他费用，如技术图书资料费、资料翻译费、专家咨询费、高新科技研发保险费，研发成果的检索、分析、评议、论证、鉴定、评审、评估、验收费用，知识产权的申请费、注册费、代理费，职工福利费、补充养老保险费、补充医疗保险费，差旅费、会议费等。此项费用总额不得超过可加计扣除研发费用总额的10%。

（7）委托境外进行研发活动所发生的费用，按照费用实际发生额的80%计入委托方的委托境外研发费用。委托境外研发费用不超过境内符合条件的研发费用三分之二的部分。

《国家税务总局关于企业研究开发费用税前加计扣除政策有关问题的公告》（国税〔2015〕97号）规定，企业取得作为不征税收入处理的财政性资金用于研发活动所形成的费用或无形资产，不得计算加计扣除额。国家税务总局发布的《关于研发费用税前加计扣除归集范围有关问题的公告》（国税〔2017〕40号）规定，企业取得的政府补助，会计处理时采用直接冲减研发费用方法且税务处理时未将其确认为应税收入的，应按冲减后的余额计算加计扣除金额。

3. 不能享受研发费用加计扣除的行业和活动

（1）不能享受研发费用加计扣除的行业，包括烟草制造业、住宿和餐饮业、批发和零售业、房地产业、租赁和商务服务业、娱乐业以及财政部和国家税务总局规定的其他行业。

（2）不能享受研发费用加计扣除的活动，包括：

① 企业产品（服务）的常规性升级。

② 对某项科研成果的直接应用，如直接采用公开的新工艺、材料、装置、产品、服务或知识等。

③ 企业在商品化后为顾客提供的技术支持活动。

④ 对现存产品、服务、技术、材料或工艺流程进行的重复或简单改变。

⑤ 市场调查研究、效率调查或管理研究。

⑥ 作为工业（服务）流程环节或常规的质量控制、测试分析、维修维护。

⑦ 社会科学、艺术或人文学方面的研究。

4. 委托研发

企业委托外部机构或个人进行研发活动所发生的费用，按照费用实际发生额的 80% 计入委托方研发费用并计算加计扣除，受托方不得再进行加计扣除。委托外部研究开发费用实际发生额应按照独立交易原则确定。

委托方与受托方存在关联关系的，受托方应向委托方提供研发项目费用支出明细情况。

企业委托境外机构或个人进行研发活动所发生的费用，根据财税〔2018〕64 号文加计扣除。

5. 特殊收入部分

国税〔2017〕40 号文规定，企业取得研发过程中形成的下脚料、残次品、中间试制品等特殊收入，在计算确认收入当年的加计扣除研发费用时，应从已归集研发费用中扣减该特殊收入，不足扣减的，加计扣除研发费用按零计算。

6. 税前加计扣除比例的规定

根据财税〔2021〕13 号文，制造业企业开展研发活动中实际发生的研发费用，未形成无形资产计入当期损益的，在按规定据实扣除的基础上，自 2021 年 1 月 1 日起，再按照实际发生额的 100% 在税前加计扣除；形成无形资产的，自 2021 年 1 月 1 日起，按照无形资产成本的 200% 在税前摊销。财税〔2021〕13 号文中的制造业企业，是指以制造业业务为主营业务，享受优惠当年主营业务收入占收入总额的比例达到 50% 以上的企业。除财税〔2021〕13 号文中规定以外，按照财税〔2018〕64 号、财税〔2015〕119 号等文件相关规定处理。

根据财税〔2018〕99 号文，企业开展研发活动中实际发生的研发费用，未形成无形资产计入当期损益的，在按规定据实扣除的基础上，再按照实际发生额的 75% 在税前加计扣除；形成无形资产的，在上述期间按照无形资产成本的 175% 在税前摊销。

根据国税〔2017〕40 号文，如果确认特殊收入与研发费用的发生不在同一年度，在确认收入当年冲减研发费用。国税〔2015〕97 号文规定，企业纳税调整加计扣除研发费用时，将企业在研发过程中的残次品、下脚料、试制品等资产收入在研发费用中扣除；不足扣减的，加计扣除的研发费用按零计算。该公告进一步规定，若研发形成的产品（包括直接形成或作为组成部分形成的产品以及研发过程中形成的残次品、下脚料、试制品等）对外销售，则对应的研发费用中的材料费用不允许加计扣除。财税〔2015〕119 号文规定，企业研发过程中中间品的销售收入应冲减到期的研发费用。

按现行有关规定，若企业在自行研发中产生的各种中间品未入库而直接对外出售，且发生在研发结束前，则不会面临会计处理上的不确定性。但现实中绝大多数研发中产生的中间品难以满足研发前不入库直接对外出售这一苛刻条件，常见的情形有三种：一是企业研发形成的中间品虽在研发结束前出售但先做入库处理；二是研发结束前尚未出售做入库处理；三是按照规定将研发形成的产品验收入库。

【例 7-3】2021 年 1 月，华研公司研发某项高新技术产品。2021 年年底，该项技术研发费用化部分支出为 700 万元，资本化部分支出合计 1 500 万元，在该项技术研发过程中产生的各种下脚料价值合计为 100 万元。假设 2021 年 12 月，无形资产达到预定可使用状态。该无形资产的摊销时间为 10 年，无残值，采用直线法进行摊销。假设 2021 年华研公司的净利润为 16 000 万元，企业所得税税率为 25%，当年的递延所得税为 0。

这种情况属于各种中间品验收入库。

华研公司的会计处理如下。

（1）费用化处理：

借：研发支出——费用化支出　　　　　　　　　　7 000 000

　　贷：银行存款/原材料等　　　　　　　　　　　　　　　　7 000 000

借：管理费用　　　　　　　　　　　　　　　　　7 000 000

　　贷：研发支出——费用化支出　　　　　　　　　　　　　　7 000 000

（2）资本化处理：

借：研发支出——资本化支出　　　　　　　　　　15 000 000

　　贷：银行存款/原材料等　　　　　　　　　　　　　　　　15 000 000

针对资本化支出 1 500 万元是否全部待研发结束时计入"无形资产"，需针对研发产生下脚料的处理方式的不同情形来区分。

【情形一】2021 年 11 月初，华研公司在研发结束前将该下脚料直接对外出售且未入库，当年年底研发结束。

① 该情形下直接做销售处理。未入库的下脚料不记入"库存商品"账户，按收到的款项直接冲减"研发支出"账户余额。

销售下脚料时的会计处理：

借：银行存款/应收账款等　　　　　　　　　　　　　1 130 000

　　贷：研发支出——资本化支出　　　　　　　　　　　　　1 000 000

　　　　应交税费——应交增值税（销项税额）　　　　　　　130 000

当年研发结束，结转研发的各种资本化支出至"无形资产"账户，每年按直线法进行摊销，会计处理如下：

借：无形资产　　　　　　　　　　　　　　　　　　14 000 000

　　贷：研发支出——资本化支出　　　　　　　　　　　　14 000 000

借：管理费用　　　　　　　　　　　　　　　　　　1 400 000

　　贷：累计摊销　　　　　　　　　　　　　　　　　　　1 400 000

② 税务处理。华研公司在年度所得税汇算清缴时，调减应纳税所得额 1 050 万元（1 400×75%）。研发费用化部分按照 525 万元（700×75%）进行扣除。华研公司当年的应纳税所得额为 14 425 万元（16 000–1 400×75%–700×75%），应交所得税为 3 606.25 万元（14 425×25%）。由于当期华研公司的递延所得税为 0，因此所得税费用为 3 606.25 万元，会计处理如下：

借：所得税费用　　　　　　　　　　　　　　　　　36 062 500

　　贷：应交税费——应交所得税　　　　　　　　　　　　36 062 500

【情形二】2021 年 12 月 21 日，华研公司将此前验收入库的研发中产生的下脚料在研发结束前对外出售，当年研发结束。

① 因为研发产生的下脚料在出售前先验收入库，故需要先确认为存货，再按照存货出售进行相应的会计处理。

验收入库时的会计处理：

借：库存商品　　　　　　　　　　　　　　　　　　1 000 000

　　贷：研发支出——资本化支出　　　　　　　　　　　　　1 000 000

销售该批库存商品时的会计处理：

借：银行存款/应收账款等　　　　　　　　　　　　　1 130 000

　　贷：主营业务收入　　　　　　　　　　　　　　　　　1 000 000

　　　　应交税费——应交增值税（销项税额）　　　　　　　130 000

借：主营业务成本　　　　　　　　　　　　　　　　1 000 000

　　贷：库存商品　　　　　　　　　　　　　　　　　　　1 000 000

当年研发结束，结转研发的各种资本化支出至"无形资产"账户，会计处理如下：

借：无形资产　　　　　　　　　　　　　　　　　　14 000 000

　　贷：研发支出——资本化支出　　　　　　　　　　　　14 000 000

借：管理费用　　　　　　　　　　　　　　　　　　1 400 000

　　贷：累计摊销　　　　　　　　　　　　　　　　　　　1 400 000

② 税务处理。同情形一的税务处理。

【情形三】2021 年在研发过程中华研公司将该批下脚料入库，并且该项研发于当年 12 月 30 日结束；次年 1 月，对外销售该批下脚料。

① 考虑该研发产生的下脚料在研发结束后销售，做如下会计处理。

当年研发结束，结转研发的各种资本化支出至"无形资产"账户，会计处理如下：

借：无形资产   14 000 000

  库存商品   1 000 000

  贷：研发支出——资本化支出   15 000 000

销售该批库存商品时的会计处理：

借：银行存款/应收账款等   1 130 000

  贷：主营业务收入   1 000 000

    应交税费——应交增值税（销项税额）   130 000

借：主营业务成本   1 000 000

  贷：库存商品   1 000 000

借：管理费用   1 400 000

  贷：累计摊销   1 400 000

② 税务处理。用情形一的税务处理。

【例 7-4】承例 7-3。假设当年没有产生下脚料，研发后直接形成某一产品，其价值为 200 万元。

这种情况属于直接形成产品或作为组成部分形成产品。

（1）华研公司的会计处理。

① 当年费用化处理的会计处理：

借：研发支出——费用化支出   7 000 000

  贷：银行存款/原材料等   7 000 000

② 当年资本化处理的会计处理：

借：研发支出——资本化支出   15 000 000

  贷：银行存款/原材料等   15 000 000

③ 年底研发直接形成产品验收入库及研发支出结转的会计处理：

借：管理费用   7 000 000

  贷：研发支出——费用化支出   7 000 000

借：无形资产   13 000 000

  库存商品/原材料等   2 000 000

  贷：研发支出——资本化支出   15 000 000

借：管理费用   1 300 000

  贷：累计摊销   1 300 000

（2）税务处理。若研发活动直接形成了企业的产品或者作为组成部分形成产品进行对外销售，此类产品在研发中所消耗的料、工、费不能加计扣除。因此，直接形成产品或作为组成部分形成产品的价值 200 万元不能加计扣除。华研公司调减应纳税所得额 975 万元 [（1 500–200）× 75%]，研发费用部分按照 525 万元（700×75%）进行扣除。华研公司当年的应纳税所得额为 14 500 万元 [16 000–（1 500–200）×75%–700×75%]，应交所得税为 3 625 万元（14 500×25%）。由于当期该企业的递延所得税为 0，因此华研公司的所得税费用为 3 625 万元，会计处理如下：

借：所得税费用　　　　　　　　　　　　　　　　　　　36 250 000

贷：应交税费——应交所得税　　　　　　　　　　　　　　　　36 250 000

【例 7-5】开利公司 2021 年的研究开发支出为 1 000 万元，2022 年新的研究开发项目支出为 1 200 万元（其中研究阶段支出 200 万元，开发阶段支出 1 000 万元），新研究开发项目于 2022 年 12 月 26 日达到预定用途。2022 年没扣除研究开发支出的税前利润为 2 200 万元，无其他纳税调整项目。

开利公司的会计处理与税务处理如表 7-5 所示。

表 7-5　开利公司的会计处理与税务处理

会计处理	税务处理
2022 年新项目研发支出归集： 借：研发支出——费用化支出　　　　2 000 000 　　　　——资本化支出　　　　10 000 000 　贷：原材料、银行存款、应付职工薪酬等 　　　　　　　　　　　　　　12 000 000 12 月 26 日新项目达到预定用途： 借：无形资产　　　　　　　　　10 000 000 　贷：研发支出——资本化支出　　10 000 000 借：管理费用　　　　　　　　　　2 000 000 　贷：研发支出——费用化支出　　2 000 000	2022 年可在税前加计扣除的研发费=1 200× 75%=900（万元） 利润总额=2 200–200=2 000（万元） 应纳税所得额=2 200–1 200–900=100（万元） 应纳所得税额=100×25%=25（万元） 年末无形资产的账面价值为 1 000 万元，计税基础为零，差额 1 000 万元为应纳税暂时性差异，应确认递延所得税负债 250 万元（1 000×25%）。 会计处理如下： 借：所得税费用　　　　　　　2 750 000 　贷：应交税费——应交所得税　　250 000 　　　递延所得税负债　　　　2 500 000

【例 7-6】2021 年 1 月 1 日，京智公司的董事会批准研发某项新型技术。该董事会认为，研发该项目具有可靠的技术和财务等资源的支持，并且一旦研发成功将降低该公司的生产成本。京智公司在研究开发过程中发生材料费用 60 万元、人工费用 30 万元、使用其他无形资产的摊销费用 5 万元（会计摊销与税法扣除额一致）以及其他费用 20 万元，总计 115 万元，其中，符合资本化条件的支出为 50 万元。2021 年 12 月 31 日，该项新型技术已经达到预定用途。

京智公司的税会处理如下：

（1）发生研发支出。

借：研发支出——费用化支出　　　　　　　　　　　　　　650 000

　　　　——资本化支出　　　　　　　　　　　　　　500 000

贷：原材料	600 000
应付职工薪酬	300 000
银行存款	200 000
累计摊销	50 000

（2）2021 年 12 月 31 日，该项新型技术已经达到预定用途。

借：管理费用	650 000
无形资产	500 000
贷：研发支出——费用化支出	650 000
——资本化支出	500 000

税务处理：本期费用化金额 65 万元，允许据实扣除，同时纳税调减 48.75 万元（65×75%）。无形资产的账面价值为 50 万元，而计税基础为 87.5 万元（50×175%）。此差异对所得税影响计入各年度所得税费用，而不通过"递延所得税资产"账户进行会计处理。

【例 7-7】 2021 年，苏惠公司自主开发一项新技术，研究开发项目人员工资、材料费等费用支出（不含研发设备支出）为 2 000 万元，其中研究阶段支出为 1 000 万元，开发阶段支出 1 000 万元（满足资本化条件）。公司另购入一台单价 280 万元的设备用于研究开发，预计使用年限为 5 年，假设无残值。

苏惠公司的会计处理与税务处理如表 7-6 所示。

表 7-6　苏惠公司的会计处理与税务处理

会计处理	税务处理
将 1 000 万元费用化计入管理费用，1 000 万元资本化计入无形资产。假设无形资产使用寿命为 10 年，采用直线法摊销，不考虑残值，则本期摊销无形资产 100 万元（1 000÷10），计提折旧 56 万元（280÷5）	允许扣除的当期费用为 3 990 万元［2 000×（1+75%）+280×（1+75%）］，造成本期所得税影响为 708.5 万元［（3 990－1 000－100－56）×25%］。以后年度，若购置的设备和开发的技术不转让，则资本化计入无形资产的开发支出摊余价值 900 万元（1 000－100），每年应纳税所得额调增 100 万元，设备支出折余价值 224 万元（280－56），每年应纳税所得额调增 56 万元

在纳税申报时，先填报三级附表《研发费用加计扣除优惠明细表》（A107012），如表 7-7 所示，然后填报二级附表《免税、减计收入及加计扣除优惠明细表》（A107010），如表 7-8 所示。

表 7-7　研发费用加计扣除优惠明细表（A107012）

行次	项　　目	金额（数量）
1	本年可享受研发费用加计扣除项目数量	
2	一、自主研发、合作研发、集中研发（3+7+16+19+23+34）	
3	（一）人员人工费用（4+5+6）	

行次	项　　目	金额（数量）
4	1．直接从事研发活动人员工资薪金	
5	2．直接从事研发活动人员五险一金	
6	3．外聘研发人员的劳务费用	
7	（二）直接投入费用（8+9+10+11+12+13+14+15）	
8	1．研发活动直接消耗材料费用	
9	2．研发活动直接消耗燃料费用	
10	3．研发活动直接消耗动力费用	
11	4．用于中间试验和产品试制的模具、工艺装备开发及制造费	
12	5．用于不构成固定资产的样品、样机及一般测试手段购置费	
13	6．用于试制产品的检验费	
14	7．用于研发活动的仪器、设备的运行维护、调整、检验、维修等费用	
15	8．通过经营租赁方式租入的用于研发活动的仪器、设备租赁费	
16	（三）折旧费用（17+18）	
17	1．用于研发活动的仪器的折旧费	
18	2．用于研发活动的设备的折旧费	
19	（四）无形资产摊销（20+21+22）	
20	1．用于研发活动的软件的摊销费用	
21	2．用于研发活动的专利权的摊销费用	
22	3．用于研发活动的非专利技术（包括许可证、专有技术、设计和计算方法等）的摊销费用	
23	（五）新产品设计费等（24+25+26+27）	
24	1．新产品设计费	
25	2．新工艺规程制定费	
26	3．新药研制的临床试验费	
27	4．勘探开发技术的现场试验费	
28	（六）其他相关费用（29+30+31+32+33）	
29	1．技术图书资料费、资料翻译费、专家咨询费、高新科技研发保险费	
30	2．研发成果的检索、分析、评议、论证、鉴定、评审、评估、验收费用	
31	3．知识产权的申请费、注册费、代理费	
32	4．职工福利费、补充养老保险费、补充医疗保险费	
33	5．差旅费、会议费	
34	（七）经限额调整后的其他相关费用	
35	二、委托研发（36+37+39）	
36	（一）委托境内机构或个人进行研发活动所发生的费用	

续表

行次	项　　目	金额（数量）
37	（二）委托境外机构进行研发活动发生的费用	
38	其中：允许加计扣除的委托境外机构进行研发活动发生的费用	
39	（三）委托境外个人进行研发活动发生的费用	
40	三、年度研发费用小计（2+36×80%+38）	
41	（一）本年费用化金额	
42	（二）本年资本化金额	
43	四、本年形成无形资产摊销额	
44	五、以前年度形成无形资产本年摊销额	
45	六、允许扣除的研发费用合计（41+43+44）	
46	减：特殊收入部分	
47	七、允许扣除的研发费用抵减特殊收入后的金额（45–46）	
48	减：当年销售研发活动直接形成产品（包括组成部分）对应的材料部分	
49	减：以前年度销售研发活动直接形成产品（包括组成部分）对应材料部分结转金额	
50	八、加计扣除比例（%）	
51	九、本年研发费用加计扣除总额（47–48–49）×50	
52	十、销售研发活动直接形成产品（包括组成部分）对应材料部分结转以后年度扣减金额（当47–48–49≥0，本行=0；当47–48–49<0，本行=47–48–49的绝对值）	

表7-8　　免税、减计收入及加计扣除优惠明细表（A107010）

行　　次	项　　目	金　　额
26	（一）开发新技术、新产品、新工艺发生的研究开发费用加计扣除（填写A107012）	

7.1.4　取得无形资产的纳税筹划

外购无形资产时，首先，将企业外购无形资产时发生的相关费用在合法、合规限度内计入期间费用，而不计入无形资产，获得费用的提前抵税作用。其次，在购买计算机硬件时，对于其附带的软件是要单独计价还是合并计价需要从固定资产折旧年限与无形资产摊销年限孰长孰短考虑，还要考虑固定资产折旧需要预计残值，而无形资产摊销一般是摊完为止。企业应该相机选择，合理界定固定资产和无形资产的边界和金额。

接受捐赠无形资产时，无形资产价格以合同标注价格为主。若无合同标注，则以同类资产市场价格确定。若两者都无法确定，则以评估机构评估价格确定。双方如果可以自行确定无形资产捐赠价值，那么可适当低估。由此，受赠企业相应减少当期应缴纳的所得税。

尽管企业以后各期确认的无形资产摊销额也相应减少，但企业仍然能够获得税负相对减轻的利益。

对自主研发无形资产纳税筹划时，要掌握各项研发活动的费用支出，归集研发项目范围内的费用，明确各研发项目起止时间，并据此延长研发活动时间，扩大研发费用范围，增加企业加计扣除数额。除此之外，还要充分考虑企业的税收优惠时间。目前，我国多数高新技术企业在发展的同时申请软件企业，且其仍在"三免三减半优惠"期限内（三免三减半是指符合条件的企业从取得经营收入的第一年至第三年可免交企业所得税，第四年至第六年减半征收。除国家重点公共设施项目，从事节能环保、沼气综合利用、海水淡化等行业的企业也能享受到上述"三免三减半"的优惠）。在此期间内，会计人员可将企业研发费用确认为无形资产，实现研究费用资本化，减轻企业税务负担。若企业已超出税务优惠政策，则可将研发支出费用化，将企业咨询费用、申请费用等转变为前期费用，其他费用为当期费用，以降低企业纳税额度。

另外，根据财税〔2021〕13号文规定，如果企业是制造业企业，那么企业可以适当扩大制造业业务，使制造业业务产生的主营业务收入占总收入比例达50%以上，这样就可以享受研发活动优惠，即未形成无形资产计入当期损益的，在据实扣除基础上，再按照实际发生额的100%在税前加计扣除；形成无形资产的，按照无形资产成本的200%在税前摊销。

7.2　持有无形资产的税会差异

持有无形资产的税会差异主要体现在无形资产摊销和无形资产减值准备等业务中。本节主要介绍这些税会差异、纳税调整处理及纳税申报表的填制。

7.2.1　无形资产摊销的税会差异

无形资产摊销的税会差异如表 7-9 所示。

表 7-9　无形资产摊销的税会差异

项目	会计处理	税务处理	差　异
摊销方法	对于使用寿命有限的无形资产,选择的摊销方法包括直线法、生产总量法等。无形资产摊销方法的选择反映与该项无形资产有关经济利益的预期实现方式	采用直线法摊销，按照其他方法计算的摊销费用，要做纳税调整处理	会计准则规定的摊销方法一般为直线法，特殊无形资产的价值可以选择不同的摊销方法。所得税法规定只能采用直线法进行摊销

续表

项目	会计处理	税务处理	差　　异
摊销金额	无形资产的应摊销金额为其成本扣除预计残值后的金额。已计提减值准备的无形资产，还应扣除已计提的无形资产减值准备累计金额。使用寿命有限的无形资产，其残值视为零，但下列情况除外： （1）有第三方承诺在无形资产使用寿命结束时购买该无形资产； （2）可以根据活跃市场得到预计残值信息，并且该市场在无形资产使用寿命结束时很可能存在	纳税人无形资产的应摊销金额为其计税成本。若纳税人该无形资产是外购的，则计税成本为买价加上购买过程中支付的相关税费，不包括购买无形资产的价款超过正常信用条件延期支付；若纳税人该无形资产是自行开发并依法取得的，则按照开发并取得过程中的实际支出计价	会计准则规定无形资产的应摊销金额为其成本扣除预计残值和已计提的无形资产减值准备。所得税法规定不允许扣除已计提的减值准备。同时，由于二者在无形资产原值的确认上有不一致的地方，故二者计算出的摊销额有所不同
残值扣除	符合条件的可以扣除残值	不考虑残值	存在一定差异
摊销年限	自无形资产可供使用时起，至不再作为无形资产确认时止。如果有证据表明无形资产的使用寿命是有限的，则估计其使用寿命，确定摊销年限	受让或投资的无形资产，法律和合同或者企业申请书分别规定有效期限和受益期限的，按法定有效期限与合同或企业申请书中规定的受益年限孰短原则摊销。法律没有规定使用年限的，按合同或企业申请书的受益年限摊销。法律和合同或者企业申请书没有规定使用年限的，或自行开发的无形资产，摊销期限不少于10年	会计准则规定使用寿命有限的无形资产以其使用年限为摊销年限。而所得税法规定得比较详细
摊销范围	使用寿命有限的无形资产，其应摊销金额在使用寿命内系统合理摊销。使用寿命不确定的无形资产不应摊销	无形资产（除外购商誉外）的价值在整个使用期（受益期）内逐渐摊入成本、费用，采用直线法计算摊销	对于使用寿命不确定的无形资产，税法可以按10年摊销在税前扣除，调减应纳税所得额，在以后转让、处置无形资产时，相应转回差异

　　如果存在无形资产摊销的纳税调整，则企业需要填报《资产折旧、摊销情况及纳税调整明细表》（A105080），如表7-10所示。

表 7-10　资产折旧、摊销情况及纳税调整明细表（A105080）

行次	项目	账载金额			资产计税基础	税收金额				纳税调整金额
		资产原值	本年折旧、摊销额	累计折旧、摊销额	资产计税基础	税收折旧、摊销额	享受加速折旧政策的资产按税收一般规定计算的折旧、摊销额	加速折旧、摊销统计额	累计折旧、摊销额	纳税调整金额
		1	2	3	4	5	6	7 (5-6)	8	9 (2-5)
21	三、无形资产（22+23+24+25+26+27+28+29）						*	*		
22	所有无形资产 （一）专利权						*	*		
23	（二）商标权						*	*		
24	（三）著作权						*	*		
25	（四）土地使用权						*	*		
26	（五）非专利技术						*	*		
27	（六）特许权使用费						*	*		
28	（七）软件						*	*		
29	（八）其他						*	*		
30	其中：享受无形资产加速摊销及一次性摊销政策的资产加速摊销额大于一般摊销额的部分 （一）企业外购软件加速摊销									*
31	（二）海南自由贸易港企业无形资产加速摊销									*
32	（三）海南自由贸易港企业无形资产一次性摊销									*

1. 无形资产摊销方法不同

【例7-8】2021年1月1日，华建公司与飞腾公司签订一项协议，从飞腾公司购买一项非专利技术，共支付60万元。该非专利技术预计尚可使用5年。公司采用年数总和法进行摊销（无残值）。

按照会计准则规定，该项无形资产每年的摊销额如下：

第一年的摊销额=60×5÷15=20（万元）

第二年的摊销额=60×4÷15=16（万元）

第三年的摊销额=60×3÷15=12（万元）

第四年的摊销额=60×2÷15=8（万元）

第五年的摊销额=60×1÷15=4（万元）

第一年的会计处理如下：

借：管理费用　　　　　　　　　　　　　　　　　　　　　200 000

　　贷：累计摊销　　　　　　　　　　　　　　　　　　　　　　200 000

以后各年会计处理与此相同，只是金额发生变化。

按照所得税法规定，该项无形资产每年的摊销额为12万元（60÷5）。

无形资产的摊销因会计上与税法上规定的不同而对损益和所得税的影响也不同，华建公司在汇算清缴时需做纳税调整处理。以第一年为例，会计上比税法上多摊销8万元（20-12），因此，华建公司需调增应纳税所得额8万元，如表7-11所示。

表7-11　资产折旧、摊销情况及纳税调整明细表（A105080）

行次	项目	账载金额			税收金额					纳税调整金额
		资产原值	本年折旧、摊销额	累计折旧、摊销额	资产计税基础	税收折旧、摊销额	享受加速折旧政策的资产按税收一般规定计算的折旧、摊销额	加速折旧统计额	累计折旧、摊销额	
		1	2	3	4	5	6	7（5-6）	8	9（2-5）
26	所有无形资产 （五）非专利技术	600 000	200 000	200 000	600 000	120 000	*	*	120 000	80 000

假定该公司的所得税税率为25%，且只有这一项纳税调整事项。因调增应纳税所得额，产生可抵扣暂时性差异，会计处理如下：

借：递延所得税资产　　　　　　　　　　　　　　　　20 000（80 000×25%）

　　贷：应交税费——应交所得税　　　　　　　　　　　　　20 000

第二年的纳税调整处理同上，只是金额发生变化。

第三年会计上与税法上规定的摊销额相同，都是12万元，不产生纳税调整事项。

第四、五年的摊销额会计上比税法上要少，需调减应纳税所得额。以第四年为例，会计上比税法上少摊销 4 万元，需调减应纳税所得额 4 万元，如表 7-12 所示。

表 7-12　资产折旧、摊销情况及纳税调整明细表（A105080）

行次	项　　目	账载金额			税收金额					纳税调整金额
		资产原值	本年折旧、摊销额	累计折旧、摊销额	资产计税基础	税收折旧、摊销额	享受加速折旧政策的资产按税收一般规定计算的折旧、摊销额	加速折旧统计额	累计折旧、摊销额	
		1	2	3	4	5	6	7（5-6）	8	9（2-5）
26	所有无形资产 （五）非专利技术	600 000	80 000	560 000	600 000	120 000	*	*	480 000	-40 000

因调减应纳税所得额，产生应纳税暂时性差异，则：

借：应交税费——应交所得税　　　　　　　　　　　　　10 000（40 000×25%）

　　贷：递延所得税负债　　　　　　　　　　　　　　　　10 000

第五年纳税调整处理同上，只是金额发生变化。

2. 无形资产摊销年限不同

【例 7-9】华建公司从外购买一项非专利技术，共支付 60 万元，预计尚可使用 6 年。该无形资产的使用会导致公司的经济利益预期均匀实现，因此公司采用直线法摊销。假定该公司的所得税税率为 25%，无其他纳税调整事项。

按照会计准则规定，该项无形资产每年的摊销额为 10 万元（60÷6）。华建公司的会计处理如下：

借：管理费用　　　　　　　　　　　　　　　　　　　100 000

　　贷：累计摊销　　　　　　　　　　　　　　　　　　100 000

按照所得税法规定，该项无形资产每年的摊销额为 6 万元（60÷10）。

由于税法上规定采用直线法摊销且摊销年限不得少于 10 年（按 10 年计算），与会计上的摊销年限不同，因此需调增应纳税所得额 4 万元（10-6）。因调增应纳税所得额，产生可抵扣暂时性差异，华建公司的会计处理如下：

借：递延所得税资产　　　　　　　　　　　　　　　　10 000（40 000×25%）

　　贷：应交税费——应交所得税　　　　　　　　　　　　10 000

土地使用权的摊销最高年限因土地性质而异，具体情况如下：

（1）居住用地使用年限 70 年。

（2）工业用地使用年限 50 年。

（3）教育、科技、文化、卫生、体育用地使用年限 50 年。

（4）商业、旅游、娱乐用地使用年限 40 年。

（5）综合或者其他用地使用年限 50 年。

3. 无形资产摊销方法和摊销年限都不同

【例 7-10】 2021 年 1 月 1 日，华建公司从飞腾公司购买一项专利技术，价款总额为 100 万元，款项已支付，预计尚可使用 5 年。公司采用双倍余额递减法进行摊销。假定该公司的所得税税率为 25%，无其他纳税调整事项。

按照会计准则规定，该项无形资产每年的摊销额如下：

第一年的摊销额=100×2÷5=40（万元）

第二年的摊销额=60×2÷5=24（万元）

第三年的摊销额=36×2÷5=14.4（万元）

第四年的摊销额=第五年的摊销额=21.6÷2=10.8（万元）

第一年的会计处理如下：

借：管理费用   400 000

    贷：累计摊销   400 000

以后各年的会计处理与此相同，只是金额发生变化。

按照所得税法规定，无形资产按直线法摊销，且摊销年限不得少于 10 年，因此该项无形资产每年的摊销额为 10 万元（100÷10）。

税法的摊销方法和摊销年限与会计规定的均不相同，使无形资产的摊销对损益和所得税的影响不同而产生差异，需要做纳税调整处理。以第一年为例，会计规定每年的摊销额为 40 万元，税法规定每年的摊销额为 10 万元，会计上比税法上要多摊销 30 万元（40-10），因此华建公司需调增应纳税所得额 30 万元，如表 7-13 所示。

表 7-13 资产折旧、摊销情况及纳税调整明细表（A105080）

行次	项目		账载金额			税收金额					纳税调整金额
			资产原值	本年折旧、摊销额	累计折旧、摊销额	资产计税基础	税收折旧、摊销额	享受加速折旧政策的资产按税收一般规定计算的折旧、摊销额	加速折旧统计额	累计折旧、摊销额	
			1	2	3	4	5	6	7（5-6）	8	9（2-5）
26	所有无形资产	（五）非专利技术	1 000 000	400 000	400 000	1 000 000	100 000	*	*	100 000	300 000

因调增应纳税所得额，产生可抵扣暂时性差异，华建公司的会计处理如下：

借：递延所得税资产   75 000（300 000×25%）

    贷：应交税费——应交所得税   75 000

以后各年的纳税调整处理与此相同，只是金额发生变化。

4．摊销范围不同

有些无形资产虽然按照法律法规的规定，具有明确的法定寿命，但如果同时符合以下条件，则界定为使用寿命不确定的无形资产：届满续约时没有限定次数；届满续约时无须行政许可；续约无须付出重大成本。以商标权为例，法律保护年限为十年，但届满后企业可以申请续展注册，也没有续展次数的限制，只需要缴纳少量的续展工本手续费，属于使用寿命不确定的无形资产。

【例7-11】2021年1月1日，京润公司取得一项发明专利，支付转让款40万元，该专利使用年限不确定，年末该公司会计利润为60万元，该无形资产计提减值准备5万元（假定不存在其他纳税调整事项）。

按照所得税法及其实施条例，该公司应纳所得税额为61万元（60−40÷10+5）。因为会计准则上计提的各项减值准备，除国务院财政、税务主管部门规定可以确认损益外，不得调整该资产的计税基础，即无形资产的计税基础不会随着减值的提取发生变化，但是其账面价值会因资产减值准备的提取而下降。

无形资产摊销的会计处理如下：

借：所得税费用　　　　　　　　　　　　　　　　　　　10 000（40 000×25%）
　　贷：递延所得税负债　　　　　　　　　　　　　　　10 000

无形资产减值准备的会计处理如下：

借：递延所得税资产　　　　　　　　　　　　　　　　12 500（50 000×25%）
　　贷：所得税费用　　　　　　　　　　　　　　　　　12 500

使用寿命不确定的无形资产在以后确定使用寿命后再把所确认的递延所得税负债转回。

如企业通过外购或接受投资取得无形资产时，应尽量缩短摊销年限，可通过协商等方式，在合同中注明一个既短于法律有效期限又短于10年的使用年限，使无形资产能够在最短年限内摊销完，发挥摊销费用的减税作用，同时适应了技术进步的现实要求。对于自行开发的无形资产，最有利的选择是按照10年作为摊销期，从而实现降低所得税的目的。

7.2.2　无形资产减值的税会差异

无形资产减值的税会差异如表7-14所示。

表7-14　无形资产减值的税会差异

会计处理	税务处理
对于使用寿命有限的无形资产，企业在会计期末判断其是否存在发生减值的迹象。如果无形资产的可收回金额低于其账面价值，则将其账面价值减记至可收回金额，减记的金额确认	使用寿命有限的无形资产，在会计上已经计提减值准备的，不得在税前扣除，因此，无形资产的计税基础不得剔除减值准备。税法摊销额=无形资产计税基础÷税法摊销年限。若本期会计摊销额加上本期计提的无形资产减值准备大于税法摊销额，则按差额调增应纳税所得额；若本期会计摊销额加上本期计提的无形资产

续表

会计处理	税务处理
为资产减值损失，计入当期损益。同时计提相应的无形资产减值准备。无形资产减值损失确认后，无形资产摊销费用在未来期间做相应调整，以使该资产在剩余使用寿命内系统地分摊调整后的资产账面价值（扣除预计净残值）。无形资产减值损失一经确认，在以后会计期间不得转回。 对于使用寿命不确定的无形资产，在持有期间内不需摊销，如果期末重新复核后仍不确定的，则在每个会计期间进行减值测试，从而判断计提相应减值准备	减值准备小于税法摊销额，则按差额调减应纳税所得额。无形资产账面价值=无形资产初始计量金额-累计摊销-无形资产减值准备。无形资产计税基础净值=无形资产初始计税基础-按税法规定计算的累计摊销额。处置无形资产时，按无形资产计税基础净值计算扣除。 使用寿命不确定的无形资产，采用直线法摊销，摊销年限不得少于 10 年。在税法摊销期内，分期调减应纳税所得额。如果本期计提了减值准备，则按减值准备与税法摊销额之间的差异做纳税调整处理，其中减值准备小于税法摊销的，按差额调减应纳所得额；反之，调增应纳税所得额。无形资产账面价值=无形资产初始计量-无形资产减值准备。无形资产计税基础净值=无形资产初始计税基础-按税法规定计算的累计摊销额。处置无形资产时，按无形资产计税基础净值计算扣除

1. 使用寿命有限的无形资产减值

【例 7-12】2019 年 1 月 1 日，天健公司购入一项无形资产，价款总额为 100 万元，预计尚可使用 5 年。由于无法可靠确定其经济利益的预期实现方式，采用直线法摊销。2021 年，由于市场上出现了新的技术更高的同类产品，使得该无形资产的市价大幅度下跌。2021 年年底，该无形资产的可收回金额为 30 万元。

2021 年年底，该无形资产已摊销 60 万元，其账面价值为 40 万元（100-60），而其可收回金额为 30 万元，所以计提 10 万元的减值准备。天健公司的会计处理如下：

借：资产减值损失　　　　　　　　　　　　　　　　　　100 000

　　贷：无形资产减值准备　　　　　　　　　　　　　　　　　100 000

由于税法规定资产减值损失不允许税前扣除，从而产生可抵扣暂时性差异，调增应纳税所得额 10 万元，天健公司需要填报《纳税调整项目明细表》（A105000）第 33 行，如表 7-15 所示。

表 7-15　纳税调整项目明细表（A105000）

行　次	项　　目	账载金额	税收金额	调增金额	调减金额
		1	2	3	4
33	（二）资产减值准备金	100 000	*	100 000	

假定所得税税率为 25%，因调增应纳税所得额，产生可抵扣暂时性差异。天健公司的会计处理如下：

借：递延所得税资产　　　　　　　　　　　　　　　　　25 000

　　贷：应交税费——应交所得税　　　　　　　　　　　　　　25 000

2. 使用寿命不确定的无形资产减值

【例 7-13】 2021 年 1 月 1 日，中飞公司购入一项专有技术，价款总额为 100 万元。因无法预见其为公司带来的经济利益，将其视为使用寿命不确定的无形资产。2021 年年底，对该项专有技术进行减值测试，表明没有发生减值。中飞公司在计税时按 10 年期限摊销，摊销金额允许税前扣除。假设中飞公司的所得税税率为 25%。

会计上将该项专有技术作为使用寿命不确定的无形资产，在未发生减值的情况下，该项专有技术于 2021 年 12 月 31 日的账面价值仍为 100 万元，期末不进行会计处理，本年摊销额为 0 万元。中飞公司 2021 年年底该无形资产的计税基础净值为 90 万元（100-100÷10），摊销额为 10 万元，产生应纳税暂时性差异 10 万元，调减应纳税所得额。中飞公司的会计处理如下：

借：应交税费——应交所得税　　　　　　　　　　25 000（100 000×25%）
　　贷：递延所得税负债　　　　　　　　　　　　　25 000

【例 7-14】 承例 7-13。假定 2022 年，市场上出现了对该无形资产不利的经济因素，使其发生减值，预计可收回金额为 70 万元，其他条件不变。

中飞公司的会计处理如下：

借：资产减值损失　　　　　　　　　　　　　300 000
　　贷：无形资产减值准备　　　　　　　　　　300 000

由于所得税法规定无形资产减值损失不允许税前扣除，因此只有按直线法计算的摊销额准予扣除，且其摊销期限为 10 年。2022 年 12 月 31 日，税法上无形资产的计税基础净值为 80 万元，而会计上账面价值为 70 万元，两者之间的差异对 2022 年所得税影响如下：

无形资产摊销的会计处理如下：

借：所得税费用　　　　　　　　　　　　　25 000（100 000×25%）
　　贷：递延所得税负债　　　　　　　　　　25 000

无形资产减值准备的会计处理如下：

借：递延所得税资产　　　　　　　　　　　75 000（300 000×25%）
　　贷：所得税费用　　　　　　　　　　　　75 000

7.3　处置无形资产的税会差异

无形资产处置主要包括对外投资、转让和捐赠等。本节主要介绍这三种业务的税会差异。

7.3.1　无形资产对外投资

会计准则规定，以无形资产对外投资取得的长期股权投资，同时满足"该项交换具有商业实质"和"换入长期股权投资或换出无形资产的公允价值能够可靠地计量"两个条件的，以投出无形资产的公允价值和应支付的相关税费作为换入长期股权投资的成本，投出无形资产的公允价值与账面价值的差额计入当期损益（资产处置损益）；如果未同时满足上述两个条件的无形资产对外投资，则以投出无形资产的账面价值和支付的相关税费作为长期股权投资的成本，不确认损益。

所得税法规定，企业以经营活动的部分非货币性资产对外投资，在投资交易发生时，将其分解为按公允价值销售有关非货币性资产和投资两项经济业务进行所得税处理，并按规定计算确认资产转让所得或损失。显然，按照所得税法的规定，无形资产对外投资要视同销售计算投资转让所得。

企业以无形资产对外投资时，对评估确认价值大于投出无形资产账面价值的差额，贷记"资本公积"账户；对评估确认价值小于投出无形资产账面价值的差额，借记"资产处置损益"账户。在该项投出资产没有收回或转让之前，对上述投资评估差额，企业不能转增资本，也不能在税前扣除，不存在税收影响问题。

如果企业以未入账的无形资产对外投资，则先确认为一项无形资产后，再按上述要求进行价值评估和进行相应的会计处理。一般有两种情况：一是当初的研究开发费用已计入当期损益，没有作为一项无形资产予以确认。要将其作为一项无形资产对外投资，企业要先确认其入账价值，然后按确认价值，借记"无形资产"账户，贷记"管理费用"账户。该研发费用是随时计入各期损益的，由企业自行确认。它的入账价值高低，与对外投资时进行价值评估没有必然联系。二是用当初以划拨方式取得的土地使用权对外投资，按国家有关规定，企业先补缴土地出让金。

7.3.2　无形资产转让

无形资产转让有两种方式：一是转让使用权，二是转让所有权。在转让过程中，除了按转让合同金额双方计缴印花税外，转让方还要按转让金额计算缴纳增值税。如果是以无形资产交换其他非货币性资产，则双方都是购销双重身份，印花税要按两份合同计税，无形资产转让方除了按转让金额缴纳增值税外，作为换回的货物，其入账金额中可能含有消费税，同时要反映增值税。对无形资产转让收入，在扣除无形资产转让过程中发生的相关税费及被转让无形资产所有权时的无形资产账面净值后，要计算缴纳企业所得税。企业在转让之前，充分考虑在各种转让方式、转让价格下企业要缴纳的税种，以求整体税负最轻、转让净收益最大。

当企业将无形资产出售时，计入当期损益的金额为：

处置资产计入利润的金额=处置收入–［按会计规定确定的资产成本（或原价）–按会计规定计算的累计摊销额–处置资产已计提的减值准备余额］–处置过程中发生的按会计规定计入损益的相关税费

所得税法规定的计入当期损益的金额为：

处置资产计入应纳税所得额的金额=处置收入−［按税法规定确定的资产成本（或原价）−按税法规定计算的累计摊销额］−处置过程中发生的按税法规定可扣除的相关税费

上述两个公式的计算结果存在差异，而其差异主要来源于会计和税法计算的累计摊销额以及会计上已经计提的减值准备。当企业将无形资产对外投资时，视同销售计算资产转让所得或损失缴纳所得税。

【例 7-15】假定北科公司 2019 年 1 月购入一项专利技术，取得时成本为 3 600 万元，估计使用寿命为 10 年。2019 年 12 月 31 日该技术发生减值，并提取减值准备 216 万元。该无形资产不考虑残值，采用直线法进行摊销。假设北科公司 2022 年 1 月将此专利技术转让，取得不含税收入 2 000 万元，增值税税率为 6%，不考虑其他转让费用及税金和附加。

2020 年开始，每年计提的摊销金额为 336 万元［（3 600−360−216）÷9］。

2021 年年末无形资产账面价值为 2 352 万元（3 600−360−216−336−336）。

2022 年 1 月出售专利技术时，北科公司的税会处理如表 7-16 所示。

表 7-16　北科公司专利技术的税会处理

会计处理	税务处理
借：银行存款　　　　　　21 200 000 　　无形资产减值准备　　2 160 000 　　资产处置损益　　　　3 520 000 　　累计摊销　　　　　10 320 000 　贷：无形资产　　　　　36 000 000 　　　应交税费——应交增值税（销项税额）1 200 000 　　　（20 000 000×6%） 无形资产处置损失为 352 万元	无形资产处置的计税成本为 2 520 万元（3 600−360×3），转让收入需缴增值税 120 万元，处置损失为 520 万元（2 120−2 520−120），两者相差 168 万元，差额即转让该期应调减应纳税所得额 168 万元（216−24×2）

7.3.3　无形资产捐赠

从捐赠的内容划分，企业对外捐赠分为货币性资产捐赠和非货币性资产捐赠，非货币性资产捐赠又分为捐赠流动资产和捐赠非流动资产。对符合所得税法规定条件的公益捐赠可按纳税人年度利润总额的 12% 在税前扣除，并且可以结转至以后三年；非公益捐赠一律不得在税前扣除。企业捐赠无形资产，借记"营业外支出"账户，贷记"无形资产"账户。

企业捐赠无形资产业务，属于国税函〔2008〕第 828 号文第二条规定的视同销售，按国家税务总局发布的《关于企业所得税有关问题的公告》（国税〔2016〕第 80 号）规定，按照被移送资产的公允价值确定销售收入，而会计处理没有确认收入，两者存在税会差异。因此，纳税申报时需要纳税调整处理，填制《视同销售和房地产开发企业特定业务纳税调整明细表（A105010）》（见表 7-17）和《捐赠支出及纳税调整明细表（A105070）》（见表 2-14）。

表 7-17　视同销售和房地产开发企业特定业务纳税调整明细表（A105010）

行　次	项　目	税收金额	纳税调整金额
		1	2
1	一、视同销售（营业）收入		
7	（六）用于对外捐赠视同销售收入		
11	二、视同销售（营业）成本		
17	（六）用于对外捐赠视同销售成本		

第 8 章

非货币性资产交换的税会差异与纳税筹划

非货币性资产交换是企业的一项特殊业务。为了与收入准则（2017）、金融准则（2017）和租赁准则（2018）保持一致，财政部于 2019 年修订非货币性资产交换准则（2006），出台了非货币性资产交换准则（2019）。本章主要介绍一般非货币性资产交换业务的税会差异、纳税调整处理和纳税申报表的填制，以及整体资产置换改组业务的税会差异和非货币性资产投资递延纳税的税会差异，对存在纳税筹划空间的部分业务，一并介绍。

8.1　一般非货币性资产交换业务的税会差异

从 2007 年执行会计准则（2006）以来，上市公司的非货币性资产交换交易发生的额度较大。从上市公司每年年报中可以看出，进行非货币性资产交换的上市公司数量相对较少，但大部分交易的金额比较大。非货币性资产交换之所以得到广泛运用，不仅是因为交换发生的利得或损失可以计入当期损益，而且源于税会差异。本节从总体上介绍非货币性资产交换的税会差异。

8.1.1　税会差异分析

从总体上看，非货币性资产交换的税会差异可以从以下几方面来分析。

（1）非货币性资产交换业务可以按照资产的公允价值或账面价值视不同条件分别计量，确认交易损益。当非货币性资产交换业务以公允价值作为换入资产计价基础时，税会处理基本一致，都以公允价值计算应缴纳的流转税，并根据公允价值和账面价值之差计入当期损益，一般不涉及所得税纳税调整处理。

非货币性资产交换的税会处理如表 8-1 所示。

表 8-1　非货币性资产交换的税会处理

项　目	会计处理	税务处理	差　异
以公允价值计量的非货币性资产交换	同时满足以下两个条件： ① 具有商业实质； ② 换入或换出资产的公允价值能够可靠地计量	交易双方将非货币性资产交换分解为出售或转让其持有的非货币性资产和购置新的非货币性资产两项经济业务进行税务处理	所得税法无须考虑是否存在商业实质因素，只要发生销售或视同销售行为，就确认收益，并计算流转税和所得税，而且，购入资产按确定的公允价值计量
以账面价值计量的非货币性资产交换	不能同时满足以下两个条件： ① 具有商业实质； ② 换入或换出资产的公允价值能够可靠地计量		存在较大差异

（2）非货币性资产交换中应视同销售业务（如企业将自己生产的产品用于捐赠、赞助、集资、广告样品、职工福利、奖励等方面）的税会差异如表 8-2 所示。

表 8-2　非货币性资产交换中视同销售业务的税会差异

会计处理	税务处理	差　异
一种结转关系，不存在销售行为，会计上不做销售处理，而按成本转账。自产自用的产品在移送使用时，将该产品的成本按用途转入相应的账户，如管理费用、销售费用等	视同对外销售，其产品的销售价格按照同类产品的市场价格确定，没有参照价格的，按成本加合理利润的方法计算组成计税价格，并据以计算缴纳各种税费	如果交换具有商业实质，且换入资产或换出资产的公允价值能够可靠地计量，那么，两者的处理一致；如果交换未同时符合以上两个条件的，那么，会计上不确认损益，以换出资产的账面价值和应支付的相关税费作为换入资产的成本，所得税法规定非货币性资产交换的双方均需做视同销售处理，由此产生了相应的税会差异

（3）当换出资产的账面价值与计税基础存在差异时，需要做纳税调整处理。

（4）会计准则中的"少量补价"是指补价占整体交易资产公允价值的比例小于 25%，免税的整体资产置换改组业务的条件是补价占整体交易资产公允价值的比例小于 20%。所得税法规定，在免税的整体资产置换改组业务中，涉及的少量补价确认相应的应纳税所得额，换出资产计税基础包括这部分应纳税所得额，不确认与补价有关的资产转让所得或损失。

8.1.2　实务分析

非货币性资产交换是在一定条件下发生的。下面分别按照这些条件来举例介绍非货币性资产交换的税会差异。

（1）当非货币性资产交换业务采用公允价值计量时。

【例 8-1】2021 年 2 月 22 日，鼎派公司以一批货车换入夏新公司的一批管理用设备。该批货车的账面原值为 550 万元，公允价值为 450 万元，已提折旧 250 万元。夏新公司的管理用设备的公允价值为 350 万元，账面原值为 400 万元，已提折旧 30 万元。双方协议，夏新公司支付鼎派公司补价 100 万元。鼎派公司未对货车计提减值准备，夏新公司管理用设备已提减值准备 10 万元，鼎派公司支付运杂费 5 万元。假设该交易具有商业实质，公允价值能够可靠地计量，不考虑增值税问题。

该交易中收到的补价占换出资产公允价值的比例为 22.2%（100÷450×100%），该比例小于25%，属非货币性资产交换。

鼎派公司与夏新公司的会计处理如表 8-3 所示。

表 8-3　鼎派公司与夏新公司的会计处理

鼎派公司的会计处理	夏新公司的会计处理
换入管理用设备的入账价值=450−95=355（万元） 借：固定资产——管理用设备　　　　3 550 000 　　银行存款　　　　　　　　　　　 950 000 　　累计折旧　　　　　　　　　　2 500 000 　贷：固定资产——货车　　　　　　5 500 000 　　　资产处置损益　　　　　　　1 500 000	换入货车的入账价值=350+100=450（万元） 借：固定资产——货车　　　　　　　4 500 000 　　累计折旧　　　　　　　　　　 300 000 　　固定资产减值准备　　　　　　 100 000 　　资产处置损益　　　　　　　　 100 000 　贷：固定资产——管理用设备　　　4 000 000 　　　银行存款　　　　　　　　　1 000 000

鼎派公司与夏新公司确认的会计损益和应纳税所得额之间的差异如表 8-4 所示。

表 8-4　鼎派公司与夏新公司的税会差异

项　　目	鼎派公司	夏新公司
会计损益	确认收益 150 万元	确认损失 10 万元
应税所得	确认资产转让所得 145 万元［450−（550−250）−5］，调减应纳税所得额 5 万元	确认资产转让损失 110 万元［350−（400−30−10）−100］，调减应纳税所得额 100 万元

（2）当非货币性资产交换业务采用账面价值计量时，会计准则规定会计上不确认损益，而所得税法规定要确认损益，存在明显差异，需进行纳税调整处理。

【例 8-2】　承例 8-1。设该交易不具有商业实质，公允价值不能够可靠地计量。

鼎派公司与夏新公司的会计处理如表 8-5 所示。

表 8-5　鼎派公司与夏新公司的会计处理

鼎派公司的会计处理	夏新公司的会计处理
换入管理用设备的入账价值=550−95−250=205（万元） 借：固定资产——管理用设备　　　　2 050 000 　　银行存款　　　　　　　　　　　 950 000 　　累计折旧　　　　　　　　　　2 500 000 　贷：固定资产——货车　　　　　　5 500 000	换入货车的入账价值=400+100−30−10=460（万元） 借：固定资产——货车　　　　　　　4 600 000 　　累计折旧　　　　　　　　　　 300 000 　　固定资产减值准备　　　　　　 100 000 　贷：固定资产——管理用设备　　　4 000 000 　　　银行存款　　　　　　　　　1 000 000

鼎派公司与夏新公司确认的会计损益和应纳税所得额之间的差异如表 8-6 所示。

表 8-6 鼎派公司与夏新公司的税会差异

项　目	鼎派公司	夏新公司
会计损益	不确认损益	不确认损益
应税所得	确认资产转让所得 145 万元［450－（550－250）－5］，调增应纳税所得 145 万元	确认资产转让损失 110 万元［350－（400－30－10）－100］，调减应纳税所得 110 万元

在计算非货币性资产交换损益时，换出资产已计提了减值准备，会计上要求根据资产的账面余额扣除减值准备后的账面价值计算交换损益。减值准备在计提时，已计入各损益类账户，成为计算应税所得的扣除项目，税法上不再考虑减值准备对计税成本的影响，所以在计算所得税时，对转销的资产减值准备可调减应纳税所得额。

（3）会计上换入资产入账价值的计量有时与所得税法确认的计税成本不同。在换入的资产以换出资产账面价值为基础进行计量时，税法上的计税成本为换入资产的公允价值，对资产进行折旧、摊销或转让时需做纳税调整处理。以例 8-2 为例，入账价值与计税成本的差异如表 8-7 所示。

表 8-7 鼎派公司与夏新公司换入的资产的税会差异

项　目	鼎派公司换入的资产	夏新公司换入的资产
会计上确认的入账价值	205 万元换入的管理用设备按 205 万元计提折旧	460 万元换入的货车按 460 万元计提折旧
税务上确认的入账价值	350 万元换入的管理用设备按 350 万元计提折旧，高于会计成本 145 万元，在折旧期间调减应纳税所得额	450 万元换入的货车按 450 万元计提折旧，低于会计成本 10 万元，在折旧期间调增应纳税所得额

8.1.3　纳税调整

非货币性资产交换，如果符合税法规定的视同销售业务，那么企业在申报年度所得税申报表时，需要填报《视同销售和房地产开发企业特定业务纳税调整明细表（A105010）》，如表 8-8 所示。

表 8-8 视同销售和房地产开发企业特定业务纳税调整明细表（A105010）

行　次	项　目	税收金额	纳税调整金额
		1	2
1	一、视同销售（营业）收入		
2	（一）非货币性资产交换视同销售收入		
11	二、视同销售（营业）成本		
12	（一）非货币性资产交换视同销售成本		

本节分别从不涉及补价和涉及补价两方面来介绍非货币性资产交换业务的纳税调整。

1. 不涉及补价的非货币性资产交换的纳税调整

不涉及补价的非货币性资产交换的纳税调整如表 8-9 所示。

表 8-9　不涉及补价的非货币性资产交换的纳税调整

项　　目	账面价值	公允价值
换入资产的成本	换出资产的账面价值+应支付的相关税费	换出资产的公允价值+应支付的相关税费
应确认损益	不确认	换出资产的公允价值-换出资产的账面价值
纳税调整	① 交易中涉及的相关税费，会计处理一般计入换入资产的入账价值；税法规定则确认为费用，可以抵减应纳税所得额。 ② 非货币性资产交换双方在交易时视同销售处理，按换出资产公允价值（计税价格）确认其计税收入，按换出资产账面价值确认其计税成本，按两者的差额计算确认资产转让所得或损失，以此调增或调减应纳税所得额。 ③ 税法上的应纳税所得额=公允价值-换出资产的账面价值-应支付的相关税费，会计上不确认损益，这使得两者的差就是相应的应纳税所得额，在做纳税调整处理时应考虑这一部分	①②同账面价值 ③会计上以已确认的损益增加（减少）应纳税所得额。 　税法上依据"换出资产的公允价值-换出资产的账面价值-应支付的相关税费"确定相应的应纳税所得额，当两者存在差异时，需要以税法为准，在相关会计数据的基础上进行调整

【例 8-3】长江公司和黄河公司均为增值税一般纳税人。2021 年 10 月，长江公司以甲设备与黄河公司的乙专利技术交换，双方对换入的资产继续按固定资产和无形资产进行会计处理。长江公司已取得对方开具的增值税专用发票。甲设备的账面原价为 70 000 元，已提折旧 30 000 元，公允价值为 50 000 元。乙专利技术的账面价值为 40 000 元，含税公允价值为 50 000 元。长江公司、黄河公司分别支付运杂费 2 000 元、3 000 元，按 7% 和 3% 计提城市维护建设税和教育费附加。假设甲设备预计尚可使用年限为 5 年，无残值。2022 年 4 月 25 日，长江公司以 65 000 元的价格出售换入的乙专利技术。假设该非货币性资产交换不具有商业实质，长江公司、黄河公司每年实现利润均为 100 000 元。假设不考虑固定资产增值税，也不考虑企业所得税之外的其他纳税调整因素。

（1）长江公司的相关会计处理。

2021 年 10 月换入资产时的会计处理如下：

换入资产成本=50 000+2 000=52 000（元）（含税）

借：固定资产清理　　　　　　　　　　　　　　　　　　　　40 000

　　累计折旧　　　　　　　　　　　　　　　　　　　　　　30 000

贷：固定资产　　　　　　　　　　　　　　　　　　　　70 000

借：无形资产　　　　　　　　　　　　　　　49 169.81

　　应交税费——应交增值税（进项税额）　　2 830.19［50 000÷（1+6%）×6%］

　　贷：固定资产清理　　　　　　　　　　　　　　　　40 000

　　　　银行存款　　　　　　　　　　　　　　　　　　2 000

　　　　资产处置损益　　　　　　　　　　　　　　　　10 000

会计处理时确认损益 10 000 元，按税法要求确认当期损益 10 000 元（50 000–40 000），不存在税会差异。换入资产会计入账价值为 49 169.81 元，税法计税成本为 52 000 元（含税），差额 2 830.19 元属于可抵扣暂时性差异。当长江公司有确凿证据表明未来期间很有可能获得足够的应纳税所得额用来抵扣可抵扣暂时性差异时，确认递延所得税资产为 707.55 元［（52 000–49 169.81）×25%］。

借：所得税费用　　　　　　　　　　　　　　1 792.45

　　递延所得税资产　　　　　　　　　　　　　　707.55

　　贷：应交税费——应交所得税　　　　　　　　　　25 000

2022 年 4 月出售乙专利技术时的会计处理如下：

借：银行存款等　　　　　　　　　　　　　　68 900

　　贷：无形资产　　　　　　　　　　　　　　　　49 169.81

　　　　应交税费——应交增值税（销项税额）　　　　3 900

　　　　资产处置损益　　　　　　　　　　　　　　15 830.19

即，会计确认转让专利技术利润为 15 830.19 元（65 000–49 169.81），税法确认当期损益为 15 830.19 元［65 000–（52 000–2 830.19）］，不存在税会差异。

（2）黄河公司的相关会计处理。

该非货币性交换应承担的各项税费如下：

增值税销项税额=50 000÷（1+6%）×6%=2 830.19（元）

城市维护与建设税=2 830.19×7%=198.11（元）

教育费附加=2 830.19×3%=84.91（元）

换入资产成本=50 000+3 000+2 830.19+198.11+ 84.91=56 113.21（元）

借：固定资产　　　　　　　　　　　　　　　56 113.21

　　贷：无形资产　　　　　　　　　　　　　　　　40 000

　　　　应交税费——应交增值税（销项税额）　　　　2 830.19

　　　　　　　　　——应交城市维护建设税　　　　　　198.11

　　　　　　　　　——应交教育费附加　　　　　　　　84.91

　　　　银行存款　　　　　　　　　　　　　　　　　3 000

　　　　资产处置损益　　　　　　　　　　　　　　　10 000

会计确认收益 10 000 元，税法确认收益 7 169.81 元（50 000–2 830.19–40 000），2021 年调减应纳税所得额 2 830.19 元。换入资产会计入账价值为 56 113.21 元，税法计税成本为

53 283.02 元（50 000+3 000+198.11+84.91），两者差额为 2 830.19 元。该差异属于应纳税暂时性差异，确认为递延所得税负债：

借：所得税费用   25 000

 贷：应交税费——应交所得税   1 792.45

   递延所得税负债   707.55

待黄河公司计提该设备折旧时，抵扣可抵扣暂时性差异对所得税的影响，直至使用寿命结束。

会计年折旧额=56 113.21÷5=11 222.64（元）

税法年折旧额=53 283.02÷5=10 656.60（元）

应调增纳税所得额=11 222.64−10 656.60=566.04（元）

借：递延所得税负债   141.51

 贷：所得税费用   141.51

2. 涉及补价的非货币性资产交换的纳税调整

所得税法实施条例第二十五条规定，除税收法律、行政法规另有规定者外，企业以非货币性资产与其他企业的资产相交换，应当视同销售货物按照公允价值确定收入。

根据所得税法实施条例第五十八条、第六十二条、第六十六条、第七十一条及第七十二条的规定，以非现金资产交换方式取得的固定资产、生物资产、无形资产、存货、投资资产，按照该项资产的公允价值作为计税基础。

在公允价值模式下，如果换出资产的账面价值与计税基础存在差异，则会导致当期会计损益与资产转让所得存在差异，申报所得税时需要对此做纳税调整处理。

涉及补价的非货币性资产交换的纳税调整处理如表 8-10 所示。

表 8-10 涉及补价的非货币性资产交换的纳税调整

项目		账面价值	公允价值
换入资产的成本	收到补价	换出资产的账面价值−补价+应支付的相关税费	换出资产的公允价值−补价+应支付的相关税费
	支付补价	换出资产的账面价值+补价+应支付的相关税费	换出资产的公允价值+补价+应支付的相关税费
确认损益	收到补价	不确认	换出资产的公允价值−换出资产的账面价值
	支付补价	不确认	换出资产的公允价值−换出资产的账面价值

【例 8-4】 胜德公司由于暂时资金短缺，决定用一台八成新的生产设备换入星旗公司的一辆轿车。该生产设备账面价值为 50 万元，公允价值为 42 万元，已提折旧 10 万元；星旗公司的轿车账面价值为 55 万元，公允价值为 36 万元，已提折旧 25 万元。双方协议，星旗公

司另以银行存款向胜德公司支付补价 7 万元，同时胜德公司支付运杂费 0.2 万元。假设整个交易过程没有发生其他相关税费，并假设该交易具有商业实质，且公允价值能够可靠地计量。

胜德公司和星旗公司的会计处理与税务处理如表 8-11 所示。

表 8-11 胜德公司和星旗公司的会计处理与税务处理

胜德公司（收到补价方）		星旗公司（支付补价方）	
会计处理	税务处理	会计处理	税务处理
换入轿车的成本=换出生产设备的公允价值-收到的补价+相关税费=42-7+0.2=35.2（万元） 借：固定资产清理　　　　400 000 　　累计折旧　　　　　　100 000 　贷：固定资产——生产设备 　　　　　　　　　　　 500 000 借：固定资产清理　　　　2 000 　贷：银行存款　　　　　2 000 借：银行存款　　　　　 70 000 　贷：固定资产清理　　 70 000 借：固定资产——轿车　352 000 　贷：固定资产清理　　332 000 　　　资产处置损益　　20 000 当采用公允价值为计量基础的时候，所确认的交易损益为 2 万元（换出设备的公允价值 42 万元-换出设备的账面价值 40 万元）	胜德公司将账面价值为 50 万元的生产设备以公允价值 42 万元销售给星旗公司，支付了 0.2 万元的运杂费，然后又买进了星旗公司公允价值 36 万元的轿车，并收到 7 万元的补价，从而产生了 1.8 万元的损益（换出资产公允价值 42 万元-换出资产账面价值 40 万元-相关税费 0.2 万元）。 按照会计准则确认 2 万元的收益，而税法确认 1.8 万元的收益，所产生的 0.2 万元永久性差异，调减税前会计利润 0.2 万元	换入生产设备的成本=换出轿车的公允价值+支付的补价+相关税费=36+7=43（万元），星旗公司换入生产设备时的会计处理同理可得，不再详细列出。星旗公司所确认的交易损益为 6 万元（换出轿车的公允价值 36 万元-换出轿车的账面价值 30 万元）	按照税法规定将其视作购销业务，即星旗公司将账面价值为 30 万元的轿车以公允价值 36 万元销售给胜德公司，然后又买进了胜德公司公允价值 42 万元的生产设备，并支付了 7 万元的补价，从而产生了 6 万元的损益（换出资产公允价值 36 万元-换出资产账面价值 30 万元）。税会一致，无须做纳税调整处理

由此可以看出，在非货币性资产交换中，换入资产的成本以换出资产公允价值为计量基础的时候，损益的确认在于是否存在相关税费。若存在，则会产生永久性差异；若不存在，则两者所确认的损益相同。

【例 8-5】 承例 8-4。假设该交易不具有商业实质，或其公允价值不能够可靠地计量。胜德公司和星旗公司的会计处理与税务处理如表 8-12 所示。

表 8-12　胜德公司和星旗公司的会计处理与税务处理

胜德公司（收到补价方）		星旗公司（支付补价方）	
会计处理	税务处理	会计处理	税务处理
换入轿车的成本=换出生产设备的账面价值－收到的补价+相关税费=（50－10）－7+0.2=33.2（万元） 借：固定资产清理　　　400 000 　　累计折旧　　　　　100 000 　　贷：固定资产——生产设备 　　　　　　　　　　　500 000 借：固定资产清理　　　　2 000 　　贷：银行存款　　　　2 000 借：银行存款　　　　　70 000 　　贷：固定资产清理　70 000 借：固定资产——轿车　332 000 　　贷：固定资产清理　332 000	胜德公司不确认损益，而税法确认1.8万元（同例8-4），产生1.8万元的永久性差异，故调增税前会计利润1.8万元	换入生产设备的成本=换出轿车的账面价值+支付的补价+相关税费=（55－25）+7=37（万元） 借：固定资产清理　　　300 000 　　累计折旧　　　　　250 000 　　贷：固定资产——轿车 　　　　　　　　　　　550 000 借：固定资产清理　　　70 000 　　贷：银行存款　　　70 000 借：固定资产——生产设备 　　　　　　　　　　　370 000 　　贷：固定资产清理　370 000	星旗公司不确认损益，而税法确认6万元（同例8-4），故产生6万元的永久性差异，调增税前会计利润6万元

由此可以看出，在非货币性资产交换中，换入资产的成本以换出资产账面价值为计量基础的时候，会计处理时不确认损益，而所得税法规定要确认损益，这会产生所得税的永久性差异。

【例 8-6】2021 年 6 月，宏图公司拥有一台专有设备，账面原价 450 万元，已提折旧 330 万元。建设公司拥有一幢建筑物，账面原价 300 万元，已计提折旧 210 万元。以上资产均未计提减值准备，并且公允价值均不能可靠计量。宏图公司以专有设备与建设公司建筑物交换，经协商，建设公司另支付补价 20 万元（补价所占比例低于 25%）。假设交换过程中不涉及相关税费。

宏图公司的会计处理如下：

借：固定资产清理　　　　　　　　　　　　　　　1 200 000
　　累计折旧　　　　　　　　　　　　　　　　　3 300 000
　　贷：固定资产——专有设备　　　　　　　　　　　　　　4 500 000
借：固定资产——建筑物　　　　　　　　　　　　1 000 000
　　银行存款　　　　　　　　　　　　　　　　　200 000
　　贷：固定资产清理　　　　　　　　　　　　　　　　　1 200 000

税务处理：宏图公司分解为按公允价值销售和购进固定资产进行税务处理。

在资产公允价值均不能可靠计量的情况下，合理核定其公允价值，并报主管税务机关认可。假设主管税务机关认可的专有设备公允价值为 200 万元，那么宏图公司确认固定资产转让所得

80 万元（200–120）。换入固定资产的会计成本为 100 万元，计税成本应为 180 万元（100+80），此后宏图公司对换入固定资产提取折旧或者处置、出售时，相应转回差异，并调减应纳税所得额。

假设当年会计利润为 500 万元，企业所得税税率为 25%，不考虑其他纳税调整因素。

应纳企业所得税=（500+80）×25%=145（万元）

固定资产账面价值小于计税基础形成可抵扣暂时性差异 20 万元［（180–100）×25%］。

会计处理如下：

借：递延所得税资产——××建筑物　　　　　　　　200 000
　　贷：所得税费用　　　　　　　　　　　　　　　　　　200 000
借：所得税费用　　　　　　　　　　　　　　　　1 450 000
　　贷：应交税费——应交所得税　　　　　　　　　　　　1 450 000

建设公司的会计处理如下：

借：固定资产清理　　　　　　　　　　　　　　　　900 000
　　累计折旧　　　　　　　　　　　　　　　　　2 100 000
　　贷：固定资产　　　　　　　　　　　　　　　　　　3 000 000
借：固定资产——专有设备　　　　　　　　　　　1 100 000
　　贷：固定资产清理　　　　　　　　　　　　　　　　　900 000
　　　　银行存款　　　　　　　　　　　　　　　　　　　200 000

税务处理：假设税务机关认可的建筑物公允价值为 180 万元，那么建设公司确认固定资产转让所得 90 万元（180–90）。

换入固定资产的会计成本为 110 万元，计税基础应为 200 万元（110+90），此后建设公司对换入固定资产提取折旧或者处置、出售时，相应转回差异，并调减应纳税所得额。

假设当年会计利润为 410 万元，企业所得税税率为 25%，不考虑其他纳税调整因素。

应纳企业所得税=（410+90）×25%=125（万元）

固定资产账面价值小于计税基础形成可抵扣暂时性差异 22.5 万元［（200–110）×25%］。

8.2　整体资产置换改组业务的税会差异

企业整体资产置换是指企业将全部资产与另一家企业的全部资产进行整体交换，实质是全部资产的置换。

如果不涉及补价或涉及少量补价，整体资产置换就按照非货币性资产交换进行会计处理；如果收到的补价占换出总资产公允价值的比例达到或超过 25%，就按照收入进行会计处理。

整体资产置换时，若作为补价的货币性资产低于整个资产置换业务公允价值的 20%，那么，除与补价相对应的资产转让所得或损失在当期确认外，经税务机关确认，资产置换双方可暂不确认资产转让所得或损失。双方换入资产的计税基础以换出资产原账面净值为基础进行确定。

若作为补价的货币性资产超过整个资产置换业务公允价值的20%，双方则按照视同销售来确认资产转让所得或损失。双方换入资产的计税基础以公允价值为基础进行确定。

若作为补价的货币性资产超过交换总资产公允价值的25%，则属于应税改组，会计上作为货币性资产交换，资产转让所得和换入资产计税基础的确认与会计处理相同。

若作为补价的货币性资产超过交换总资产公允价值的比例为20%～25%，如果符合公允价值计量条件的，则资产转让所得和换入资产计税基础的确认与会计处理相同。如果不符合公允价值计量条件的，则不确认损益，需计算资产转让所得。换入资产的会计成本以换出资产的账面价值为基础确定，换入资产的计税基础以换出资产的公允价值为基础确定。

若作为补价的货币性资产小于交换总资产公允价值的20%，则属于免税改组，可暂不确认资产转让所得，换入资产的计税基础以换出资产的计税基础为基础确定。具体情况如下：

（1）符合公允价值计量条件的，由于免税改组不确认换出资产所得，需确认与补价对应的资产转让所得或损失，因此，对换出资产确认的会计损益进行纳税调整，同时对与补价相对应的损益进行纳税调整。

（2）不符合公允价值计量条件的，不确认资产处置损益，但收到补价的一方需计算与补价相对应的资产转让所得或损失。

【例8-7】东方公司和华夏公司均为一般纳税人，两家公司进行整体资产置换。东方公司固定资产原值为1 200 000元，累计折旧200 000元；华夏公司固定资产原值为1 600 000元，累计折旧100 000元。假设不考虑固定资产和无形资产涉及的增值税问题。其他情况如表8-13所示。

表8-13 东方公司和华夏公司部分资产价值　　　　　　　　　单位：元

东方公司			华夏公司		
资产名称	账面价值	公允价值	资产名称	账面价值	公允价值
固定资产	1 000 000	1 300 000	固定资产	1 500 000	1 800 000
无形资产	400 000	450 000	无形资产	—	—
库存商品	500 000	600 000	库存商品	800 000	900 000
合　计	1 900 000	2 350 000	合　计	2 300 000	2 700 000

东方公司支付给华夏公司补价350 000元，双方按照公允价值计量。

350 000÷2 700 000×100%=12.96%<25%

（1）东方公司。

换入资产的总成本=2 350 000+350 000+78 000−117 000=2 661 000（元）

换入固定资产成本=2 661 000×（1 800 000÷2 700 000）=1 774 000（元）

换入库存商品成本=2 661 000×（900 000÷2 700 000）=887 000（元）

借：固定资产	1 774 000	
库存商品	887 000	
累计折旧	200 000	
应交税费——应交增值税（进项税额）	117 000	
贷：主营业务收入		600 000
应交税费——应交增值税（销项税额）		78 000
银行存款		350 000
无形资产		400 000
资产处置损益		350 000
固定资产		1 200 000
借：主营业务成本	500 000	
贷：库存商品		500 000

作为补价的货币性资产小于交换总资产公允价值的20%，东方公司不确认资产转让所得。

本期调减应纳税所得额=（600 000−500 000）+（450 000−400 000）+（1 300 000−1 000 000）=450 000（元）

换入资产的计税基础以换出资产的计税基础为基础确定，则

换入资产的总计税基础=1 900 000+350 000+78 000−117 000=2 211 000（元）

其中，换入固定资产的计税基础=2 211 000×（1 800 000÷2 700 000）=1 474 000（元）

换入库存商品的计税基础=2 211 000×（900 000÷2 700 000）=737 000（元）

上述固定资产、库存商品的会计成本与计税基础的差异，在实际折旧、转让时做纳税调整处理。

（2）华夏公司。

换入资产的总成本=2 700 000−350 000+117 000−78 000=2 389 000（元）

换入固定资产成本=2 389 000×（1 300 000÷2 350 000）=1 321 574（元）

换入库存商品成本=2 389 000×（600 000÷2 350 000）=609 958（元）

换入无形资产成本=2 389 000×（450 000÷2 350 000）=457 468（元）

借：固定资产	1 321 574	
库存商品	609 958	
无形资产	457 468	
累计折旧	100 000	
应交税费——应交增值税（进项税额）	78 000	
银行存款	350 000	

```
    贷：主营业务收入                                      900 000
        应交税费——应交增值税（销项税额）                  117 000
        固定资产                                      1 600 000
        资产处置损益                                     300 000
    借：主营业务成本                       800 000
        贷：库存商品                                       800 000
```

作为补价的货币性资产低于整个资产置换业务公允价值的 20%，除与补价相对应的资产转让所得或损失在当期确认外，可暂不确认资产转让所得或损失。

与补价相对应的资产转让损益=350 000×（1-2 300 000÷2 700 000）=51 852（元）

本期应调减应纳税所得额=（900 000-800 000）+（1 800 000-1 500 000）=400 000（元）

同时将确认的部分资产转让所得 51 852 元调增应纳税所得额，则合计调整应纳税所得额=51 852-400 000=-348 148（元）

资产换入的总计税基础=2 300 000-350 000+117 000+51 852-78 000=2 040 852（元）

其中，换入固定资产的计税基础=2 040 852×（1 300 000÷2 350 000）=1 128 982（元）

换入无形资产的计税基础=2 040 852×（450 000÷2 350 000）=390 801（元）

换入库存商品的计税基础=2 040 852×（600 000÷2 350 000）=521 069（元）

上述固定资产、库存商品的会计成本与计税基础的差异，在实际折旧、转让时做纳税调整处理。

8.3 非货币性资产投资递延纳税与纳税筹划

8.3.1 非货币性资产投资递延纳税政策

根据财税〔2014〕116 号文的规定，居民企业以非货币性资产对外投资确认的非货币性资产转让所得，可在不超过 5 年期限内，分期均匀计入相应年度的应纳税所得额，按规定计算缴纳企业所得税。企业对非货币性资产进行评估并按评估后的公允价值扣除计税基础后的余额，计算确认非货币性资产转让所得。企业取得被投资企业的股权，以非货币性资产的原计税成本为计税基础，加上每年确认的非货币性资产转让所得，逐年进行调整。

企业以非货币性资产对外投资，在投资协议生效并办理股权登记手续时，确认非货币性资产转让收入的实现。关联企业之间非货币性资产投资，投资协议生效后 12 个月内尚未完成股权变更登记手续的，确认年度为投资协议生效年度。

8.3.2 非货币性资产投资的税会差异

非货币性资产投资税会差异的存在，不仅增加了投资业务税会处理的复杂程度，同时增加了企业的税收风险。下面主要从递延纳税差异和投资作价差异两方面进行介绍。

1. 递延纳税差异

对于非货币性资产投资资产转让所得，会计上在投资当期一次性确认。税务上，投资企业取得的非股权支付部分需要在当期立即纳税，不能递延，会计处理与税务处理相同，不存在税会差异；而股权支付部分，可按不超过 5 年期限的递延纳税政策进行处理，企业在会计处理的基础上对相应年度的税会差异做纳税调整。

税务上，资产转让所得的计算如下：

$$非股权支付对应的资产转让所得或损失=（被转让资产的公允价值-$$
$$被转让资产的计税基础）×（非股权支付金额÷被转让资产的公允价值）$$
$$股权支付对应的资产转让所得或损失=全部资产转让所得或损失-$$
$$非股权支付对应的资产转让所得或损失$$

【例 8-8】 东方公司是一家生产型企业，2020 年 11 月为扩大生产经营能力，向公司股东进行增资扩股 6 000 万元，其中，由股东华夏公司以自动化生产线一条出资 2 400 万元。该生产线账面价值 2 000 万元，评估价值 3 000 万元（假设投资协议作价与评估价相等）。2020 年 11 月东方公司完成增资手续。东方公司取得华夏公司自动化生产线后，向华夏公司支付对价 3 000 万元，其中，股权公允价值 2 400 万元，货币资金 600 万元。假设不考虑投资过程相关税费，华夏公司选择按不超过 5 年期限确认非货币性资产转让所得。

投资企业华夏公司的递延纳税差异分析如下。

（1）非货币性资产投资资产转让所得。

会计处理：在当年一次性确认资产转让利得 1 000 万元（3 000-2 000）。

税务处理：确认资产转让所得 1 000 万元，其中：

取得非股权支付额对应的所得=（3 000-2 000）×（600÷3 000）=200（万元），该部分在投资行为发生当年计算确认转让所得，缴纳企业所得税，不得递延纳税。

取得股权支付额对应的所得为 800 万元（1 000-200），其中在当年确认所得 160 万元（800×1÷5），递延确认所得 640 万元（800-160）。

（2）取得东方公司股权的计税基础逐年调整计算。

① 投资转让的非货币性资产（收到股权部分）的原有计税成本=此项非货币性资产的原有全部计税成本-非股权支付额+因非股权支付而确认的所得=2 000-600+200=1 600（万元）。

② 取得股权的计税基础确定。

投资当年：取得股权的计税基础=非货币性资产（收到股权部分）的原有计税成本+当年确认的非货币性资产（收到股权部分）转让所得=1 600+160=1 760（万元）。

第二年：取得股权的计税基础=1 760+160=1 920（万元）。

依此类推，第三年至第五年华夏公司取得股权的计税基础分别为 2 080 万元、2 240 万元和 2 400 万元。

③ 递延年度（2021—2024 年）税会差异。对于递延确认的所得 640 万元，分别在 2021—2024

年分期均匀计入相应年度的应纳税所得额，各年确认的金额分别为 160 万元（640×1÷4）。递延所得确认及股权计税基础在各年度的税会差异与纳税调整，如表 8-14 所示。

表 8-14　华夏公司各年度的税会差异与纳税调整　　单位：万元

年度	会计确认收益	税法确认纳税所得税额	纳税调整	股权计税基础调整	股权计税基础
2020	800	160	−640	160	1 760
2021	0	160	160	160	1 920
2022	0	160	160	160	2 080
2023	0	160	160	160	2 240
2024	0	160	160	160	2 400
合计	800	800	0	800	—

2. 投资作价差异

投资企业以非货币性资产投资取得被投资企业股权的成本，会计上按"公允价值"确认取得股权的会计成本，税法上依照财税〔2014〕116 号文按"评估价值"确认取得股权的计税基础。由于税法与会计的确认方法不同，因此会产生税会差异。

【例 8-9】承例 8-8。假设华夏公司投资的生产线协议作价为 2 800 万元，东方公司应向华夏公司支付股权 2 400 万元，支付货币性资产 400 万元，其他条件不变。计算华夏公司的股权计税基础及递延纳税调整。

（1）确认所得额：在税收上应确认所得额=3 000–2 000=1 000（万元），其中，投资当年确认收取非股权部分的转让所得 142.86 万元（1 000×400÷2 800）；2020—2024 年分期递延确认收取股权部分的转让所得 857.14 元（1 000–142.86），每年 171.43 万元。

（2）非货币性资产的原计税成本（收到股权部分）=2 000–400+142.86=1 742.86（万元）。

（3）取得股权的计税基础确定。在 2020—2024 年各年取得股权的计税基础分别为 1 914.29 万元（1 742.86+171.43）、2 085.72 万元、2 257.14 万元、2 428.57 万元、2 600 万元。

递延期结束（2024 年），华夏公司取得东方公司股权的计税基础为 2 600 万元，与评估价 2 600 万元（3 000 400）计算的数值一致，但与会计账面成本 2 400 万元（2 800 400）形成差异 200 万元，此差异即评估价与协议价的差异。本次交换过程，交易标的是股权，不涉及增值税。

8.3.3　非货币性资产投资递延纳税的列报

根据《关于非货币性资产投资企业所得税有关征管问题的公告》（国家税务总局公告 2015 年第 33 号），企业以非货币性资产对外投资确认的非货币性资产转让所得，适用分期均匀计入相应年度的应纳税所得额按规定计算缴纳企业所得税的，填报《企业重组及递延纳税事项纳税调整明细表（A105100）》第 12 行（见表 8-15），并提供《非货币性资产投资递延纳税调整明细表》（见表 8-16 ）。

表 8-15　企业重组及递延纳税事项纳税调整明细表（A105100）

行次	项　目	一般性税务处理			特殊性税务处理（递延纳税）			纳税调整金额
		账载金额	税收金额	纳税调整金额	账载金额	税收金额	纳税调整金额	
		1	2	3（2–1）	4	5	6（5–4）	7（3+6）
12	六、非货币性资产对外投资							

对表 8-16 的填表说明如下：

第 9 列 "本年账载金额"：填报纳税人根据会计规定在所属年度确认的非货币性资产转让所得。

第 10 列 "非货币性资产转让所得（税收金额）"：本列只在非货币性资产投资税收确认转让收入实现年度的当年填报，以后递延期间不再填报。

第 11 列 "分期确认税收所得年限"：填报纳税人按照税法规定需分期确认非货币性资产转让所得（税收金额）的年度数。

第 12 列 "分期均匀确认税收所得额"：填报纳税人按照税法规定分期均匀计入相应年度应纳税所得额的金额；等于非货币性资产转让所得（税收金额）除以分期确认税收所得年限。

第 13 列 "本年税收金额"：填报纳税人按照税法规定在所属年度确认的非货币性资产转让所得，包括纳税人在对外投资 5 年内转让股权、投资收回或注销时，须一次性确认的在递延期内尚未确认的非货币性资产转让所得。

"递延纳税差异调整额"：纳税调整减少的，以负数表示；纳税调整增加的，以正数表示；第 18 列 "本年" 为所属年度，第 17～14 列为依次从所属年度往前倒推的年度。

第 19 列 "结转以后年度递延确认所得税收金额"：填报按照税法规定结转以后年度的尚未确认的非货币性资产转让所得。

8.3.4　非货币性资产投资的纳税筹划

非货币性资产直接出售时，企业以转让所得扣除转让成本后的金额作为企业所得税的应税所得额，然后按照适用税率计算缴纳企业所得税并于当年一次确认缴纳。处置股权投资时，企业需要考虑属于一般性税务处理还是特殊性税务处理规定。财税〔2009〕59 号文明确了特殊性税务处理条件即股权收购，收购企业购买的股权不低于被收购企业全部股权的 50%，且收购企业在该股权收购发生时的股权支付金额不低于其交易支付总额的 85%，可适用特殊性税务处理递延纳税，反之适用一般性税务处理。

表 8-16 非货币性资产投资递延纳税调整明细表

行次	被投资企业情况				非货币性资产情况			非货币性资产投资基本信息						递延纳税差异调整额					结转以后年度递延确认所得税收金额
	企业名称	纳税人识别号	主管税务机关	与投资方是否为关联企业	公允价值	账面价值	计税基础	非货币性资产转让收入实现年度	本年账载金额	非货币性资产转让所得（税收）金额	分期确认税收所得年限	分期均匀确认税收所得额	本年税收金额	前四年度	前三年度	前二年度	前一年度	本年	结转以后年度递延确认所得税收金额
	1	2	3	4	5	6	7	8	9	10 (5-7)	11	12	13	14	15	16	17	18 (13-9)	19=[本表第 10 列-第 13 列（第 1 年该项目填报时）]或=[上年度明细表的相应行次第 19 列-本表第 13 列（以后递延期间该项目填报时）]
1																			
2																			
3																			
4																			
5																			
6																			
…																			
合计	—	—	—	—				—		—	—	—		—			—		

适用一般性税务处理的股权投资可分为不动产转让和投资两种情形。在不动产转让中，企业可在确认应纳税所得额后一次缴纳，也可依据财税〔2014〕116 号文及国家税务总局公告 2015 年第 33 号文的规定，企业对外股权投资的转让收入可从确认年度起在不超过的 5 年内平均分摊缴纳。在选择一次缴纳还是 5 年内分期缴纳时，企业需要考虑在 5 年内是否存在亏损或处于享受税收优惠时期。若在 5 年内存在亏损，则企业选择一次性缴纳要比 5 年内分期缴纳少纳税；若处于税收优惠时期且无以前年度未弥补亏损，企业选择 5 年内分期缴纳优于一次性缴纳。在其他情况下，企业可根据具体情况选择。在投资中，因是居民企业，故投资收益免征企业所得税。

适用特殊性税务处理的股权投资也分为不动产转让和投资两种情形。在不动产转让中，依据财税〔2014〕109 号文及财税〔2009〕59 号文规定暂不确认转让所得，在企业收回或处置该投资时确认相关转让所得并纳税。在投资中，其投资收益依然免征企业所得税。

第9章

职工薪酬的税会差异

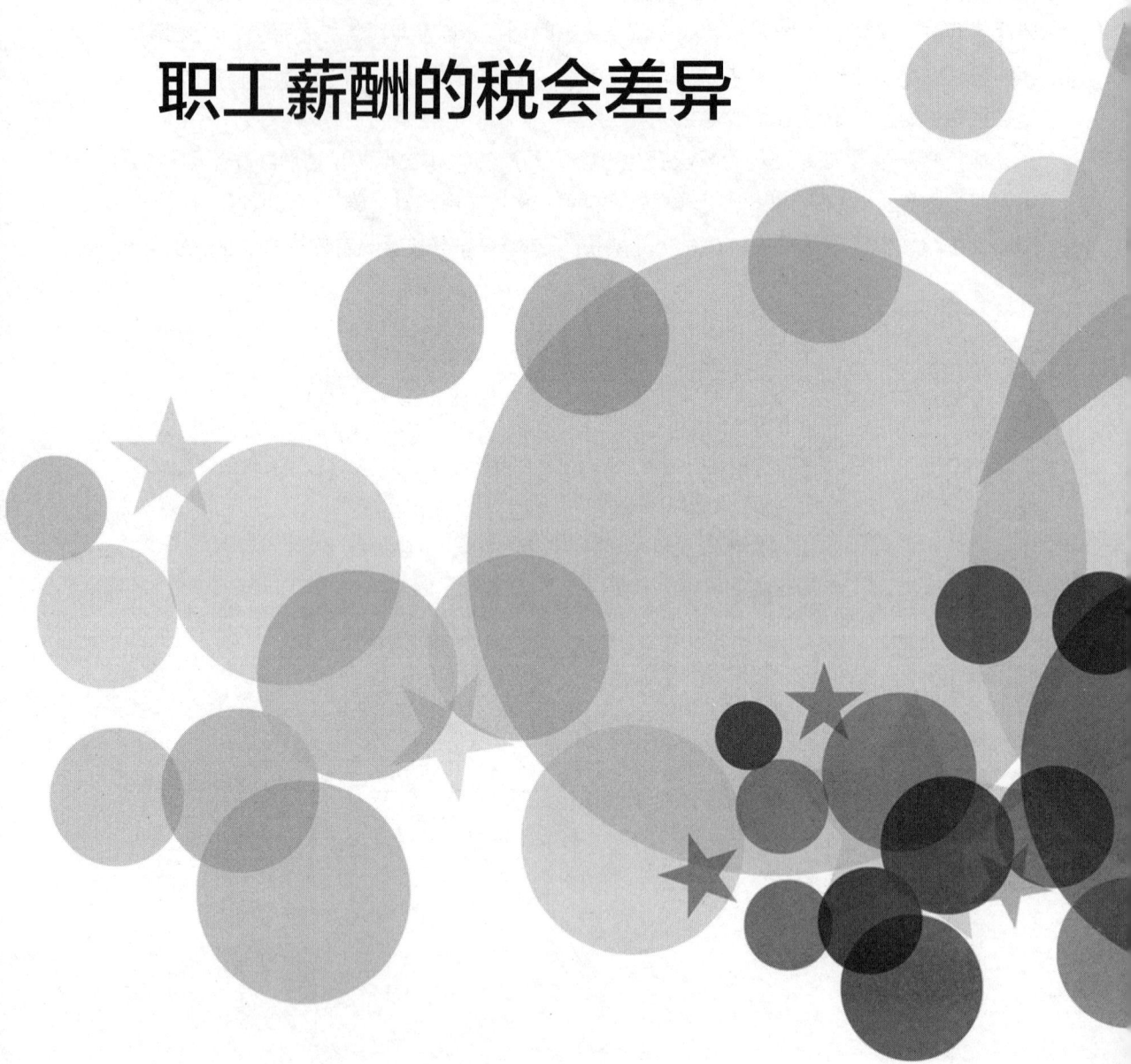

职工薪酬准则（2014）对于"职工"和"职工薪酬"的概念和范围做出了明确规定，并进一步扩充了"职工薪酬"的范围，包括短期薪酬、离职后福利、辞退福利和其他长期职工福利、企业年金基金（适用 CAS 10）、以股份为基础的薪酬（适用 CAS 11）等。而 2008 年开始实施的所得税法及其实施条例并未直接提出"职工薪酬"概念，直到 2014 年发布的《企业所得税年度纳税申报表（A 类，2014 年版）》中才出现了"职工薪酬"。

职工薪酬准则（2014）指出，职工是指与企业订立劳动合同的所有人员，含全职、兼职和临时职工，也包括虽未与企业订立劳动合同但由企业正式任命的人员。未与企业订立劳动合同或未由其正式任命，但向企业所提供服务与职工所提供服务类似的人员，也属于职工的范畴，包括通过企业与劳务中介公司签订用工合同而向企业提供服务的人员。职工薪酬包括短期薪酬、离职后福利、辞退福利和其他长期职工福利。企业提供给职工配偶、子女、受赡养人、已故员工遗属及其他受益人等的福利，也属于职工薪酬。

所得税法实施条例第三十四条规定："工资薪金指企业每一纳税年度支付给在本企业任职或者受雇的员工的所有现金形式或者非现金形式的劳动报酬。"所得税法实施条例中所指的工资薪金，包括基本工资、奖金、津贴、补贴、年终加薪、加班工资以及与员工任职或者受雇有关的其他支出。因此，预计的辞退福利和以现金支付的股份支付在税法中没有考虑。

根据所得税法实施条例第三十四条、《国家税务总局关于企业工资薪金和职工福利费等支出税前扣除问题的公告》（国家税务总局公告 2015 年第 34 号）第三条，可以总结出税法上的职工是指，企业任职或受雇的员工，包括季节工、临时工；劳务派遣员工，仅含企业直接将费用支付给员工个人的情况，而企业将费用支付给劳务派遣公司，再由派遣公司支付给个人的除外。

《职工薪酬纳税调整明细表（A105050）》规定的"职工薪酬"的内容，包括：工资薪金支出（含股权激励）；职工福利费支出；职工教育经费支出；工会经费支出；各类基本社会保障性缴款；住房公积金；补充养老保险；补充医疗保险；其他等。

由此看来，所得税法是把会计上的职工薪酬，分解为工资薪金、基本养老保险费、基本医疗保险费、失业保险费、工伤保险费、生育保险费、住房公积金、补充养老保险费、补充医疗保险费、人身安全保险费、企业为投资者或者职工支付的商业保险费、职工福利费、工会经费、职工教育经费等，分别做出规定的。在税务处理上，不能简单地把职工薪酬作为工资薪金支出在税前扣除，把会计上的职工薪酬分解为所得税法对应的费用支出，根据所得税法规定确定能否在税前扣除。

此外，"职工薪酬"会计计量的基础是权责发生制，即采用计提方式将"职工薪酬"计入相关成本费用；而税法的目标和原则与会计处理存在不同，税法强调的是实际发生，即收付实现制。

据此，我们可以总结出，税法上"职工薪酬"的核算对象，即"人"的范围小于会计上的范围；而且，税法上"职工薪酬"的核算范围，即"金额"的范围小于会计上的范围；同时，会计强调"职工薪酬"的计提，税法则强调"职工薪酬"的实际支付。

企业纳税申报时，根据所得税法、《国家税务总局关于企业工资薪金及职工福利费扣除问题的通知》（国税函〔2009〕3 号）、《财政部 国家税务总局关于扶持动漫产业发展有关税收政策问题的通知》（财税〔2009〕65 号）、《财政部 国家税务总局关于进一步鼓励软件产业和集成电路产业发展企业所得税政策的通知》（财税〔2012〕27 号）、《国家税务总局关于我国居民企业实行股权激励计划有关企业所得税处理问题的公告》（国家税务总局公告 2012 年第 18 号）、《财政部 国家税务总局 商务部 科技部 国家发展改革委关于完善技术先进型服务企业有关企业所得税政策问题的通知》（财税〔2014〕59 号）、国家税务总局公告 2015 年第 34 号、《财政部 国家税务总局关于高新技术企业职工教育经费税前扣除政策的通知》（财税〔2015〕63 号）、财税〔2018〕51 号文等相关规定，填报《职工薪酬纳税调整明细表（A105050）》，如表 9-1 所示。为加强企业职工薪酬的企业所得税和个人所得税比对分析，对职工薪酬项目不需纳税调整的企业，也需填报此表。

表 9-1　职工薪酬纳税调整明细表（A105050）

行次	项　　目	账载金额	实际发生额	税收规定扣除率	以前年度累计结转扣除额	税收金额	纳税调整金额	累计结转以后年度扣除额
		1	2	3	4	5	6（1–5）	7（2+4–5）
1	一、工资薪金支出			*	*			*
2	其中：股权激励			*	*			*
3	二、职工福利费支出				*			*
4	三、职工教育经费支出			*				
5	其中：按税收规定比例扣除的职工教育经费							
6	按税收规定全额扣除的职工培训费用				*			*
7	四、工会经费支出				*			*
8	五、各类基本社会保障性缴款			*	*			*
9	六、住房公积金			*	*			*
10	七、补充养老保险				*			*
11	八、补充医疗保险				*			*
12	九、其他			*				
13	合计（1+3+4+7+8+9+10+11+12）			*				

本章主要以税法的分类来分别介绍相关职工薪酬的税会差异、纳税调整处理和纳税申报表的填制。

9.1　工资的税会差异

企业在职工为其提供服务的会计期间，将实际发生的短期薪酬确认为负债，并计入当期损益。

企业在职工为其提供服务的会计期间，将根据设定提存计划计算的应缴存金额确认为负债，并计入当期损益或相关资产成本。

在设定受益计划下，企业在下列日期孰早日将过去服务成本确认为当期费用：

（1）修改设定受益计划时。

（2）企业确认相关重组费用或辞退福利时。

计量职工薪酬时，国家规定计提基础和计提比例的，按照国家标准计提。国家没有规定计提基础和计提比例的，企业根据历史经验数据和实际情况，合理预计当期应付职工薪酬。实际发生金额大于预计金额时，补提应付职工薪酬。实际发生金额小于预计金额时，冲回多提的应付职工薪酬。所得税法第二十一条规定："在计算应纳税所得额时，企业财务、会计处理办法与税收法律、行政法规的规定不一致的，应当依照税收法律、行政法规的规定计算。"

所得税法第八条规定："企业实际发生的与取得收入有关的、合理的支出，包括成本、费用、税金、损失和其他支出，准予在计算应纳税所得额时扣除。"所得税法实施条例据此明确了工资薪金支出的税前扣除。所得税法实施条例第三十四条规定，企业发生的合理的工资薪金支出，准予扣除。其税前扣除的核心要求包括：

（1）职工口径原则。税法要求支出是直接支付给职工个人的报酬。如果企业将接受外部劳务派遣用工的费用按照协议约定直接支付给劳务派遣公司，而不是员工个人，则这部分支出不作为工资薪金支出。

（2）合理性原则。税法要求企业制定规范的工资薪金支出制度，并且制度要符合行业及地区水平。

（3）实际发生原则。也就是说，原则上不允许企业将工资薪金计提挂账而长期不实际发放。最长挂账期限为企业所得税年度汇算清缴期限。也就是说，企业预提的工资薪金若在次年 5 月 31 日前实际支付给员工，则准予按规定扣除。

工资薪金支出税前扣除时注意以下几点：

第一，强调"实际发生"。允许在税前扣除的工资薪金，是属于当期实际发生的金额，计提的应付职工薪酬支出不发放给职工不允许在税前扣除。国家税务总局公告 2015 年第 34 号文第二条规定，企业在年度汇算清缴结束前向员工实际支付的已预提汇缴年度工资薪金，准予在汇缴年度按规定扣除。

第二，强调"职工口径与支付条件"。职工工资薪金支出存在"任职或雇佣关系"，即连续性的服务关系，提供服务的任职者或雇员的主要收入或很大一部分收入来自任职的企业，并且这种收入基本上代表了提供服务人员的劳动。根据《国家税务总局关于企业所得税应纳税所得额若干税务处理问题的公告》（国家税务总局公告 2012 年第 15 号）第一条，职工应包括企业雇用的季节工、临时工、实习生、返聘离退休人员及接受外部劳务派遣用工。国家税务总局公告 2015 年第 34 号文第三条规定，"企业接受外部劳务派遣用工所实际发生的费用，应分两种情况按规定在税前扣除：按照协议（合同）约定直接支付给劳务派遣公司的费用，应作为劳务费支出；直接支付给员工个人的费用，应作为工资薪金支出和职工福利费支出。其中属于工资薪金支出的费用，准予计入企业工资薪金总额的基数，作为计算其他各项相关费用扣除的依据"。

第三，强调"工资薪金总额"。与任职或雇用有关的全部支出，包括现金或非现金形式的全部报酬。国税函〔2009〕3 号文第二条规定，作为职工福利费、教育经费、工会经费计算扣除基数的"工资薪金总额"，"指企业按照通知第一条规定实际发放的工资薪金总和，不包括企业的职工福利费、职工教育经费、工会经费以及养老保险费、医疗保险费、失业保险费、工伤保险费、生育保险费等社会保险费和住房公积金。属于国有性质的企业，其工资薪金，不得超过政府有关部门给予的限定数额；超过部分，不得计入企业工资薪金总额，也不得在计算企业应纳税所得额时扣除"。

第四，工资薪金的加计扣除。所得税法实施条例第九十六条规定，企业安置残疾人员的，可按照支付给残疾职工工资的 100%加计扣除。

第五，强调"合理性"。工资薪金支出是合理的。国税函〔2009〕3 号文第一条规定了税务机关对工资薪金进行合理性确认的原则。对工资支出合理性的判断，主要包括两个方面：一是雇员实际提供了服务，二是报酬总额在数量上是合理的。实际操作中应主要考虑雇员的职责、过去的报酬情况，以及雇员的业务量和复杂程度等相关因素。同时，还要考虑当地同行业职工平均工资水平。

例如，企业与临时工签订书面劳动合同并报当地劳动部门备案，企业支付给临时工的合理的工资薪金可以税前扣除。

国家税务总局公告 2015 年第 34 号文规定，列入企业员工工资薪金制度、固定与工资薪金一起发放的福利性补贴，符合国税函〔2009〕3 号文第一条规定的，可作为企业发生的工资薪金支出，按规定在税前扣除。

根据国家税务总局公告 2012 年第 15 号文，企业因雇用季节工、临时工、实习生、返聘离退休人员所实际发生的费用，应区分为工资薪金支出和职工福利费支出，并按所得税法规定在企业所得税前扣除。其中属于工资薪金支出的，准予计入企业工资薪金总额的基数，作为计算其他各项相关费用扣除的依据。

因此，企业应注意以下几类特定人员薪酬的税前扣除问题。

1. 临时工工资

连续性服务并不排除临时工的使用。临时工可能是由于季节性经营活动雇用的。虽然对某些临时工的使用是一次性的，但从经营活动的整体需要来看又具有周期性。服务的连续性应足以对提供劳动的人与个人具有独立劳动性质的劳务支出相区别。

2. 实习生薪酬

国税发〔2007〕42 号文规定，自 2006 年 1 月 1 日起，按照财税〔2006〕107 号文规定支付给在企业实习学生的报酬，可以在计算缴纳企业所得税时依照本办法的有关规定扣除。可在税前扣除的实习生报酬，包括以货币形式支付的基本工资、奖金、津贴、补贴（含地区补贴、物价补贴和误餐补贴）、加班工资、年终加薪和企业依据实习合同为实习生支付的意外伤害保险费。以非货币形式给实习生支付的报酬，不允许在税前扣除。

日常管理中必须备齐以下资料供税务机关检查核实：

（1）企业与学校签订的实习合作协议书，期限在三年以上（含三年）；

（2）实习生名册（必须注明实习生身份证号、学生证号及实习合同号）；

（3）实习生报酬银行转账凭证；

（4）为实习生支付意外伤害保险费的缴付凭证。

3. 劳务人员薪酬

（1）企业应避免直接向劳务人员支付薪酬。一些企业为了经营的需要，劳务人员与劳务公司签订劳务合同，企业只向劳务公司支付管理费用及人员社会统筹费用。对于劳务人员的其他劳务报酬，企业通过绩效考核等方式直接支付。此时，企业将劳务支出与工资薪酬相混淆，实际支付的劳务支出有可能因无票据而不允许在税前扣除。为兼顾管理需要，企业可以与劳务公司签订代付劳务人员薪酬合同，并由劳务公司开具劳务发票。

（2）在年度汇算清缴纳税申报时，不应将劳务费用作为"工资薪金支出"项目申报。

所得税法对于职工薪酬遵循的是实际发生原则。一般不以提取数为基数，而是以实际发放、实际支出数为基数，在税法允许的扣除标准以内的，计算应纳税所得额时，可据实扣除；超过标准的部分，不得扣除。

不论是资本化的，还是费用化的职工薪酬，在实际发生的当期均属于企业所得税纳税调整的对象。符合资本化条件的职工薪酬构成资产的税务成本，可在以后期间按所得税法的规定，以计提折旧或费用摊销的方式予以税前列支。

【例9-1】天华公司2020年工资提取数为1 000万元，实发数为800万元，年末应付职工薪酬余额为200万元，且该部分在2020年所得税汇算清缴前仍未发放。2021年提取数为800万元，实发数为1 000万元，年末应付职工薪酬余额为0。

天华公司的税会处理如下：

（1）2020年。

借：管理费用等　　　　　　　　　　　　　　　　　　　　　　10 000 000
　　贷：应付职工薪酬——工资　　　　　　　　　　　　　　　　　　　　10 000 000
借：应付职工薪酬——工资　　　　　　　　　　　　　　　　　　8 000 000
　　贷：银行存款　　　　　　　　　　　　　　　　　　　　　　　　　　　8 000 000

税务处理：税法规定工资按实际"发生"数在税前列支，提取数大于实发数的调增应纳税所得额。天华公司2020年度调增应纳税所得额200万元（1 000–800），纳税申报时填报《职工薪酬纳税调整明细表（A105050）》，如表9-2所示。

表9-2　职工薪酬纳税调整明细表（A105050）

行次	项　　目	账载金额	实际发生额	税收规定扣除率	以前年度累计结转扣除额	税收金额	纳税调整金额	累计结转以后年度扣除额
		1	2	3	4	5	6（1–5）	7（2+4–5）
1	一、工资薪金支出	10 000 000	8 000 000	*	*	8 000 000	2 000 000	*

此时，"应付职工薪酬——工资"的账面价值为200万元，计税基础为0（200–200），确认递延所得税资产。

借：递延所得税资产　　　　　　　　　　　　　　　　　500 000（2 000 000×25%）
　　贷：所得税费用　　　　　　　　　　　　　　　　　　　　　　　　　500 000

（2）2021年。

借：管理费用等　　　　　　　　　　　　　　　　　　　　　　8 000 000
　　贷：应付职工薪酬——工资　　　　　　　　　　　　　　　　　　　　8 000 000
借：应付职工薪酬——工资　　　　　　　　　　　　　　　10 000 000
　　贷：银行存款　　　　　　　　　　　　　　　　　　　　　　　　　10 000 000

税务处理：2021年，天华公司动用了上年"应付职工薪酬——工资"余额200万元，相应转回暂时性差异，即调减应纳税所得额200万元，纳税申报时填报《职工薪酬纳税调整明细表（A105050）》，如表9-3所示。

表 9-3　职工薪酬纳税调整明细表（A105050）

行次	项　　目	账载金额	实际发生额	税收规定扣除率	以前年度累计结转扣除额	税收金额	纳税调整金额	累计结转以后年度扣除额
		1	2	3	4	5	6（1–5）	7（2+4–5）
1	一、工资薪金支出	8 000 000	10 000 000	*	*	10 000 000	–2 000 000	*

此时"应付职工薪酬——工资"的账面价值和计税成本均为 0，转回递延所得税资产。

借：所得税费用　　　　　　　　　　　　　　500 000

　　贷：递延所得税资产　　　　　　　　　　　　　500 000（2 000 000×25%）

值得注意的是，劳务派遣公司支付给劳务派遣员工的职工薪酬，尽管属于用工单位的应付职工薪酬，但从劳务派遣公司角度来看，属于其应付职工薪酬，在此一并介绍。

劳务派遣服务，是指劳务派遣公司为了满足用工单位对于各类灵活用工的需求，将员工派遣至用工单位，接受用工单位管理并为其工作的服务。

按照《财政部　国家税务总局关于进一步明确全面推开营改增试点有关劳务派遣服务、收费公路通行费抵扣等政策的通知》（财税〔2016〕47 号）第一条规定，一般纳税人提供劳务派遣服务，可以取得的全部价款和价外费用为销售额，按照一般计税方法计算缴纳增值税；也可以选择差额纳税，以取得的全部价款和价外费用，扣除代用工单位支付给劳务派遣员工的工资、福利和为其办理社会保险及住房公积金后的余额为销售额，按照简易计税方法依 5%的征收率计算缴纳增值税；小规模纳税人提供劳务派遣服务，可以取得的全部价款和价外费用为销售额，按照简易计税方法依 3%〔按照《财政部　税务总局关于延续实施应对疫情部分税费优惠政策的公告》（财税〔2021〕7 号）、《财政部　税务总局关于支持个体工商户复工复业增值税政策的公告》（财税〔2020〕13 号），截止 2021 年 12 月 31 日，小规模纳税人适用的征收率为 1%〕的征收率计算缴纳增值税；也可以选择差额纳税，以取得的全部价款和价外费用，扣除代用工单位支付给劳务派遣员工的工资、福利和为其办理社会保险及住房公积金后的余额为销售额，按照简易计税方法依 5%的征收率计算缴纳增值税。

在企业对劳务派遣收入选择差额纳税的情况下，首先，按权责发生制确认收入，即按合同约定应收取的劳务派遣费确认收入。其次，对代用工单位支付给劳务派遣员工的工资、福利和为其办理的社会保险及住房公积金，记入企业的营业成本。其依据除劳务派遣员工属于劳务派遣公司的员工外，还有前文介绍的国家税务总局公告 2015 年第 34 号文第三条，用工单位支付给劳务派遣公司的劳务派遣费，用工单位记入用工成本（劳务费支出），而劳务派遣公司在将其视为劳务收入的同时，对用其实际支付给劳务派遣员工的工资、福利和为其办理的社会保险及住房公积金，亦视为取得劳务派遣收入的成本，记入营业成本（工资薪金支出和职工福利费支出）。最后，用劳务派遣费的收入总额和代用工单位支付给劳务派遣员工的工资、福利及为其办理社会保险、住房公积金的数额计算确定增值税的应纳数额。

选择差额纳税的企业，向用工单位收取用于支付给劳务派遣员工的工资、福利和为其办理社会保险及住房公积金的费用，不得开具增值税专用发票，但可以开具普通发票。

【例9-2】永乐劳务派遣公司对提供劳务派遣服务的增值税选择按差额征税，2021年9月应收某用工单位的劳务派遣收入65.1万元，应向派往该用工单位工作的劳务派遣员工支付工资福利32.9万元，为其缴纳社保费11万元、住房公积金4.4万元。款项通过银行收取和支付，代扣个人所得税0.66万元，代扣应由个人负担的社保费2.7万元。但某用工单位尚欠10万元劳务派遣费没有支付，发票已按应收数全额开具。

永乐劳务派遣公司的会计处理如下。

（1）根据合同确认收入时：

借：应收账款——某用工单位	651 000	
贷：主营业务收入——提供劳务收入		620 000
应交税费——简易计税		31 000

（2）收到款项时：

借：银行存款	551 000	
贷：应收账款——某用工单位		551 000

（3）计提应支付某用工单位劳务派遣员工的工资福利、社保费和住房公积金时：

借：主营业务成本——提供劳务成本	460 000	
应交税费——简易计税	23 000	
贷：应付职工薪酬——工资福利		329 000
——应付社保费		110 000
——应付住房公积金		44 000

（4）支付工资福利、社保费和住房公积金时：

借：应付职工薪酬——工资福利	329 000	
——社保费	110 000	
——住房公积金	44 000	
贷：银行存款		449 400
应交税费——应交个人所得税		6 600
其他应付款——社保费个人部分		27 000

（5）缴纳增值税和代扣的个人所得税、个人负担的社保费时：

借：应交税费——简易计税	8 000	

——应交个人所得税	6 600	
其他应付款——社保局社保费个人部分	27 000	
贷：银行存款		41 600

此外，在收到某用工单位尚欠的劳务派遣费时：

借：银行存款	100 000	
贷：应收账款——某用工单位		100 000

需要说明的是，上述差额纳税的扣除额是指实际支付额已计提尚未支付的，抵减下期计提额或者做补交增值税处理，年末在汇算清缴期尚未支付的，做调增应纳税所得额处理。同时，对扣除的福利除实际支付额外，还必须是支付给劳务派遣员工的个人部分。

9.2　其他职工薪酬的税会差异

本节主要介绍两部分内容：一是除了工资薪金之外的其他职工薪酬的税会差异和纳税调整，二是职工薪酬的税收优惠及纳税申报。

9.2.1　其他职工薪酬

其他职工薪酬主要包括职工福利费、非货币福利、社会保险费、住房公积金、工会经费、职工教育经费、商业保险费、短期带薪缺勤和设定受益计划等。

1. 职工福利费

《关于企业加强职工福利费财务管理的通知》（财企〔2009〕242 号）规定，企业职工福利费是指企业为职工提供的除职工工资、奖金、津贴、纳入工资总额管理的补贴、职工教育经费、社会保险费和补充养老保险费（年金）、补充医疗保险费及住房公积金以外的福利待遇支出，包括发放给职工或为职工支付的以下各项现金补贴和非货币性集体福利：

（1）为职工卫生保健、生活等发放或支付的各项现金补贴和非货币性福利，包括职工因公外地就医费用、暂未实行医疗统筹企业职工医疗费用、职工供养直系亲属医疗补贴、职工疗养费用、自办职工食堂经费补贴或未办职工食堂统一供应午餐支出、符合国家有关财务规定的供暖费补贴、防暑降温费等。

（2）企业尚未分离的内设集体福利部门所发生的设备、设施和人员费用，包括职工食堂、职工浴室、理发室、医务所、托儿所、疗养院、集体宿舍等集体福利部门设备、设施的折旧、维修保养费用以及集体福利部门工作人员的工资薪金、社会保险费、住房公积金、劳务费等人工费用。

（3）职工困难补助，或者企业统筹建立和管理的专门用于帮助、救济困难职工的基金支出。

（4）离退休人员统筹外费用，包括离休人员的医疗费及离退休人员其他统筹外费用。

（5）按规定发生的其他职工福利费，包括丧葬补助费、抚恤费、职工异地安家费、独生子女费、探亲假路费，以及符合企业职工福利费定义但没有包括在本通知各条款项目中的其他支出。

国税函〔2009〕3号文规定，企业发生的职工福利费，单独设置账册，进行准确的会计处理。没有单独设置账册准确会计处理的，税务机关应责令企业在规定的期限内进行改正。逾期仍未改正的，税务机关可对企业发生的职工福利费进行合理的核定。工会经费、职工教育经费通过"管理费用"账户进行会计处理。

所得税法实施条例第四十条规定，企业发生的职工福利费支出，不超过工资薪金总额14%的部分，准予扣除。从2008年起，企业不再提取福利费，按实际发生额在不超过工资、薪金总额的14%以内扣除。即低于14%按实际扣除，高于14%的部分，汇算清缴时要做纳税调整处理。

根据国家税务总局公告2015年第34号文第一条，列入企业员工工资薪金制度、固定与工资薪金一起发放的福利性补贴，符合国税函〔2009〕3号第一条规定的，可作为企业发生的工资薪金支出，按规定在税前扣除。不能同时符合上述条件的福利性补贴，应作为职工福利费扣除。

会计处理时，企业发生的职工福利费，在实际发生时根据实际发生额计入当期损益或相关资产成本。

2. 非货币性福利

非货币性福利是指企业以自己的产品或外购商品发放给职工作为福利，企业提供给职工无偿使用自己拥有的资产或租赁资产。例如，提供给企业高级管理人员使用的住房等，免费为职工提供诸如医疗保健的服务或向职工提供企业支付了一定补贴的商品或服务等。又如，以低于成本的价格向职工出售住房等。从所得税法及其实施条例规定来看，具体确认时根据实际情况，原则上可作为非现金形式的劳动报酬计入工资薪金所得扣除，不符合规定的可作为福利费项目进行处理。

在税务处理上，所得税法实施条例第二十五条规定，企业以其自产产品作为非货币性福利发放给职工、用于职工集体福利的，应当视同销售，按照该产品的公允价值，确认销售货物收入；同时，按该价值计入工资、薪金支出或职工福利费支出。职工福利费税前扣除要受税法规定标准的限制。

会计处理时，企业发生的职工福利费为非货币性福利的，按照公允价值计量入当期损益或相关资产成本。

【例 9-3】 羽林公司是一家以生产化妆品为主的上市公司，2021 年 6 月以账面成本 30 000 元的自产甲化妆品作为福利发放给本厂职工。按当月同类化妆品的加权平均市场销售价格计算，该批化妆品不含税售价为 50 000 元。假设甲化妆品的消费税税率均为 30%，增值税税率为 13%，不考虑其他税费。

确认收入的会计处理如下：

借：应付职工薪酬——职工福利　　　　　　　　　　56 500

　　贷：主营业务收入　　　　　　　　　　　　　　　　50 000

　　　　应交税费——应交增值税（销项税额）　　　　　6 500

结转成本的会计处理如下：

借：主营业务成本　　　　　　　　　　　　　　　　30 000

　　贷：库存商品　　　　　　　　　　　　　　　　　30 000

计提税金的会计处理如下：

借：税金及附加　　　　　　　　　　　　　　　　　15 000

　　贷：应交税费——应交消费税　　　　　　　　　　15 000

如果上述职工福利没有超过计税标准，则无须做纳税调整处理，不存在税会差异。

3. 社会保险费

社会保险费主要是五险，即医疗保险费、养老保险费、失业保险费、工伤保险费和生育保险费。即企业按照国务院、各地方政府或企业年金计划规定的基准和比例计算，向社会保险经办机构缴纳的医疗保险费、养老保险费（包括向社会保险经办机构缴纳的基本养老保险费和向企业年金基金相关管理人缴纳的补充养老保险费）、失业保险费、工伤保险费和生育保险费。企业以购买商业保险形式提供给职工的各种保险待遇属于企业提供的职工薪酬，按照职工薪酬的原则进行确认、计量和披露。

所得税法实施条例第三十五条规定："企业依照国务院有关主管部门或者省级人民政府规定的范围和标准为职工缴纳的基本养老保险费、基本医疗保险费、失业保险费、工伤保险费、生育保险费等基本社会保险费和住房公积金，准予扣除。企业为投资者或者职工支付的补充养老保险费、补充医疗保险费，在国务院财政、税务主管部门规定的范围和标准内，准予扣除。"第三十六条规定："除企业依照国家有关规定为特殊工种职工支付的人身安全保险费和国务院财政、税务主管部门规定可以扣除的其他商业保险费外，企业为投资者或者职工支付的商业保险费，不得扣除。"所得税法强调的依国家有关规定缴纳的可以税前扣除，不符合规定的不予税前扣除。

对于企业按照国家规定给职工缴纳的基本医疗保险费、基本养老保险费、补充养老保险费、失业保险费、工伤保险费和生育保险费会计准则和所得税法上的口径基本相同。商业保险费用会计上确认为职工薪酬，而在税法上除了企业依照国家有关规定为特殊工种职工支付的人身安全保险费和国务院财政、税务主管部门规定可以扣除的，一律不得扣除。对于补充医疗保险费用会计上并没有提及，而所得税法上规定在国务院财政、税务主管部门规定的范围和标准内准予扣除。

《财政部 国家税务总局关于补充养老保险费 补充医疗保险费有关企业所得税政策问题的通知》(财税〔2009〕27号)规定，自2008年1月1日起，企业在为本企业任职或者受雇的全体员工支付的补充医疗保险费，在不超过职工工资总额5%标准内的部分允许税前扣除。

会计处理时，企业为职工缴纳的医疗保险费、工伤保险费、生育保险费等社会保险费，在职工为其提供服务的会计期间，根据规定的计提基础和计提比例计算确定相应的职工薪酬金额，并确认相应负债，属于短期薪酬，计入当期损益或相关资产成本。基本养老保险费和失业保险费，属于离职后福利中的设定提存计划，企业根据设定提存计划计算的应缴存金额确认为负债，并计入当期损益或相关资产成本。

4. 住房公积金

住房公积金的提取基准和比例会计上和税法上有所不同。所得税法实施条例规定，企业依照国务院有关主管部门或者省级人民政府规定的范围和标准为职工缴纳的住房公积金，准予扣除。参考针对个人所得税的财税〔2006〕10号文来看，单位和个人分别在不超过职工本人上一年度月平均工资12%的幅度内，其实际缴存的住房公积金，允许在个人应纳税所得额中扣除。单位和职工个人缴存住房公积金的月平均工资不得超过职工工作地所在设区城市上一年度职工月平均工资的3倍。单位和个人超过上述规定比例和标准缴付的住房公积金，将超过部分并入个人当期的工资、薪金收入，计征个人所得税。会计处理时，企业为职工缴纳的住房公积金，在职工为其提供服务的会计期间，根据规定的计提基础和计提比例计算确定相应的职工薪酬金额，并确认相应负债，计入当期损益或相关资产成本。

5. 工会经费和职工教育经费

在税法上，所得税法实施条例第四十一条规定："企业拨缴的工会经费，不超过工资薪金总额2%的部分，准予扣除。"

《国家税务总局关于工会经费企业所得税税前扣除凭据问题的公告》(国家税务总局公告〔2010〕第24号)规定，自2010年7月1日起，企业拨缴的职工工会经费，不超过工资薪金总额2%的部分，凭工会组织开具的"工会经费收入专用收据"在企业所得税税前扣除。拨缴与实际发生原则含义相同，会计上预提但未拨缴的工会经费不允许税前扣除。

软件生产企业的职工培训费用，可按实际发生额在计算应纳税所得额时扣除。软件生产企业应准确划分职工教育经费中的培训费支出，对于不能准确划分的，以及准确划分后职工教育经费中扣除职工培训费用的余额，按照财税〔2018〕51号文的比例扣除。

集成电路设计企业视同软件企业，享受上述软件企业的有关企业所得税政策。

经认定的自主开发、生产动漫产品的动漫企业，可申请享受国家现行鼓励软件产业发展的所得税优惠政策。

航空企业实际发生的飞行员养成费、飞行训练费、乘务训练费、空中保卫员训练费等空勤训练费用，根据所得税法实施条例第二十七条规定，可以作为航空企业运输成本在税前扣除。

值得注意的是，职业教育经费区别于以上费用。其超支部分可以无限期向以后年度结转，与会计上产生的暂时性差异，可以按照所得税准则进行所得税会计处理。"五险一金"费用的税会差额，属于永久性差异，无须按照所得税准则进行所得税会计处理。

会计处理时，企业为职工按规定提取的工会经费和职工教育经费，在职工为其提供服务的会计期间，根据规定的计提基础和计提比例计算确定相应的职工薪酬金额，并确认相应负债，计入当期损益或相关资产成本。

【例9-4】京智公司2020年度、2021年度、2022年度实际发放的工资、薪金总额分别为4 000万元、4 800万元、6 400万元，实际发生的职工教育经费分别为352万元、360万元、112万元。京智公司各年度实际发放的工资、薪金均符合所得税法所界定的合理的工资、薪金支出，准予税前扣除。京智公司为普通商贸公司。假定有确凿的证据预计京智公司在可抵扣暂时性差异转回的未来期间能够产生足够的应纳税所得额，各年度适用的所得税税率均为25%。

2020—2022年度职工教育经费的税会处理分别如下：

（1）2020年度，税法计提数320万元（4 000×8%），会计实际发生数352万元，产生32万元的税会差异，京智公司纳税申报时需要填报《职工薪酬纳税调整明细表（A105050）》，如表9-4所示。

表9-4　职工薪酬纳税调整明细表（A105050）

行次	项　目	账载金额	实际发生额	税收规定扣除率	以前年度累计结转扣除额	税收金额	纳税调整金额	累计结转以后年度扣除额
		1	2	3	4	5	6（1-5）	7（2+4-5）
4	三、职工教育经费支出	3 520 000	3 520 000	*	0	3 200 000	320 000	320 000
5	其中：按税收规定比例扣除的职工教育经费	3 520 000	3 520 000	8%	0	3 200 000	320 000	320 000
6	按税收规定全额扣除的职工培训费用				*			*

京智公司的会计处理如下：

借：递延所得税资产　　　　　　　　　　　　　　　　80 000（320 000×25%）

　　贷：所得税费用　　　　　　　　　　　　　　　　　80 000

（2）2021年度，税法计提数384万元（4 800×8%），会计实际发生数360万元小于税法计提数，可在当年全额据实列支。对于24万元的税会差异，可以转回2020年超支的部分，2021年的应纳税所得额调减24万元，京智公司纳税申报时需要填报《职工薪酬纳税调整明细表（A105050）》，如表9-5所示。

表9-5　职工薪酬纳税调整明细表（A105050）

行次	项　　目	账载金额	实际发生额	税收规定扣除率	以前年度累计结转扣除额	税收金额	纳税调整金额	累计结转以后年度扣除额
		1	2	3	4	5	6（1−5）	7（2+4−5）
4	三、职工教育经费支出	3 600 000	3 600 000	*	320 000	3 840 000	−240 000	80 000
5	其中：按税收规定比例扣除的职工教育经费	3 600 000	3 600 000	8%	320 000	3 840 000	−240 000	80 000
6	按税收规定全额扣除的职工培训费用				*			*

京智公司的会计处理如下：

借：所得税费用　　　　　　　　　　　　　　　　　　60 000（240 000×25%）

　　贷：递延所得税资产　　　　　　　　　　　　　　　60 000

（3）2022年度，税法计提数512万元（6 400×8%），会计实际发生数112万元小于税法计提数，可在当年据实列支，并产生400万元的税会差异。可将2020年超支的可抵扣暂时性余额8万元列支于2022年，将2022年纳税调减8万元。至此，2020年实际大于税法计提数的暂时性差异全部结转完，京智公司纳税申报时需要填报《职工薪酬纳税调整明细表（A105050）》，如表9-6所示。

表9-6　职工薪酬纳税调整明细表（A105050）

行次	项　　目	账载金额	实际发生额	税收规定扣除率	以前年度累计结转扣除额	税收金额	纳税调整金额	累计结转以后年度扣除额
		1	2	3	4	5	6（1−5）	7（2+4−5）
4	三、职工教育经费支出	1 120 000	1 120 000	*	80 000	5 120 000	−4 000 000	0

续表

行次	项目	账载金额	实际发生额	税收规定扣除率	以前年度累计结转扣除额	税收金额	纳税调整金额	累计结转以后年度扣除额
		1	2	3	4	5	6（1-5）	7（2+4-5）
5	其中：按税收规定比例扣除的职工教育经费	1 120 000	1 120 000		80 000	5 120 000	-4 000 000	0
6	按税收规定全额扣除的职工培训费用				*			*

对于税法大于实际数的差额，按照"据实扣除"原则，属于永久性差异，不进行所得税会计处理。将剩余的暂时性差异全部转回，京智公司的会计处理如下：

借：所得税费用　　　　　　　　　　　　　　　20 000（80 000×25%）

贷：递延所得税资产　　　　　　　　　　　　　　　　　20 000

【例9-5】 2021年某企业工资薪金计提55万元，实际发放50万元，职工福利费实际支出6万元，职工教育经费（8%）本年实际支出4.75万元，上年结转1万元，工会经费支出0.8万元（取得专用收据）。

职工福利费扣除限额=50×14%=7（万元）

职工教育经费扣除限额=50×8%=4（万元）

工会经费扣除限额=50×2%=1（万元）

该企业纳税申报时，填报《职工薪酬纳税调整明细表（A105050）》，如表9-7所示。

表9-7　职工薪酬纳税调整明细表（A105050）

行次	项目	账载金额	实际发生额	税收规定扣除率	以前年度累计结转扣除额	税收金额	纳税调整金额	累计结转以后年度扣除额
		1	2	3	4	5	6（1-5）	7（2+4-5）
1	一、工资薪金支出	550 000	500 000	*	*	500 000	50 000	*
2	其中：股权激励			*	*			*
3	二、职工福利费支出	70 000	60 000	14%	*	60 000	10 000	*
4	三、职工教育经费支出	47 500	47 500	*	10 000	40 000	7 500	17 500
5	其中：按税收规定比例扣除的职工教育经费	47 500	47 500	8%	10 000	40 000	7 500	17 500

续表

行次	项　　目	账载金额	实际发生额	税收规定扣除率	以前年度累计结转扣除额	税收金额	纳税调整金额	累计结转以后年度扣除额
		1	2	3	4	5	6 (1–5)	7 (2+4–5)
6	按税收规定全额扣除的职工培训费用				*			*
7	四、工会经费支出	8 000	8 000	2%	*	8 000	0	*

6. 商业保险费

商业保险费的税会差异如表 9-8 所示。

表 9-8　商业保险费的税会差异

会计准则	所得税法	税会差异
企业按照有关法律、法规为特殊工种人员缴纳的法定人身安全保险费也属于职工薪酬	为特殊工种职工支付的人身安全保险费可以据实扣除。除企业依照国家有关规定为特殊工种职工支付的人身安全保险费和国务院财政、税务主管部门规定可以扣除的其他商业保险费外，企业为投资者或者职工支付的商业保险费，不得扣除	在国务院财政、税务主管部门规定的范围和标准内，准予扣除。超过标准的部分本期及以后年度均不得扣除，调整应纳税所得额

保险费用的扣除原则：

（1）只要具有强制性和基本保障性的保险费用都可以据实扣除。

（2）企业在商业保险机构为本企业的财产购买的财产险可以扣除，但为投资者个人或其职工个人购买的财产险和人寿险一律不得扣除。

（3）人身意外伤害保险属于人寿险，原则上不得扣除，属于随同交通票一并购买的人身意外伤害保险，可以作为差旅费的杂费税前扣除。

《高危行业企业安全生产费用财务管理暂行办法》（财企〔2006〕478）第十八条指出："企业应当为从事高空、高压、易燃、易爆、剧毒、放射性、高速运输、野外、矿井等高危作业的人员办理团体人身意外伤害保险或个人意外伤害保险。所需保险费用直接列入成本（费用），不在安全费用中列支。"

7. 短期带薪缺勤

短期带薪缺勤是职工享有带薪休假的权利，根据未使用的权利是否可以向以后期间结转分为：累积带薪缺勤和非累积带薪缺勤。累积带薪缺勤，是指未使用的带薪缺勤权利以后期间可以继续使用，否则为非累积带薪缺勤。两种带薪缺勤的确认时点不同。累计带薪缺勤的确认时点为：在职工提供服务增加其未来享有的带薪缺勤权利时确认，以预计支付的金额计量。非累积带薪缺勤在实际发生时包含在当月工资中，不单独处理。由于不能累计，所以也无须将未用完的非累积带薪缺勤权利确认应付职工薪酬。

【例 9-6】 德宏公司共有 20 名职工，平均日工资 300 元，实行累积带薪缺勤制度。规定：每人每年可享受 10 个工作日带薪年休假，未享受的年休假向后结转，但不得超过一年。年休假的规则：先使用当年的休假权利，超出部分才从上年结转的天数余额中扣除。

2021 年公司年休假共计使用了 140 天，剩余 60 天可以结转到 2022 年，但这项权利是 2021 年产生的，因此确认为 2021 年的负债。德宏公司的会计处理如下：

借：管理费用　　　　　　　　　　　　　　　　　　　18 000

　贷：应付职工薪酬——短期薪酬（累积带薪缺勤）　　　　　　18 000

根据国家税务总局公告 2015 年第 34 号文的规定，企业在年度汇算清缴结束前向员工实际支付的已预提汇缴年度工资薪金，准予在汇缴年度按规定扣除。这笔费用不满足上述条件，所以在计算当期应纳税所得额时是不允许扣除的，只有在实际发生时才能扣除。该笔费用在会计和税法上所规定的扣除时点不同，所以会形成暂时性差异。德宏公司做如下会计处理：

借：递延所得税资产　　　　　　　　　　　　　　　　4 500

　贷：应交税费——应交所得税　　　　　　　　　　　　4 500

【例 9-7】 承例 9-6。截至 2022 年 12 月 31 日，德宏公司所有员工享受了 160 天的带薪年休假。根据公司的规定，未行使的权利只能向后结转一年，超过一年未行使的权利将作废。员工在 2022 年未行使的 40 天年休假可结转到 2023 年，而 2021 年未行使的 60 天作废。

2022 年 12 月 31 日，德宏公司的会计处理如下。

（1）追溯调整 2021 年的累计带薪缺勤：

借：应付职工薪酬——短期薪酬（累积带薪缺勤）　　　18 000

　贷：利润分配——未分配利润　　　　　　　　　　　　18 000

借：应交税费——应交所得税　　　　　　　　　　　　4 500

　贷：递延所得税资产　　　　　　　　　　　　　　　　4 500

（2）确认 2021 年未行使的累计带薪缺勤：

借：管理费用　　　　　　　　　　　　　　　　　　　12 000

　贷：应付职工薪酬——短期薪酬（累积带薪缺勤）　　　12 000

借：递延所得税资产　　　　　　　　　　　　　　　　3 000

　贷：应交税费——应交所得税　　　　　　　　　　　　3 000

根据重要性原则，也可以不进行追溯调整，直接冲减当期相关的费用账户。会计处理如下：

借：应付职工薪酬——短期薪酬（累积带薪缺勤）　　　6 000

　贷：管理费用　　　　　　　　　　　　　　　　　　　6 000

借：应交税费——应交所得税　　　　　　　　　　　　1 500

　贷：递延所得税资产　　　　　　　　　　　　　　　　1 500

8. 设定受益计划

（1）设定受益计划负债的税务处理。企业实施设定受益计划而计提的职工薪酬，包括设定受益计划修改所导致的与以前期间职工服务相关的设定受益计划义务现值增加或减少的，由于尚未实际支出或发生，因此税法不予认可，在计算企业所得税应纳税所得额时做纳税调增。企业期末根据负债摊余成本和折现率计算的财务费用，其支出的事由为职工薪酬，未来到期后作为离职后福利付给职工，因此属于税法规定的职工薪金支出。由于计提时未实际支付，因此不在税前扣除，需调增应纳税所得额。企业为了消除设定受益计划所产生的部分或所有未来义务进行结算交易的，由于设定受益计划义务现值之前并未实际支付，未做税前扣除，因此汇算清缴时做纳税调减处理。

（2）设定受益计划资产的税务处理。

① 若企业未设立企业年金，尽管企业实际支付时员工已离职，但设定受益计划的本质是递延工资，企业的支付义务是基于职工在职时稳定长期的劳动投入而在其离职前产生的，只是支付时间滞后，因此该支出属于所得税法规定的企业实际发生的与取得收入有关的、合理的支出，准予在企业所得税税前扣除。由于企业实际支出时会计处理未计入利润表，因此做纳税调减处理。

② 若企业设立了企业年金，企业年金属于补充养老保险，按照前述的财税〔2009〕27 号文规定进行处理。而会计上未列入损益项目，需要做纳税调减处理。

9.2.2 职工薪酬的税收优惠

所得税法第三十条第（二）项指出，安置残疾人员及国家鼓励安置的其他就业人员所支付的工资，企业可以在计算应纳税所得额时加计扣除。

所得税法实施条例第九十六条指出，企业安置残疾人员所支付的工资的加计扣除，是指企业安置残疾人员的，在按照支付给残疾职工工资据实扣除的基础上，按照支付给残疾职工工资的 100%加计扣除。

财税〔2009〕70 号文明确规定，企业就支付给残疾职工的工资，在进行企业所得税预缴申报时，允许据实计算扣除；在年度终了进行企业所得税年度申报和汇算清缴时，再依照规定计算加计扣除。

企业享受安置残疾职工工资 100%加计扣除应具备的条件：

（1）依法与安置的每位残疾人签订了一年以上（含一年）的劳动合同或服务协议，并且安置的每位残疾人在企业实际上岗工作。

（2）为安置的每位残疾人按月足额缴纳了企业所在区县人民政府根据国家政策规定的基本养老保险、基本医疗保险、失业保险和工伤保险等社会保险。

（3）定期通过银行等金融机构向安置的每位残疾人实际支付了不低于企业所在区县适

用的经省级人民政府批准的最低工资标准的工资。

（4）具备安置残疾人上岗工作的基本设施。

企业吸收残疾人员就业，可以享受上述税收优惠，在纳税申报时，填报二级附表《免税、减计收入及加计扣除优惠明细表（A107010）》，如表 9-9 所示，然后在主表《中华人民共和国企业所得税年度纳税申报表（A 类）（A100000）》的第 17 行填列，如表 9-10 所示。

表 9-9　免税、减计收入及加计扣除优惠明细表（A107010）

行次	项　目	金　额
29	（四）安置残疾人员所支付的工资加计扣除	

表 9-10　中华人民共和国企业所得税年度纳税申报表（A100000）

行次	类　别	项　目	金　额
17		减：免税、减计收入及加计扣除（填写 A107010）	

9.3　股份支付的税会差异

股份支付是指企业为获取职工和其他方提供的服务而授予权益工具或者承担以权益工具为基础确定的负债的交易。股份支付分为以权益结算的股份支付和以现金结算的股份支付。以权益结算的股份支付，是指企业为获取服务以股份或其他权益工具作为对价进行结算的交易。以现金结算的股份支付，是指企业为获取服务承担以股份或其他权益工具为基础计算确定的交付现金或其他资产义务的交易。

9.3.1　以现金结算的股份支付的税务处理

根据所得税法实施条例的规定，作为企业税前扣除项目的工资薪金支出，是企业已经实际支付给其职工的工资薪金，尚未支付的应付工资薪金支出，不能在其未支付的纳税年度内扣除，只有等到实际发生后才准予税前扣除。如果因股份支付而确认成本或费用与行权不在同一会计年度，则会产生暂时性差异。

1. 授权后可立即行权的以现金结算的股份支付

（1）授权后可立即行权，企业和职工在授权日结算。会计准则规定，企业在授予日以企业承担负债的公允价值计入相关成本和费用，并相应增加负债。由于在确认成本费用的同时，已将款项实际支付给职工，按照所得税法规定允许在当年计算应纳税所得额时全额扣除，所得税法与会计准则的规定一致，没有产生暂时性差异，无须做纳税调整处理。

（2）授权后可立即行权，企业和职工在以后会计年度结算。会计准则规定，企业在授予日以企业承担负债的公允价值计入相关成本和费用，同时计入负债，在可行权日即授权日之后不再确认成本费用。在可行权日至结算日之间的每个资产负债表日和结算日对负债（应付职工薪酬）的公允价值重新计量，将其变动计入当期损益（公允价值变动损益）。

根据国家税务总局公告 2012 年第 18 号文，企业可立即行权的股权激励，其公允价值与行权支付金额的差额，在税前扣除（未形成税会差异）；有等待期的股权激励，需待可行权年度，按照其公允价值与行权支付金额的差额，在税前扣除（形成税会差异）。

按照所得税法的规定，只有实际支付工资薪金后，才准予税前扣除。所得税法与会计准则的规定不一致，产生暂时性差异，需做纳税调整处理。

2. 授权后需满足条件才可行权的以现金结算的股份支付

（1）授权后需满足条件才可行权，企业和职工在可行权日结算。其会计处理及纳税调整与在可行权日之后立即结算的情况相似。

（2）授权后需满足条件才可行权，企业和职工在可行权日后结算。企业在等待期内的每个资产负债表日，以对可行权情况的最佳估计数为基础，按照企业承担负债的公允价值，将当期取得的服务计入相关成本或费用，同时计入负债。在可行权日之后不再确认成本或费用，在可行权日至结算日之间的每个资产负债表日和结算日对负债的公允价值重新计量，将其变动计入当期损益。

同样，所得税法与会计准则的规定不一致，产生暂时性差异，需做纳税调整处理。

【例 9-8】2019 年年初，大宇公司为其 200 名中层以上职员每人授予 100 份现金股票增值权，这些职员从 2019 年 1 月 1 日起在该公司连续服务三年，即可按照当时股价的增长幅度获得现金，该增值权在 2023 年 12 月 31 日之前行使。大宇公司估计，该增值权在负债结算之前的每一资产负债表日以及结算日的公允价值和可行权后的每份增值权现金支出额，如表 9-11 所示。

表 9-11　增值权现金支出额　　　　　　　　　　　　　单位：元

年　　份	公允价值	支付现金
2019	14	
2020	15	
2021	18	16
2022	21	20
2023		25

第一年有 20 名职员离开大宇公司，大宇公司估计三年中还将有 15 名职员离开；第二年又有 10 名职员离开公司，公司估计还将有 10 名职员离开；第三年又有 15 名职员离开。第三年

年末，有 70 人行使股份增值权取得了现金。第四年年末，有 50 人行使了股份增值权。第五年年末，剩余 35 人也行使了股份增值权。

费用计算过程如表 9-12 所示。

表 9-12　费用的计算　　　　　　　　　　　　　　　　　　　　单位：元

年　份	负债计算（1）	支付现金计算（2）	负债（3）	支付现金（4）	当期费用（5）
2019	（200−35）×100×14×1÷3		77 000		77 000
2020	（200−40）×100×15×2÷3		160 000		83 000
2021	（200−45−70）×100×18	70×100×16	153 000	112 000	105 000
2022	（200−45−70−50）×100×21	50×100×20	73 500	100 000	20 500
2023	0	35×100×25	0	87 500	14 000
总额				299 500	299 500

大宇公司的会计处理。

（1）2019 年 12 月 31 日的会计处理如下：

借：管理费用　　　　　　　　　　　　　　　　　77 000

　　贷：应付职工薪酬——股份支付　　　　　　　　　　77 000

大宇公司在申报 2019 年的所得税时，调增应纳税所得额 77 000 元。大宇公司纳税申报时，填报《职工薪酬纳税调整明细表（A105050）》，如表 9-13 所示。

表 9-13　职工薪酬纳税调整明细表（A105050）

行次	项　　目	账载金额	实际发生额	税收规定扣除率	以前年度累计结转扣除额	税收金额	纳税调整金额	累计结转以后年度扣除额
		1	2	3	4	5	6（1−5）	7（2+4−5）
1	一、工资薪金支出			*	*			*
2	其中：股权激励	77 000	0	*	*	0	77 000	*

此时，应交企业所得税 269 250 元 ［（1 000 000+77 000）×25%］。可抵扣暂时性差异 77 000 元，确认递延所得税资产 19 250 元。

借：所得税费用　　　　　　　　　　　　　　　250 000

　　递延所得税资产　　　　　　　　　　　　　　19 250

　　贷：应交税费——应交所得税　　　　　　　　　　269 250

（2）2020 年 12 月 31 日，大宇公司的会计处理如下：

借：管理费用　　　　　　　　　　　　　　　　　83 000

　　贷：应付职工薪酬——股份支付　　　　　　　　　　83 000

大宇公司在申报 2020 年的所得税时，调增应纳税所得额 83 000 元。大宇公司纳税申报时，填报《职工薪酬纳税调整明细表（A105050）》，如表 9-14 所示。

表9-14 职工薪酬纳税调整明细表（A105050）

行次	项　目	账载金额	实际发生额	税收规定扣除率	以前年度累计结转扣除额	税收金额	纳税调整金额	累计结转以后年度扣除额
		1	2	3	4	5	6（1-5）	7（1+4-5）
1	一、工资薪金支出			*	*			*
2	其中：股权激励	83 000	0	*	*	0	83 000	*

此时，应交企业所得税 270 750 元〔（1 000 000+83 000）×25%〕。可抵扣暂时性差异 83 000 元，"递延所得税资产"账户的期初余额为 19 250 元，当期应确认递延所得税资产 20 750 元。

借：所得税费用　　　　　　　　　　　　　　　　　250 000

　　递延所得税资产　　　　　　　　　　　　　　　 20 750

　　贷：应交税费——应交所得税　　　　　　　　　　　　 270 750

（3）2021 年 12 月 31 日，大宇公司的会计处理如下：

借：管理费用　　　　　　　　　　　　　　　　　　105 000

　　贷：应付职工薪酬——股份支付　　　　　　　　　　　 105 000

借：应付职工薪酬——股份支付　　　　　　　　　　112 000

　　贷：银行存款　　　　　　　　　　　　　　　　　　　 112 000

大宇公司在申报 2021 年的所得税时，调增应纳税所得额 105 000 元。另外，公司在 2021 年 12 月 31 日支付给其中 70 名管理人员 112 000 元现金，按税法的规定，调减应纳税所得额 112 000 元。

以上两项总计应调减应纳税所得额 7 000 元，大宇公司纳税申报时，填报《职工薪酬纳税调整明细表（A105050）》，如表9-15所示。

表9-15 职工薪酬纳税调整明细表（A105050）

行次	项　目	账载金额	实际发生额	税收规定扣除率	以前年度累计结转扣除额	税收金额	纳税调整金额	累计结转以后年度扣除额
		1	2	3	4	5	6（1-5）	7（2+4-5）
1	一、工资薪金支出			*	*			*
2	其中：股权激励	105 000	112 000	*	*	112 000	-7 000	*

此时，应交企业所得税 248 250 元〔（1 000 000-7 000）×25%〕。

2021 年 12 月 31 日，应付职工薪酬的账面价值为 153 000 元，与其计税基础 0 之间的差额为 153 000 元，属于可抵扣暂时性差异，确认递延所得税资产 38 250 元。由于"递延所得税资产"账户的期初余额为 40 000 元，当期转回原已确认的递延所得税资产 1 750 元。会计处理如下：

借：所得税费用　　　　　　　　　　　　　　　　　250 000

　　贷：递延所得税资产　　　　　　　　　　　　　　　　　　　　　 1 750

　　　　应交税费——应交所得税　　　　　　　　　　　　　　　　　 248 250

　　（4）2022 年 12 月 31 日，大宇公司的会计处理如下：

　　借：公允价值变动损益　　　　　　　　　　　　　 20 500

　　　贷：应付职工薪酬——股份支付　　　　　　　　　　　　　　　　 20 500

　　借：应付职工薪酬——股份支付　　　　　　　　　 100 000

　　　贷：银行存款　　　　　　　　　　　　　　　　　　　　　　　　 100 000

　　由于公允价值变动损益不计入应纳税所得额，因此公司在申报 2022 年的所得税时，调增应纳税所得额 20 500 元。2022 年实际支付 50 名管理人员现金 100 000 元，按照税法规定，调减应纳税所得额 100 000 元。大宇公司纳税申报时，填报《纳税调整项目明细表（A105000）》第 7 行和《职工薪酬纳税调整明细表（A105050）》，分别如表 9-16 和表 9-17 所示。

表 9-16　纳税调整项目明细表（A105000）

行　　次	项　　目	账载金额	税收金额	调增金额	调减金额
		1	2	3	4
7	（六）公允价值变动净损益	−20 500	*	20 500	

表 9-17　职工薪酬纳税调整明细表（A105050）

行次	项　　目	账载金额	实际发生额	税收规定扣除率	以前年度累计结转扣除额	税收金额	纳税调整金额	累计结转以后年度扣除额
		1	2	3	4	5	6（1−5）	7（2+4−5）
1	一、工资薪金支出			*	*			*
2	其中：股权激励	0	100 000	*	*	100 000	−100 000	*

　　以上两项总计应调减应纳税所得额 79 500 元（100 000−20 500），应交企业所得税 230 125 元［（1 000 000−79 500）×25%］。

　　2022 年 12 月 31 日，应付职工薪酬的账面价值为 73 500 元，与其计税基础 0 之间的差额为 73 500 元，属于可抵扣暂时性差异，确认与其相关的递延所得税资产 18 375 元。由于"递延所得税资产"账户的期初余额为 38 250 元，当期应转回原已确认的递延所得税资产 19 875 元。

　　借：所得税费用　　　　　　　　　　　　　　　　 250 000

　　　贷：递延所得税资产　　　　　　　　　　　　　　　　　　　　　 19 875

　　　　应交税费——应交所得税　　　　　　　　　　　　　　　　　 230 125

　　（5）2023 年 12 月 31 日，大宇公司的会计处理如下：

　　借：公允价值变动损益　　　　　　　　　　　　　 14 000

　　　贷：应付职工薪酬——股份支付　　　　　　　　　　　　　　　　 14 000

　　借：应付职工薪酬——股份支付　　　　　　　　　 87 500

贷：银行存款   87 500

由于公允价值变动损益不计入应纳税所得额，因此大宇公司在申报 2023 年的所得税时，调增应纳税所得额 14 000 元。2023 年实际支付给 30 名管理人员现金 87 500 元，按照税法规定调减应纳税所得额 87 500 元。大宇公司纳税申报时，填报《纳税调整项目明细表（A105000）》第 7 行和《职工薪酬纳税调整明细表（A105050）》，分别如表 9-18 和表 9-19 所示。

表 9-18　纳税调整项目明细表（A105000）

行　　次	项　　目	账载金额	税收金额	调增金额	调减金额
		1	2	3	4
7	（六）公允价值变动净损益	−14 000	*	14 000	

表 9-19　职工薪酬纳税调整明细表（A105050）

行次	项　　目	账载金额	实际发生额	税收规定扣除率	以前年度累计结转扣除额	税收金额	纳税调整金额	累计结转以后年度扣除额
		1	2	3	4	5	6（1−5）	7（2+4−5）
1	一、工资薪金支出			*	*			*
2	其中：股权激励	0	87 500	*	*	87 500	−87 500	*

以上两项总计调减应纳税所得额 73 500 元，应交企业所得税为 231 625 元〔（1 000 000−73 500）×25%〕。

应付职工薪酬的账面价值及计税基础均为 0，两者之间不存在暂时性差异，原已确认的与该项负债相关的"递延所得税资产"账户余额 18 375 元应全部转回。大宇公司的会计处理如下：

借：所得税费用   250 000

贷：递延所得税资产   18 375

应交税费——应交所得税   231 625

9.3.2　以权益结算的股份支付的税会处理

以权益结算的股份支付的会计处理通常包含以下几个方面：

（1）授予日。对于立即可行权的股份支付，按照授予日权益工具的公允价值计入相关的成本、费用和资本公积；对于除了立即可行权的股份支付外的以权益结算和现金结算的股份支付，在授予日均不做会计处理。

（2）等待期内的每个资产负债表日。完成等待期内的服务或达到规定业绩条件才可行权的换取职工服务的以权益结算的股份支付，在等待期内的每个资产负债表日，以对可行权权益工具数量的最佳估计为基础，按照权益工具授予日的公允价值，将当期取得的服务计入相关成本或费用和资本公积。

在资产负债表日，后续信息表明可行权权益工具的数量与以前估计不同的，进行调整并在可行权日调整至实际可行权的权益工具数量。

根据上述权益工具的公允价值和预计可行权的权益工具数量，计算截至当期累计应确认的成本费用金额，再减去前期累计已确认金额，作为当期应确认的成本费用金额。

（3）可行权日及可行权日之后。对于权益结算的股份支付，企业应在行权日根据行权情况，确认股本和股本溢价，同时结转等待期内确认的资本公积；在可行权日之后不再对已确认的成本费用和所有者权益总额进行调整。

对于以权益结算的股份支付税务的处理，国家税务总局公告 2012 年第 18 号文规定了我国对于股权激励企业所得税的处理原则：①对股权激励计划实行后立即可以行权的，上市公司可以根据实际行权时该股票的公允价格与激励对象实际行权支付价格的差额和数量，计算确定作为当年上市公司工资薪金支出，依照税法规定进行税前扣除。②对股权激励计划实行后，需待一定服务年限或者达到规定业绩条件方可行权的。上市公司等待期内会计上计算确认的相关成本费用，不得在对应年度计算缴纳企业所得税时扣除。在股权激励计划可行权后，上市公司方可根据该股票实际行权时的公允价格与当年激励对象实际行权支付价格的差额及数量，计算确定作为当年上市公司工资薪金支出，依照税法规定进行税前扣除。③上述所指股票实际行权时的公允价格，以实际行权日该股票的收盘价格确定。

【例 9-9】 黄海公司为上市公司，2019 年 1 月 1 日，公司经股东大会批准实施股权激励计划，向公司高管张某授予 3 万份股票期权。高管张某自 2019 年 1 月 1 日起，必须在公司连续服务 3 年，服务期满时才能够以每股 2 元的价格购买 3 万股公司股票。该公司估计该期权在授予日的公允价值为 6 元。假定黄海公司的股票 2019 年 12 月 31 日的收盘价为 7 元，2020 年 12 月 31 日的收盘价为 8 元，2021 年 12 月 31 日高管张某全部行权，并且行权日收盘价为 9 元，股票面值为 1 元，企业所得税税率为 25%。

黄海公司实施股权激励做如下处理。

（1）2019 年度。

① 1 月 1 日为股权激励计划授予日，不做会计处理。

② 12 月 31 日会计处理。计入成本费用、增加资本公积的金额=6（授予日公允价值）×30 000（股票期权股数）×1（第 1 年）÷3（等待期年限）=60 000（元）。

借：管理费用　　　　　　　　　　　　　　60 000
　　贷：资本公积——其他资本公积　　　　　　　　　　60 000

③ 12 月 31 日税务处理。由于黄海公司 2019 年股权激励计划实行后，高管张某没有行权，因此，黄海公司在等待期内会计上计算确认的相关成本费用，不得在对应年度计算缴纳企业所得税时扣除。2019 年调增应纳税所得额 60 000 元，黄海公司纳税申报时，需要填报《职工薪酬纳税调整明细表（A105050）》，如表 9-20 所示。

表 9-20　职工薪酬纳税调整明细表（A105050）

行次	项　　目	账载金额	实际发生额	税收规定扣除率	以前年度累计结转扣除额	税收金额	纳税调整金额	累计结转以后年度扣除额
		1	2	3	4	5	6（1–7）	7（2+4–5）
1	一、工资薪金支出			*	*			*
2	其中：股权激励	60 000	0	*	*	0	60 000	*

④ 递延所得税资产的确认。由于高管张某没有行权，所以黄海公司在等待期内会计上计算确认的相关成本费用，不得在对应年度计算缴纳企业所得税时扣除。《企业会计准则讲解（2010）》第十九章第三节中"三、特定交易或事项中涉及递延所得税的确认"之"（三）与股份支付相关的当期及递延所得税"规定，与股份支付相关的支出在按照会计准则规定确认为成本时，其相关的所得税影响应区别于税法的规定进行处理。税法规定了与股份支付相关的支出不允许税前扣除，不形成暂时性差异。

2019 年度预计未来期间可税前扣除的金额=（当年股票的公允价值 7 元–股票期权行权价格 2 元）×可行权数量 30 000×1（第 1 年）÷3（等待期年限）=50 000（元），而根据会计准则规定在当期确认的成本费用为 60 000 元，其中 10 000 元不形成暂时性差异。具体的所得税会计处理如下：

借：递延所得税资产　　　　　　　　　　　　　　　　12 500（50 000×25%）
　　贷：所得税费用　　　　　　　　　　　　　　　　　　12 500

（2）2020 年度。

① 12 月 31 日会计处理。计入成本费用、增加资本公积的金额=6（授予日公允价值）×30 000（股票期权股数）×2（第 2 年）÷3（等待期年限）–60 000（以前累计计入成本费用金额）=60 000（元）。

借：管理费用　　　　　　　　　　　　　　　　　　　60 000
　　贷：资本公积——其他资本公积　　　　　　　　　　　60 000

② 12 月 31 日税务处理。股权激励计划实行后，在等待期内会计上计算确认的相关成本费用，不得在对应年度计算缴纳企业所得税时扣除。2020 年调增应纳税所得额 60 000 元，黄海公司纳税申报时，需要填报《职工薪酬纳税调整明细表（A105050）》，如表 9-21 所示。

表 9-21　职工薪酬纳税调整明细表（A105050）

行次	项　　目	账载金额	实际发生额	税收规定扣除率	以前年度累计结转扣除额	税收金额	纳税调整金额	累计结转以后年度扣除额
		1	2	3	4	5	6（1–5）	7（2+4–5）
1	一、工资薪金支出			*	*			*
2	其中：股权激励	60 000	0	*	*	0	60 000	*

③ 递延所得税资产的确认。2020 年度预计未来期间可税前扣除的金额=（当年股票的公允价值 8 元–股票期权行权价格 2 元）×可行权数量 30 000×2（第 2 年）÷3（等待期年限）–以前累计确认可税前扣除的金额 50 000 元=70 000（元），而根据会计准则规定在当期确认的成本费用为 60 000 元，超过了该公司当期确认的成本费用。根据《企业会计准则讲解（2010）》的规定，超过部分的所得税影响应直接计入所有者权益。因此，具体的所得税会计处理如下：

借：递延所得税资产　　　　　　　　　　　　　　　17 500（70 000×25%）

　　贷：资本公积——其他资本公积　　　　　　　　　　　　2 500（70 000–60 000）×25%

　　　　所得税费用　　　　　　　　　　　　　　　　　　　15 000

（3）2021 年度。

① 12 月 31 日会计处理。计入成本费用、增加资本公积的金额=6（授予日公允价值）×30 000（股票期权股数）×3（第 3 年）÷3（等待期年限）–120 000（以前累计计入成本费用金额）=60 000（元）。

借：管理费用　　　　　　　　　　　　　　　　　　60 000

　　贷：资本公积——其他资本公积　　　　　　　　　　　　60 000

12 月 31 日，高管张某行权，黄河公司股票面值为 1 元。

借：银行存款　　　　　　　　　　　　　　　　　　60 000（2×30 000）

　　资本公积——其他资本公积　　　　　　　　　　180 000

　　贷：股本　　　　　　　　　　　　　　　　　　　　　20 000

　　　　资本公积——股本溢价　　　　　　　　　　　　　220 000

由于企业所得税时间性差异因素已经消失，因此 2019 年和 2020 年已经确认的递延所得税资产 30 000 元（12 500+17 500），按规定全部予以转回。

借：所得税费用　　　　　　　　　　　　　　　　　275 00

　　资本公积——其他资本公积　　　　　　　　　　2 500

　　贷：递延所得税资产　　　　　　　　　　　　　　　　30 000

② 税务处理。高管张某行权，根据国家税务总局公告 2016 年第 18 号文规定，黄海公司可根据该股票实际行权时的公允价格与当年激励对象实际行权支付价格的差额及数量，计算确定作为当年上市公司工资、薪金支出，依照税法规定进行税前扣除。因此，2021 年黄海公司企业所得税税前扣除金额=（职工实际行权时该股票的公允价格–职工实际支付价格）×行权数量=（9–2）×30 000=210 000（元），会计上在当期确认的成本费用为 60 000 元。2020 年调减应纳税所得额 150 000 元（210 000–60 000），黄海公司纳税申报时，需要填报《职工薪酬纳税调整明细表（A105050）》，如表 9-22 所示。

表 9-22　　职工薪酬纳税调整明细表（A105050）

行次	项　　目	账载金额	实际发生额	税收规定扣除率	以前年度累计结转扣除额	税收金额	纳税调整金额	累计结转以后年度扣除额
		1	2	3	4	5	6（1–5）	7（2+4–5）
1	一、工资薪金支出			*	*			*
2	其中：股权激励	60 000	0	*	*	210 000	–150 000	*

③ 特别说明。企业实施股权激励，在会计处理上是按照授予日权益工具的公允价值和可行权的权益工具数量计入成本费用的；在税务处理上是根据实际行权时该股票的公允价格与激励对象实际行权支付价格的差额和行权的权益工具数量，计算确定作为当年工资薪金支出，依照税法规定进行税前扣除的。以案例为例，黄海公司实施股权激励，会计上计入成本费用的金额为 180 000 元，而税前进行扣除的金额为 210 000 元。

第 10 章

债务重组的税会差异与纳税筹划

债务重组是企业的一项特殊业务。为了与收入准则（2017）、金融准则（2017）和租赁准则（2018）保持一致，财政部于2019年修订债务重组准则（2006），出台了债务重组准则（2019）。

债务重组准则（2019）规定，债务重组，是指在不改变交易对手方的情况下，经债权人和债务人协定或法院裁定，就清偿债务的时间、金额或方式等重新达成协议的交易。债务重组涉及的债权和债务是指《企业会计准则第 22 号——金融工具确认和计量》规范的金融工具。不再以"债务人发生财务困难"和"债权人做出让步"作为债务重组的前提条件。

财税〔2009〕59 号文将债务重组定义为"在债务人发生财务困难的情况下，债权人按照其与债务人达成的书面协议或者法院裁定书，就其债务人的债务做出让步的事项"，是以"债务人发生财务困难"和"债权人做出让步"作为前提条件。因此，债务重组准则（2019）规范的债务重组，不一定属于财税〔2009〕59 号文规定的债务重组业务。

对于形成企业合并以及交易双方为母子公司，或受同一方（或相同多方）共同控制的债务重组行为，债务人将豁免的债务确认为"资本公积"的，计税时面临着纳税调增，债权人则可按税法规定确认债务重组损失。这也是税法上的"债务重组"与债务重组准则（2019）适用范围上的差别。

本章从现金清偿债务、非现金资产清偿债务、债务转为权益工具、修改其他条款四种方式分别介绍债务重组的税会差异、纳税调整处理和纳税申报表的填制，对存在纳税筹划空间的部分业务，一并介绍。企业债务重组的纳税调整处理，需要填报《企业重组及递延纳税事项纳税调整明细表（A105100）》，其中，非现金资产清偿债务、债务转为资本要单独填报，如表 10-1 所示。

表 10-1　企业重组及递延纳税事项纳税调整明细表（A105100）

行次	项　　目	一般性税务处理			特殊性税务处理			纳税调整金额
		账载金额	税收金额	纳税调整金额	账载金额	税收金额	纳税调整金额	
		1	2	3（2–1）	4	5	6（5–4）	7（3+6）
1	一、债务重组							
2	其中：以非货币性资产清偿债务							
3	债转股							

对于发生债务重组业务且选择特殊性税务处理（债务重组所得可以在 5 个纳税年度均匀计入应纳税所得额）的纳税人，重组日所属纳税年度的以后纳税年度，也在表 10-1 中进

行债务重组的纳税调整。

10.1　以现金清偿债务的税会差异

以现金清偿债务，相对于用非现金资产清偿债务来说，业务比较简单，涉及的税会处理也比较简单，除债权人的应收账款计提坏账准备外，很少存在其他差异。

在债务重组过程中，债务人以现金清偿债务，债务重组双方的会计处理与税务处理存在的差异如表 10-2 所示。

表 10-2　以现金清偿债务的税会差异

项目	会计处理	税务处理
债务人	以低于债务账面价值的现金清偿某项债务的，将重组债务的账面价值与支付的现金之间的差额，计入当期收益（如记入"投资收益"账户）。重组债务的账面价值，一般为债务的面值或本金、原值，如应付账款；如有利息的，则加上应计未付利息，如长期借款等	将重组债务的计税成本与支付的现金金额间的差额确认为债务重组收益，计入当期应纳税所得额
债权人	以低于债务账面价值的现金清偿某项债务的，将重组债权的账面价值与收到的现金之间的差额确认当期损失（如记入"投资收益"账户）。 债权人已对债权计提减值准备的，先将该差额冲减减值准备，减值准备不足以冲减的部分，计入投资收益。冲减后减值准备仍有余额的，应予转回并抵减当期信用减值损失。未对债权计提减值准备的，直接将该差额确认为债务重组损失	将重组债权的计税成本与收到的现金之间的差额确认为当期损失，冲减应纳税所得额

由表 10-2 可以看出，债务人不存在税会差异，无须做纳税调整处理。债权人的税会差异如下：当债权人对债权计提减值准备时，在会计处理上当期损益的计量先冲减减值准备；而在税务处理上，在对应收账款没有采取备抵法提取坏账准备的前提下，不允许扣除会计上的减值准备，在会计上对应收账款转销时，需进行相应的调整。

应注意的是，债权人发生的债务重组损失只有符合税法规定的坏账确认条件，并报税务机关批准后方可扣除，计入当期损失，否则，不能冲减应纳税所得额。

【例 10-1】 华远、瑞峰两家公司于 2021 年 6 月进行债务重组。重组条件：华远公司以现金 200 000 元偿还瑞峰公司欠款 400 000 元，瑞峰公司对应收账款 400 000 元已于 2020 年计提坏账准备 16 000 元。企业在坏账损失的税务处理上，采取据实扣除法，2021 年在企业计算应交所得税时，调增应纳税所得额。

华远公司、瑞峰公司有关业务的处理如表 10-3 所示。

表 10-3　债务重组双方的会计处理与税务处理

华远公司的有关业务处理		瑞峰公司的有关业务处理	
税务处理	会计处理	税务处理	会计处理
税法上确认为当期重组收益 200 000 元，计入当期应纳税所得额	借：应付账款　　400 000 　贷：银行存款　200 000 　　　投资收益　200 000 确认当期债务重组收益 200 000 元	企业确认为当期债务重组损失 200 000 元（400 000–200 000）	借：银行存款　　　200 000 　　坏账准备　　　　16 000 　　投资收益　　　184 000 　贷：应收账款　　400 000 会计上确认当期债务重组损失为 184 000 元（400 000–200 000–16 000）

由表 10-3 可以看出，一方面，华远公司的税会处理是一致的；另一方面，瑞峰公司的会计处理与税务处理在债务重组损失的计量上存在差异，税务上债务重组损失确认为200 000 元，会计上确认为 184 000 元，企业需要调整相应的应纳税所得额，调减应纳税所得额 16 000 元。增加可抵扣暂时性差异对所得税影响 4 000 元（16 000×25%），计入递延所得税负债贷方。

10.2　以非现金资产清偿债务的税会差异与纳税筹划

在债务重组过程中，债务人以非现金资产清偿债务，债务重组双方的税会差异如表10-4 所示。

表 10-4　以非现金资产清偿债务的税会差异

项目	会计处理	税务处理
债权人	按照放弃债权的公允价值和可直接归属于该资产的相关税费初始确认受让资产的成本，放弃债权的公允价值与账面价值之间的差额，计入当期损益	财税〔2009〕59 号文规定，以资产清偿债务方式进行债务重组的，债权人按照该抵债资产的公允价值确认计税基础。按照抵债资产的公允价值低于债权计税基础的差额，确认债务重组损失。国家税务总局公告 2011 年第 25 号文规定，企业未向债务人和担保人追偿的债权不得税前扣除。也就是说，能够税前扣除的损失一定是债权人追索未果，或采用诉讼、申请其破产等极端措施后会造成更不利后果而不得不进行债务重组的结果，债权人消极无为或主动放弃债权的损失，则不得税前扣除
债务人	在相关资产和所清偿债务符合终止确认条件时予以终止确认，所清偿债务账面	国税函〔2010〕79 号文规定，企业发生债务重组，应在债务重组合同或协议生效时确认收入的实现。税法将债务人以非货币资产清偿债务分解为转让相关非货币性资产、按非货币性资产公允价值清偿债务两项业务，企业须分别申报资产视同销售收入和成本，以及债务重组的所得。对于债务

续表

项目	会计处理	税务处理
价值与转让资产账面价值之间的差额计入当期损益		重组所得，又分别规定了一般税务处理与特殊税务处理。 （1）一般性税务处理的分析：债务人按照支付的债务清偿额低于债务计税基础的差额，确认债务重组所得。 （2）特殊性税务处理的分析：财税〔2009〕59 号文第六条规定，如果企业的债务重组所得占该企业当年应纳税所得额50%以上，可以在 5 个纳税年度的期间内，将其均匀计入各年度的应纳税所得额

1. 一般性税务处理下的税会差异

【例 10-2】 2020 年 1 月德建公司销售一批材料给三水公司，含税价为 226 万元。于 2021 年 1 月已到合同约定的还款期限，德建公司对该笔应收账款在以前年度已计提坏账准备 40 万元。经评估，该应收账款在 2021 年 10 月末的公允价值为 183.4 万元。德建公司与三水公司当月达成协议，三水公司以其自产甲商品偿还货款，甲商品的公允价值为 180 万元，成本为 160 万元。双方于 2021 年 11 月末完成甲商品交接手续。三水公司按照以 180 万元作为不含税价向德建公司开具 13%增值税专用发票（含税价 203.4 万元，销项税额 23.4 万元）。德建公司发生入库前相关费用 2 万元，取得增值税普通发票。

（1）德建公司。会计确认甲商品成本=放弃债权的公允价值+相关税费，其中，确认可抵扣进项税额=23.4（万元），确认甲商品入账价值=183.4−23.4＋2=162（万元）；终止确认应收账款损失金额=应收账款账面价值−应收账款公允价值=（226−40）−183.4＝2.6（万元）。

甲商品计税基础=甲商品公允价值+相关税费=180+2=182（万元），确认债务重组损失=应收账款的计税基础−甲商品按公允价值价税合计=226−（180+23.4）=22.6（万元）。

会计确认债务重组损失金额 2.6 万元，与企业所得税确认债务重组损失金额 22.6 万元的差额为 20 万元，对应于：计提的坏账准备 40 万元（已纳税调增）以及递延在甲商品计税基础上的时间性差异 20 万元（未来销售时做纳税调减）。债务重组当年企业所得税纳税申报时应做资产损失调减应纳税所得额 20 万元；期末应收款账面价值与计税基础均为 0，原已确认的递延所得税资产（40 万元×适用所得税率）应转回；处置甲商品的会计年度企业所得税纳税申报时应纳税调减 20 万元，转回递延所得税资产（20 万元×适用所得税率）。

（2）三水公司。会计确认债务重组损益金额=所清偿债务账面价值−转让资产账面价值=226−160−180×13%=42.6（万元）。

转让相关非货币性资产损益=甲商品公允价值−甲商品计税基础=180−160＝20（万元），确认债务重组所得=债务的计税基础−甲商品公允价值价税合计=226−（180+180×13%）=22.6（万元）。

当抵债资产公允价值小于计税基础时，会计可能计算为债务重组收益，但当年度企业所得税纳税申报时，需单独填报抵债资产处置损失的金额，并将抵债资产公允价值确认的合法证据、抵债资产计税基础证明材料等留存备查。

2. 特殊性税务处理下的税会差异

以非现金资产清偿债务方式进行债务重组的，债务重组特殊性税务处理只涉及债务人，具体分析如下。

【例 10-3】 承例 10-2。假如三水公司债务重组符合特殊性税务处理的相关条件，并且债务重组所得额占企业当年应纳税所得额 50% 以上，则三水公司债务重组当年度会计确认债务重组损益金额 42.6 万元；企业所得税确认转让相关非货币性资产损益 20 万元，确认债务重组损益金额 11.3 万元，企业所得税确认分摊计入当年度应纳税所得额的金额为 4.52 万元（22.6÷5）。这项债务重组业务，最终导致重组年度调减应纳税所得额 18.08 万元（22.6−4.52），在以后连续 4 年内，每年度应分摊确认债务重组所得 4.52 万元，并相应调增各年度应纳税所得额。

3. 纳税筹划

根据财税〔2009〕59 号文，以非货币性资产清偿债务分解为转让相关非货币性资产、按非货币性资产公允价值清偿债务两项业务，从而确认相关资产的所得或损失。对于以非货币资产清偿债务，债务人可选择一般性税务处理和特殊性税务处理进行纳税筹划。财税〔2009〕59 号文明确了特殊性税务处理条件，即企业债务重组确认的应纳税所得额占该企业当年应纳税所得额 50% 以上，可以在 5 个纳税年度期间内，均匀计入各年度的应纳税所得额。在一般性税务处理和特殊性税务处理下，企业应缴纳的所得税总额并无区别，但在特殊性税务处理下，相比于一次缴纳，企业可分 5 年分期缴纳，以获得资金的时间价值，从而实现递延纳税。

10.3　债务转为权益工具的税会差异与纳税筹划

债务转为资本是债务重组较为常用的一种交易方式。在这种交易中，会计处理和税务处理差异较小。

在债务重组过程中，债务人以债务转为资本的方式来清偿债务。债务重组双方的税会差异如表 10-5 所示。

表 10-5 债务转为权益工具的税会差异

项目	会计处理	税务处理
债权人	将债务转为权益工具方式进行债务重组导致债权人将债权转为对联营企业或合营企业的权益性投资的，债权人按照放弃债权的公允价值计量其初始投资成本。放弃债权的公允价值与账面价值之间的差额，计入当期损益。 债转股取得的权益工具，如果构成企业合并的，则适用企业合并准则；取得的权益工具属于金融工具准则（2017）规范的金融资产，则按金融准则确认其初始投资成本	一般性税务处理的分析：财税〔2009〕59 号文规定，企业发生债权转股权的，分解为债务清偿和股权投资两项业务，债权人按照收到的债务清偿额（股权公允价值）作为股权投资的计税基础，其低于债权计税基础的差额，确认债务重组损失。如果这个股权投资的计税基础不同于会计的初始计量金额（放弃债权公允价值≠股权投资公允价值），那么债务重组损失金额通常也有别于会计上计入损益的金额。税法所说的股权投资包括会计上的金融工具，也包括会计上构成企业合并时母公司单体报表上的长期股权投资。 特殊性税务处理的分析：债权人不确认债务重组损失，其获得股权投资的计税基础以原债权的计税基础确定。对会计上计入当期损益的金额做反方向的纳税调整，同时对股权投资计税基础不同于会计初始计量金额的差额，根据未来是否有股权转让计划等因素考虑是否确认递延所得税事项
债务人	在所清偿债务符合终止确认条件时予以终止确认。债务人初始确认权益工具时应当按照权益工具的公允价值计量，权益工具的公允价值不能可靠计量的，按照所清偿债务的公允价值计量。所清偿债务账面价值与权益工具确认金额之间的差额，计入当期损益	一般性税务处理的分析：财税〔2009〕59 号文规定，债务人按照支付的债务清偿额低于债务计税基础的差额，确认债务重组所得。取得的债务重组所得，一次性计入确认收入年度的应纳税所得额。由于债务人是以权益工具（股权）支付的，所以"债务清偿额"就是权益工具的公允价值，债务重组所得等于会计上计入损益的金额。当权益工具公允价值不能可靠计量时，税务机关不会认同纳税人"权益工具公允价值不能可靠计量"的结果，会通过要求纳税人补充证据资料，或行使核定股权公允价值的行政权力等措施，来确认债务人的债务重组所得，进而形成这种情况下的纳税调整。 特殊性税务处理的分析：债务人暂不确认有关债务清偿所得。如果会计核算的前提是权益工具公允价值能够可靠计量的，存在纳税调减；反之，在债务的公允价值等于其账面价值的情况下，不存在纳税调整

1. 一般性税务处理下的税会差异

✎【例 10-4】 2020 年 12 月 31 日，力宏公司应收德建公司货款 200 万元（已计提坏账准备 20 万元）。经双方协商，力宏公司同意德建公司将该债务转为力宏公司对德建公司的增资。转股后，德建公司注册资本为 1 000 万元，所取得的股权占德建公司注册资本的 25%。经评估，债务重组日，该股权的公允价值为 176 万元，应收账款的公允价值为 150 万元。2021年 6 月 30 日，相关手续办理完毕，力宏公司将股权作为长期股权投资进行会计处理。

（1）力宏公司。会计确认对德建公司 25%股权投资的初始投资成本=放弃债权的公允价值=150 万元，终止确认重组债权应收账款损失金额=应收账款账面价值−应收账款公允价值=（200−20）−150=30（万元）。

企业所得税确认债务重组损失=应收账款计税基础−取得股权公允价值=200−176=24（万元），确认取得股权计税基础为 176 万元。

会计确认债务重组损失金额 30 万元，与企业所得税确认债务重组损失金额 24 万元的差额为 6 万元，对应于：计提的坏账准备 20 万元以及递延在对德建公司股权投资计税基础上的暂时性差异 26 万元（176−150）。债务重组当年企业所得税纳税申报时应调增应纳税所得额 6 万元；期末应收款账面价值与计税基础均为 0，原已确认的递延所得税资产（20 万元×适用所得税税率）应转回；取得对德建公司股权投资的账面价值小于计税基础，处置对德建公司股权投资时，可在当年度纳税调减应纳税所得额 26 万元。

（2）德建公司。会计初始确认权益工具金额=权益工具公允价值=176 万元，确认债务重组损益金额=应付账款账面价值−权益工具确认金额=200−176=24（万元）。

企业所得税确认债务重组损益=应付账款计税基础−支付股权公允价值=200−176=24（万元）。

由此可见，将债务转为权益工具方式进行债务重组时，债务人按照抵债股权公允价值初始计量时，债务人的税会处理相同。

2. 特殊性税务处理下的税会差异

对符合财税〔2009〕59 号文规定的五个条件的债权转股权业务，债权人和债务人均不确认债务重组所得或损失，并且债权人以原债权的计税基础作为取得股权的计税基础。未来债权人转让所取得的股权时，按照处置时股权的公允价值与计税基础之差额确认股权转让所得，债务重组时暂未确认的重组损失在股权处置过程中通过抵减股权转让所得而得以确认。

【例 10-5】承例 10-4。假定债务重组符合特殊性税务处理的相关条件（如债权人在重组完成后 12 个月内不转让所取得的股权等）。

（1）力宏公司。会计按照放弃债权的公允价值与账面价值之间的差额确认债务重组损失 30万元，而企业所得税暂不确认重组损失，债务重组当年纳税调增 30 万元。取得对德建公司股权（长期股权投资）的账面价值为 150 万元（放弃债权的公允价值），其计税基础为重组债权应收账款的计税基础 200 万元，长期股权投资账面价值小于计税基础 50 万元，为可抵扣暂时性差异。未来力宏公司处置对德建公司股权投资时，可纳税调整减少 50 万元。

（2）德建公司。会计按照重组债务应付账款的账面价值和权益工具初始确认金额的差额确认债务重组收益 24 万元，在企业所得税上暂不确认债务重组所得，因此当年度纳税调减 24 万元。

3. 纳税筹划

在企业债务重组中发生债权转股权的，应当分解为债务清偿和股权投资两项业务，确认有关债务清偿所得或损失。在债权转股权情况下，企业可选择一般性税务处理和特殊性税务处理进行筹划。财税〔2009〕59 号文明确了特殊性税务处理条件，即企业发生债权转股权业务，对债务清偿和股权投资两项业务暂不确认有关债务清偿所得或损失，股权投资的计税基础以原债权的计税基础确定。企业的其他相关所得税事项保持不变。因此，作为债务人支付的债券利息只要符合规定，就可以作为费用在税前扣除。作为债权人在可转换债券转化为新股之前，没有形成事实上的资本利得，所以无须缴纳所得税。所得税的缴纳直到可转换债券形成新股时才实际发生，从而取得了延期纳税的节税效果。

10.4　修改其他条款的税会差异

修改其他条款既包括减少债务资本金、减少债务利息，又包括延长债务偿还期限、延长债务偿还期限并加收利息。

修改其他条款进行债务重组的，债权人和债务人均按照金融准则（2017）的规定，确认和计量重组债权（债务）。税会差异取决于企业对金融工具采取的后续计量方法，主要税会差异如表 10-6 所示。采用修改其他条款方式（如免除全部或部分利息）进行债务重组且符合企业所得税特殊性税务处理时，税会差异与以非现金资产清偿债务方式债务重组的税会差异相似。

表 10-6　修改其他条款债务重组的税会差异

项　目	会计处理	税务处理
债权人	将修改其他条款后的债权的公允价值作为重组债权的账面价值，重组债权的账面余额与重组后债权的账面价值之间的差额计入当期损益。 债务条款中涉及或有应收金额的，债权人不确认或有应收金额，不将其计入重组后债权的账面价值。或有应收金额实际发生时，计入当期损益	将修改其他条款后的债权的公允价值作为重组债权的计税基础，重组债权的计税基础余额与重组债权的计税基础之间的差额，按照有关税法规定，经确认为债务重组损失后，允许在税前扣除。 将重组债权的计税成本与收到现金或资产的公允价值（包括有关税费）的差额，确认为债务重组损失，冲减应纳税所得额，对于或有收益，税法上在实际收到时确认
债务人	将修改其他条款后债务的公允价值作为重组债务的入账价值，重组债务的账面价值与重组债务的入账价值之间的差额计入当	重组债务的计税基础大于重组债务的入账价值（修改其他条款后债务的公允价值）的差额，确认为应纳税所得额。

续表

项　目	会计处理	税务处理
	期损益。 　　修改后的债务条款如涉及或有应付金额，且该或有应付金额符合或有事项准则中有关预计负债确认条件的，确认为预计负债；重组债务的账面价值与重组债务的入账价值（重组债务的公允价值）和预计负债金额之和的差额，计入当期损益	修改后的债务条款如涉及或有应付金额，且该或有应付金额已被确认为预计负债的，做纳税调整处理；重组债务的计税基础与重组债务的计税基础（重组债务的公允价值）和预计负债金额之和的差额，作为债务重组所得，计入应纳税所得额。或有应付金额在随后会计期间如果发生，按照所得税法的规定再在税前扣除

【例 10-6】　2021 年 1 月 1 日，峰华公司欠康利公司货款 130 800 元。双方协商后，决定延期至 2021 年 7 月 1 日支付，支付金额为 110 000 元。康利公司已对应收账款计提了 16 000 元的坏账准备。

峰华公司和康利公司的税会处理比较如表 10-7 所示。

表 10-7　债务重组双方税会处理的比较

峰华公司	康利公司
借：应付账款　　　　　　　　　　130 800 　贷：应付账款——债务重组　　　　110 000 　　　投资收益　　　　　　　　　　20 800 纳税申报时，将 20 800 元（130 800–110 000）作为重组收益，计入应纳税所得	借：应收账款——债务重组　　　　110 000 　　坏账准备　　　　　　　　　　16 000 　　投资收益　　　　　　　　　　4 800 　贷：应收账款　　　　　　　　　130 800 康利公司重组债权的计税成本为 130 800 元，确认的债务重组损失为 20 800 元。纳税申报时，除已确认的债务重组损失 4 800 元外，还调增债务重组损失 16 000 元

【例 10-7】　恩菲公司从银行取得年利率为 10% 的三年期贷款 1 000 000 元。到期后，经双方协商，银行同意延长三年，年利率降至 7%，免除欠息 300 000 元，本金减至 800 000 元，利息按年支付。附一条件：重组后第二年起，如恩菲公司有赢利，利率回复至 10%，若无赢利，仍维持在 7%。

恩菲公司债务重组的税会处理如表 10-8 所示。

表 10-8　恩菲公司债务重组的税会处理

会计处理	税务处理
借：长期借款　　　　　　　　　　1 300 000 　贷：长期借款——债务重组　　　　968 000 　　　预计负债　　　　　　　　　　48 000 　　　投资收益　　　　　　　　　284 000 如果最终没有支付或有支出，将 48 000 元[800 000×（10%–7%）×2]转入投资收益	纳税申报时，将 332 000 元[1 300 000–800 000×（1+7%×3）]作为重组收益，计入应纳税所得额；如果最终没有支付或有支出，无须进行处理；如果将来支付了或有支出，需要将或有支出 48 000 元调减应纳税所得额

第11章

收入的税会差异与纳税筹划

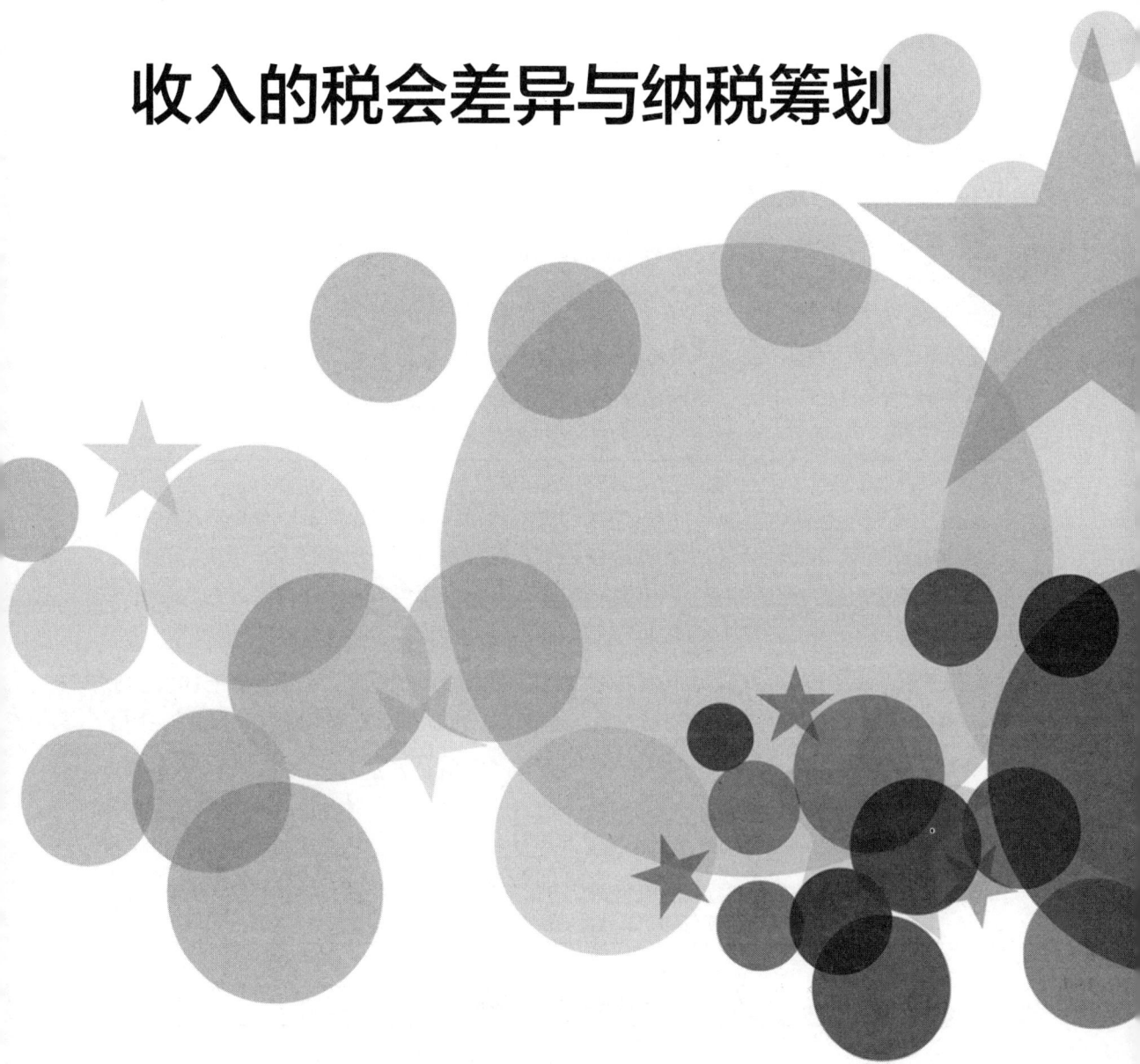

税法意义上收入的内容比较丰富，主要包括商品销售收入、建造合同收入和政府补助产生的收入。会计上，这些收入由收入准则（2017）和政府补助准则（2017）规范。本章主要介绍这些业务的税会差异、纳税调整处理和纳税申报表的填制，对存在纳税筹划空间的部分业务，一并介绍。

会计上的收入体现企业的经营成果，税法上的收入则是税收的税基或税源。收入含义的差异是收入在税法和会计上不同的一个主要表现，具体如表 11-1 所示。

表 11-1　收入含义的税会差异

会计处理	税务处理
收入是指企业在日常活动中形成的、会导致所有者权益增加的、与所有者投入资本无关的经济利益的总流入	收入总额是指企业以货币形式和非货币形式从各种来源取得的收入，包括：销售货物收入，提供劳务收入，转让财产收入，股息、红利等权益性投资收益，利息收入，租金收入，特许权使用费收入，接受捐赠收入和其他收入。 不征税收入一般指财政拨款、依法收取并纳入财政管理的行政事业性收费、政府性基金、国务院规定的其他不征税收入。 免税收入一般包括：国债利息收入，符合条件的居民企业之间的股息、红利收入，在中国境内设立机构、场所的非居民企业从居民企业取得与该机构、场所有实际联系的股息、红利收入，符合条件的非营利公益组织的收入

所得税法规定，企业以货币形式取得的收入包括现金、存款、应收账款、应收票据以及债务的豁免等；企业以非货币形式取得的收入包括存货、固定资产、投资性房地产、无形资产、股权投资、劳务等资产以及其他权益；企业以非货币形式取得的收入，按公允价值确定收入额。

政府补助是企业从政府无偿取得货币性资产或非货币性资产，但不含政府作为企业所有者投入的资本。政府补助不属于会计收入的范畴，政府补助收入由政府补助准则（2017）规范。为了便于行文，将政府补助收入安排在本章介绍。

企业收入包括主营业务收入和其他业务收入等。纳税申报时，企业的收入（包括"主营业务收入"和"其他业务收入"）需要填报一级附表《一般企业收入明细表（A101010）》，如表 11-2 所示，然后将第 1 行填报在主表《中华人民共和国企业所得税年度纳税申报表（A类）（A100000）》的第 1 行，如表 11-3 所示。

表 11-2　一般企业收入明细表（A101010）

行　次	项　　目	金　　额
1	一、营业收入（2+9）	
2	（一）主营业务收入（3+5+6+7+8）	
3	1. 销售商品收入	

续表

行　次	项　目	金　额
4	其中：非货币性资产交换收入	
5	2．提供劳务收入	
6	3．建造合同收入	
7	4．让渡资产使用权收入	
8	5．其他	
9	（二）其他业务收入（10+12+13+14+15）	
10	1．销售材料收入	
11	其中：非货币性资产交换收入	
12	2．出租固定资产收入	
13	3．出租无形资产收入	
14	4．出租包装物和商品收入	
15	5．其他	

表 11-3　中华人民共和国企业所得税年度纳税申报表（A100000）

行　次	类　别	项　目	金　额
1	利润总额计算	一、营业收入（填写 A101010\101020\103000）	

与收入相对应的，纳税申报时，企业的营业成本（包括"主营业务成本"和"其他业务成本"）需要填报一级附表《一般企业成本支出明细表（A102010）》，如表 11-4 所示，然后将第 2 行填报在主表《中华人民共和国企业所得税年度纳税申报表（A 类）（A100000）》的第 2 行，如表 11-5 所示。

表 11-4　一般企业成本支出明细表（A102010）

行　次	项　目	金　额
1	一、营业成本（2+9）	
2	（一）主营业务成本（3+5+6+7+8）	
3	1．销售商品成本	
4	其中：非货币性资产交换成本	
5	2．提供劳务成本	
6	3．建造合同成本	
7	4．让渡资产使用权成本	
8	5．其他	
9	（二）其他业务成本（10+12+13+14+15）	
10	1．材料销售成本	

续表

行　　次	项　　目	金　　额
11	其中：非货币性资产交换成本	
12	2．出租固定资产成本	
13	3．出租无形资产成本	
14	4．包装物出租成本	
15	5．其他	

表 11-5　中华人民共和国企业所得税年度纳税申报表（A100000）

行　　次	类　　别	项　　目	金　　额
2		减：营业成本	

11.1　商品销售收入的税会差异与纳税筹划

商品销售收入是指企业通过销售商品实现的收入，如工业企业制造并销售产品、商品流通企业销售商品等实现的收入。

11.1.1　商品销售收入确认和计量的税会差异

国家税务总局发布的《关于确认企业所得税收入若干问题的通知》（国税函〔2008〕875 号）第一条规定，除所得税法及其实施条例另有规定外，企业销售收入的确认，必须遵循权责发生制原则和实质重于形式原则。企业销售商品同时满足下列条件的，确认收入的实现：

（1）商品销售合同已经签订，企业已将商品所有权相关的主要风险和报酬转移给购货方；

（2）企业对已售出的商品既没有保留通常与所有权相联系的继续管理权，也没有实施有效控制；

（3）收入的金额能够可靠地计量；

（4）已发生或将发生的销售方的成本能够可靠地核算。

符合上述收入确认条件，采取下列商品销售方式的，按以下规定确认收入的实现：

（1）销售商品采用托收承付方式的，在办妥托收手续时确认收入；

（2）销售商品采取预收款方式的，在发出商品时确认收入；

（3）销售商品需要安装和检验的，在购买方接受商品以及安装和检验完毕时确认收入。如果安装程序比较简单，则在发出商品时确认收入；

（4）销售商品采用支付手续费方式委托代销的，在收到代销清单时确认收入。

【例 11-1】 京智公司 2021 年 12 月 10 日发出商品给通和公司，市场价格 100 万元，成本 80 万元，合同规定发货当天付款。如果通和公司 2021 年 12 月 10 日发生火灾，京智公司判断在近半年无法收回货款，则暂时不确认收入，会计处理如下：

借：发出商品　　　　　　　　　　　　　　　　　　　　800 000

贷：库存商品　　　　　　　　　　　　　　　　　　　　800 000

为了单独反映已经发出但尚未确认销售收入的商品成本，会计设置了"发出商品"账户。"发出商品"账户用来处理已经发出但尚未确认销售收入的商品成本。

在申报 2021 年度企业所得税申报表时，京智公司需要填报《视同销售和房地产开发企业特定业务纳税调整明细表（A105010）》，如表 11-6 所示。

表 11-6　视同销售和房地产开发企业特定业务纳税调整明细表（A105010）

行　次	项　目	税收金额	纳税调整金额
		1	2
1	一、视同销售（营业）收入		
10	（九）其他	1 000 000	1 000 000
11	二、视同销售（营业）成本		
20	（九）其他	800 000	800 000

通过计算，调增 20 万元应纳税所得额。

销售收入计量的税会差异，如表 11-7 所示。

表 11-7　销售收入计量的税会差异

项　目	会计处理	税务处理
账户设置	主要通过主营业务收入和其他业务收入账户进行会计处理	不仅包括主营业务收入和其他业务收入，还包括视同销售收入和会计不做收入处理的价外费用
公允价值计量	引入公允价值作为计量收入的标准，特别是延期收款方式，按照合同或协议价款的现值确认其公允价值，作为销售商品收入金额	很少使用公允价值的概念，更多地采用了历史成本的计量标准，但赋予了税务机关在特定情况下按照合理标准调整应税收入的权利
商业折扣	按实际收取的价款确认销售收入	如果销售额和抵扣额在同一张发票上分别注明的，则按折扣后的余额作为计税依据；如果将抵扣额另开发票的，不论其在会计上如何处理，则均不得从销售额中减除抵扣额
现金折扣	采用净价法可按照扣除折扣的净额确认收入	按照销售收入余额作为计税依据

项　目	会计处理	税务处理
视同销售	不作为销售业务进行会计处理，不确认会计收入	作为应税收入计算缴纳税金的商品或劳务的转移行为，按组成计税价格确定

11.1.2　商品销售收入的会计处理与税务处理

商品销售收入在会计处理和税务处理方面的差异与商品销售方式有很大关系，不同的销售方式在会计和税务上的处理不同。总体来说，商品销售分为一般商品销售和特殊商品销售，后者包括售后回购、分期收款销售、视同销售和附有销售退回条件的销售等。本书重点介绍这些销售方式存在的税会差异。

1．一般商品销售收入

【例11-2】四平公司是增值税一般纳税人，2021年5月10日向古贡公司销售商品一批，开出的增值税专用发票上注明售价为500 000元，增值税税率为13%，增值税额为65 000元，该批商品的成本为300 000元。四平公司在销售时已经得知古贡公司资金周转困难，但困难只是暂时性的，四平公司5月15日将商品销售给了古贡公司。

四平公司的会计处理和税务处理如表11-8所示。

表11-8　四平公司的会计处理和税务处理

会计处理	税务处理		2021年12月古贡公司向四平公司承诺近期付款	四平公司于2022年2月5日收到古贡公司的款项
	增值税	所得税		
借：发出商品 300 000 贷：库存商品 300 000	借：应收账款——古贡公司 65 000 贷：应交税费——应交增值税（销项税额） 65 000	当期应纳税所得额增加为增值税发票上注明的货款与成本之差，即200 000元（500 000-300 000）。针对该项业务，企业当期应交所得税增加数额50 000元（200 000×25%）。借：递延所得税资产 50 000 贷：应交税费——应交所得税 50 000	借：应收账款——古贡公司 500 000 贷：主营业务收入 500 000 同时结转成本：借：主营业务成本 300 000 贷：发出商品 300 000 同时调整应交所得税：借：应交税费——应交所得税 50 000 贷：递延所得税资产 50 000	借：银行存款 565 000 贷：应收账款——古贡公司 565 000

此例中，销售和确认收入发生在同一年度，所以纳税申报时无须填报《视同销售和房地产开发企业特定业务纳税调整明细表（A105010）》。

【例 11-3】 力宏公司为一家钢铁企业，2021 年 12 月 10 日，与客户 A 签订了一份钢材销售合同。合同约定，该批钢材不含税销售价格为 500 万元。力宏公司在合同中承诺将该批钢材运送至客户 A 在合同中要求的指定地点（两地相距 2 000 千米）。合同中的付款条款约定，力宏公司在发运当天，要求客户 A 支付合同价款的 40%，钢材运抵指定地点并验收入库后的 3 日内，将余款付清。12 月 30 日，力宏公司将生产出的该批钢材委托运输公司运运，运输费用 80 万元。当天，客户 A 支付了钢材款 200 万元。12 月 31 日，运输公司车队距客户 A 要求的指定地点有 800 千米；2022 年 1 月 2 日，钢材运至指定地点并由客户 A 验收入库；1 月 5 日，客户 A 将 300 万元的余款付清，同时，力宏公司向客户 A 开具了增值税专用发票。如果该批钢材客户自提，则该批钢材的不含税市场售价为 450 万元；同时，力宏公司也对运输费用的单独售价采用成本加成的方法进行估计，确定运输服务的单独售价为 85 万元。

根据收入确认计量的"五步法"模型，力宏公司识别合同中的两项履约义务：一是销售商品的履约义务，二是提供运输服务的履约义务。合同中包含多项履约义务，力宏公司按照各单项履约义务所承诺商品的单独售价的相对比例，将交易价格分摊至各单项履约义务。对于合同折扣，力宏公司在各单项履约义务之间按比例分摊。运用"五步法"模型计算力宏公司确定交易价格、分摊交易价格及合同折扣以及确认每一单项履约义务的收入如表 11-9 所示。

表 11-9　力宏公司确认收入金额步骤　　　　　　　　　　　单位：万元

产品或服务	合同交易价格	履约义务单独售价	形成合同折扣	分摊交易价格	2021 年 12 月 31 日确认的会计收入	备　注
钢材销售	500	450	35	450÷535×500=421	0	截至 2021 年 12 月 31 日客户 A 未取得对该批钢材的控制权，故力宏公司不能确认钢材销售收入
运输服务		85		85÷535×500=79	79×（1 200÷2 000）=47	按照产出法确定运输服务的履约进度，截至 2021 年 12 月 31 日已运送 1 200 千米，履约进度为 60%
合计	500	535	35			

根据表 11-9 的计算结果，2021 年 12 月，力宏公司会计上确认提供运输服务收入 47 万元。根据国税函〔2008〕875 号文的规定，销售商品需要安装或检验的，在购买方接受商品以及安装和检验完毕时确认收入。因此，力宏公司在申报 2021 年企业所得税时，需做纳税调减处理，并在会计处理时确认递延所得税资产 11.75 万元（47×25%）。2022 年 1 月 2 日，运输公司将钢材运抵至指定地点后，客户 A 验收入库。2022 年，力宏公司分别确认运输服务收入 32 万元

和钢材销售收入 421 万元。而力宏公司在纳税申报时，针对该项销售业务，应纳税所得额确认为 500 万元，产生 47 万元的税会差额，做纳税调增处理，并冲减 2021 年确认的递延所得税资产 11.75 万元。

2. 售后回购

售后回购，是指企业销售商品的同时承诺或有权选择日后再将该商品（包括相同或几乎相同的商品，或以该商品作为组成部分的商品）购回的销售方式。针对售后回购交易，收入准则（2017）要求企业区分以下两种情形分别进行会计处理。

（1）企业因存在与客户的远期安排而负有回购义务或企业享有回购权利的，表明客户在销售时点并未取得相关商品控制权，企业应将售后回购作为租赁交易或融资交易进行相应的会计处理。其中，回购价格低于原售价的，视为租赁交易，按照租赁准则（2018）的相关规定进行会计处理；回购价格不低于原售价的，视为融资交易，在收到客户款项时确认金融负债，并将该款项和回购价格的差额在回购期间内确认为利息费用等。企业到期未行使回购权利的，在该回购权利到期时终止确认金融负债，同时确认收入。

（2）企业负有应客户要求回购商品义务的，在合同开始日评估客户是否具有行使该要求权的重大经济动因。客户具有行使该要求权重大经济动因的，企业将售后回购作为租赁交易或融资交易，按照上述规定行会计处理；否则，企业将其作为附有销售退回条款的销售交易进行会计处理。

在税法上，根据国税函〔2008〕875 号文的规定，"采用售后回购方式销售商品的，销售的商品按售价确认收入，回购的商品作为购进商品处理。有证据表明不符合销售收入确认条件的，如以销售商品方式进行融资，收到的款项应确认为负债，回购价格大于原售价的，差额应在回购期间确认为利息费用"。

采用售后回购方式销售商品的，按实际收到的款项借记"银行存款"账户，贷记"合同负债"账户；回购价格大于原价格的，差额在回购期间按期计提利息，借记"财务费用"账户，贷记"合同负债"账户。有确凿证据表明售后回购交易满足销售商品收入确认条件的，销售的商品按售价确认收入，回购的商品作为购进商品处理。

回购期间的财务费用摊销，税法上作为回购产品的成本进行会计处理，当期需要调增应纳税所得额。

售后回购业务，在会计处理时，按照"实质重于形式"的要求，视同融资做会计处理，但在税法上不承认这种融资，而视为销售和采购两项经济业务。销售方的销售实现时要按照规定开具发票并收取价款，若销项税额小于其进项税额，则差额部分留待以后期间抵扣，但按规定缴纳企业所得税。

【例 11-4】2021 年 8 月 1 日，京顺公司向广和公司销售一批商品，开出增值税专用发票上注明的销售价款为 200 万元，增值税额为 26 万元。该批商品成本为 160 万元。商品已经发出，款项已经收到。协议约定，京顺公司于 2022 年 1 月 1 日将所售商品购回，回购价为 220 万元（不含税）。

（1）8 月 1 日发出商品时。

借：银行存款　　　　　　　　　　　　　　　　　2 260 000
　　贷：合同负债　　　　　　　　　　　　　　　　　2 000 000
　　　　应交税费——应交增值税（销项税额）　　　　260 000
借：发出商品　　　　　　　　　　　　　　　　　1 600 000
　　贷：库存商品　　　　　　　　　　　　　　　　　1 600 000

（2）回购价大于原售价的差额，应在回购期按月计提利息费用。

借：财务费用　　　　　　　　　　　　40 000（200 000÷5）
　　贷：合同负债　　　　　　　　　　　　　　　　　40 000

（3）2022 年 1 月 1 日回购商品时，收到的增值税专用发票上注明的商品价格为 220 万元，增值税额为 28.6 万元。假设商品已验收入库，款项已经支付。

借：财务费用　　　　　　　　　　　　　　　　　40 000
　　贷：合同负债　　　　　　　　　　　　　　　　　40 000
借：库存商品　　　　　　　　　　　　　　　　　1 600 000
　　贷：发出商品　　　　　　　　　　　　　　　　　1 600 000
借：合同负债　　　　　　　　　　　　　　　　　2 200 000
　　应交税费——应交增值税（进项税额）　　　　286 000
　　贷：银行存款　　　　　　　　　　　　　　　　　2 486 000

企业所得税的计算，按企业所得税年度纳税申报表的有关内容填列，在申报 2021 年度企业所得税申报表时，京顺公司需要填报《视同销售和房地产开发企业特定业务纳税调整明细表（A105010）》，如表 11-10 所示。

表 11-10　视同销售和房地产开发企业特定业务纳税调整明细表（A105010）

行　次	项　目	税收金额	纳税调整金额
		1	2
1	一、视同销售（营业）收入		
10	（九）其他	2 000 000	2 000 000
11	二、视同销售（营业）成本		
20	（九）其他	1 600 000	1 600 000

另外，2021 年 8—12 月确认的利息费用不得在税前扣除，调增应纳税所得额 20 万元。

购回商品的账面价值为 160 万元，而该批资产的计税基础按实际买价 220 万元确定。会计基础与计税基础之间的差额为 60 万元。

资产负债表日，存货的账面价值为 160 万元，计税基础为 220 万元。

借：递延所得税资产　　　　　　　　　　　　　　　150 000

　　贷：所得税费用　　　　　　　　　　　　　　　　　150 000

会计基础与计税基础之间的差额 60 万元，在以后年度处置该批存货时做纳税调减处理，即前期累计调增的金额在处置该批存货时转回。

✎【例 11-5】2021 年 6 月 30 日，德建公司与三水公司订立了一份销售架管合约，增值税专用发票售价为 220 万元，税额为 28.6 万元，并假定在合同订立后当日商品马上出货，且相关款项已全部回收。架管成本为 160 万元。次日交易双方补充签订协议，德建公司需于两年后，即 2023 年 6 月最后一日把架管全数购回，不含税价格为 160 万元，按 13%税率计算价税合计 180.8 万元。2023 年德建公司按约定支付回购价款 180.8 万元，并取得增值税专用发票。假设架管可以使用 8 年，在使用期间按平均年限法折旧，预计净残值率为 10%。

德建公司的会计处理：售后回购价格低于原售价，根据收入准则（2017）规定，按照租赁准则进行会计处理，视为租赁交易。

（1）2021 年 6 月 30 日收到销售款：

借：银行存款　　　　　　　　　　　　　　　　　2 486 000

　　贷：合同负债　　　　　　　　　　　　　　　　2 200 000

　　　　应交税费——应交增值税（销项税额）　　　　286 000

同时，发出商品：

借：固定资产——出租固定资产（架管）　　　　　1 600 000

　　贷：固定资产——库存　　　　　　　　　　　　1 600 000

（2）2021 年度确认租赁收入：

假定按直线法分配，则 2021 年度应分配确认收入=（220−160）÷（2×2）=15（万元）。

借：合同负债　　　　　　　　　　　　　　　　　150 000

　　贷：其他业务收入　　　　　　　　　　　　　　　150 000

同样道理，2022 年度确认租赁收入 30 万元，2023 年度确认租赁收入 15 万元。

（3）2021 年度确认架管折旧：

2021 年度折旧额=160×（1−10%）÷（8×2）=9（万元）

借：其他业务成本　　　　　　　　　　　　　　　 90 000

　　贷：累计折旧　　　　　　　　　　　　　　　　　 90 000

同样道理，2022 年度确认租赁成本和固定资产折旧 18 万元，2023 年度确认租赁成本和固定资产折旧 9 万元。

（4）2023 年 6 月回购：

借：合同负债　　　　　　　　　　　　　　　　　1 600 000

　　应交税费——应交增值税（进项税额）　　　　　 208 000

贷：银行存款　　　　　　　　　　　　　　　　　　　　1 808 000

对于回购回来的架管，德建公司如果继续用于出租，则不做会计处理。

德建公司的税务处理：对于回购价格低于原售价的情况，国税函〔2008〕875 号文等没有规定。德建公司 2021 年度对于架管应确认销售收入 220 万元，销售成本 160 万元；2023 年度应确认购入资产，计税基础是 160 万元。

税会差异：

2021 年度：会计上确认收入 15 万元，确认成本 9 万元；而税务上需要确认收入 220 万元，成本 160 万元。其中，差异均需要做纳税调整。

2022 年度：会计上确认了租赁收入和成本，而税务上无须确认，因此也需要进行纳税调整。

2023 年度：会计上确认收入和成本，而税务上仍然无须确认租赁收入和成本，只需要确认购入资产及计税基础即可。但是，售后回购的架管计税基础是回购价格，因此计税基础是 160 万元；而会计上架管已经作为出租的固定资产处理，通过两年折旧，到 2023 年 6 月 30 日时，其资产的账面价值是 124 万元（160–18×2）。

3. 分期收款销售收入

分期收款销售业务在会计上需要根据是否"实质上具有融资性质"分为两种情况：实质上不具有融资性质的，收入金额按从购货方应收的合同或协议价款来确定，这与税法的规定一致；而实质上具有融资性质的，收入金额按照应收的合同或协议价款的公允价值来确定，这与税法的相关规定存在差异。因此，对于实质上不具有融资性质的分期收款销售业务，在收入确认时间方面，税会存在差异，而在收入计量方面，税会保持一致。对于实质上具有融资性质的分期收款销售业务，在收入确认时间以及金额计量方面，税会均存在差异。不管是收入确认方面的差异还是金额计量方面的差异，均会涉及所得税会计问题。

分期收款销售收入的税会差异如表 11-11 所示。

表 11-11　分期收款销售收入的税会差异

会计处理	税务处理
企业按照从购货方已收或应收的合同或协议价款确定销售商品收入金额。合同或协议价款的收取采用递延方式，实质上具有融资性质，按照应收的合同或协议价款的公允价值确定销售商品收入金额。应收的合同或协议价款与公允价值之间的差额，在合同与协议期间内采用实际利率法进行摊销，计入当期损益	销售实现时，按已收取的款项或合同约定的应收款项确定销售商品收入金额

（1）实质上不具有融资性质的分期收款销售业务所得税处理。

【例 11-6】佳佳公司与广和公司签订书面合同，于 2020 年 12 月 31 日采用分期收款方式售出大型设备一套，销售价格（不含税）为 600 万元。从 2021 年年初开始每半年末收款一次，共分 3 次等额收取，该设备成本为 360 万元。

由于分期收款期限较短，可以判定为不具有融资性质，会计上在销售当期确认销售收入的实现，销售金额为合同约定的价款600万元；增值税和企业所得税按合同约定的收款日期来确认收入的实现，即在2021年6月30日、2021年12月31日和2022年6月30日分别确认销售收入各200万元。

2020年12月31日，销售实现时：

借：长期应收款 6 000 000

　　贷：主营业务收入 6 000 000

借：主营业务成本 3 600 000

　　贷：库存商品 3 600 000

2020年年底，由于会计和所得税法收入确认时间不同，需纳税调减240万元（600–360）。同时，"长期应收款"和"库存商品"账户的账面价值和计税基础存在差异，需要确认相应的递延所得税资产或负债。

确认2020年所得税费用：

借：所得税费用 600 000

　　递延所得税资产 900 000

　　贷：递延所得税负债 1 500 000

2021年6月30日收取货款：

借：银行存款 2 260 000

　　贷：长期应收款 2 000 000

　　　　应交税费——应交增值税（销项税额） 260 000

2021年12月31日收取货款：

借：银行存款 2 260 000

　　贷：长期应收款 2 000 000

　　　　应交税费——应交增值税（销项税额） 260 000

2021年按所得税法规定应确认销售收入400万元，销售成本240万元，相应纳税调增160万元（400–240）。

确认2021年所得税费用：

借：递延所得税负债 1 000 000

　　贷：所得税费用 400 000

　　　　递延所得税资产 600 000

2022年6月30日收取货款：

借：银行存款 2 260 000

　　贷：长期应收款 2 000 000

　　　　应交税费——应交增值税（销项税额） 260 000

2022年按所得税法规定确认销售收入200万元，销售成本120万元，相应纳税调增80万元（200–120）。

确认 2022 年所得税费用：

借：递延所得税负债	500 000	
贷：所得税费用		200 000
递延所得税资产		300 000

（2）实质上具有融资性质的分期收款销售业务的税会处理。

【例 11-7】2021 年 1 月 1 日，佳佳公司采用分期收款方式向广和公司销售一套大型设备，合同约定的销售价格为 1 000 万元，分 5 次于每年 12 月 31 日等额收取。该大型设备成本为 600 万元。在现销方式下，该大型设备的销售价格为 800 万元，不考虑增值税因素。

佳佳公司确认的销售商品收入金额为 800 万元；计算得出现值 800 万元、年金 200 万元、期数 5 年的折现率 7.93%；每期计入财务费用的金额计算过程略。

佳佳公司各期的税会处理如下：

（1）2021 年 1 月 1 日销售实现时。

借：长期应收款	10 000 000	
贷：主营业务收入		8 000 000
未实现融资收益		2 000 000
借：主营业务成本	6 000 000	
贷：库存商品		6 000 000

（2）2021 年 12 月 31 日收取货款时。

借：银行存款	2 000 000	
贷：长期应收款		2 000 000
借：未实现融资收益	634 400	
贷：财务费用		634 400

税务处理：以分期收款方式销售货物的，按照合同约定的收款日期确认收入的实现。本年度只确认计税收入 200 万元，结转成本 120 万元，所以调减应纳税所得额 183.44 万元。

纳税申报表的填制：申报 263.44 万元的利润。

《一般企业收入明细表（A101010）》第 3 行填报 800 万元销售收入；结转到主表第 1 行填报 800 万元；《一般企业成本支出明细表（A102010）》第 3 行填报 600 万元销售成本，结转到主表第 2 行填报 600 万元；《期间费用明细表（A104000）》第 25 行第 5 列填报–63.44 万元，结转到主表第 6 行填报–63.44 万元。

先填报《未按权责发生制确认收入纳税调整明细表（A105020）》的第 6 行，如表 11-12 所示，然后在《纳税调整明细表（A105000）》第 3 行"未按权责发生制原则确认的收入"第 4 列填报 600 万元。结转到主表第 16 行纳税调减 600 万元。

表 11-12　未按权责发生制确认收入纳税调整明细表（A105020）

行次	项　　目	合同金额（交易金额）	账载金额		税收金额		纳税调整金额
			本年	累计	本年	累计	
		1	2	3	4	5	6（4–2）
5	二、分期确认收入						
6	（一）分期收款方式销售货物收入	10 000 000	8 000 000	8 000 000	2 000 000	2 000 000	–6 000 000

《纳税调整明细表（A105000）》第 22 行"与未实现融资收益相关在当期确认的财务费用"第 4 列填报 63.44 万元。结转到主表第 16 行纳税调减 63.44 万元。

《纳税调整明细表（A105000）》第 30 行"其他"第 4 列填报 120 万元，结转到主表第 16 行纳税调减 120 万元。

以后年度依次类推。

长期应收款的账面价值为 663.44 万元（800–136.56），计税基础为 0。

借：所得税费用　　　　　　　　　　　　　　1 658 600

　　贷：递延所得税负债　　　　　　　　　　　　　　1 658 600

存货的账面价值为 0，计税基础为 480 万元。

借：递延所得税资产　　　　　　　　　　　　1 200 000

　　贷：所得税费用　　　　　　　　　　　　　　　　1 200 000

（3）2022 年 12 月 31 日收取货款时。

借：银行存款　　　　　　　　　　　　　　　2 000 000

　　贷：长期应收款　　　　　　　　　　　　　　　　2 000 000

借：未实现融资收益　　　　　　　　　　　　　526 110

　　贷：财务费用　　　　　　　　　　　　　　　　　526 110

税务处理：本年度应确认计税收入 200 万元，结转成本 120 万元，同时调减应纳税所得额 52.611 万元，累计调增应纳税所得额 27.389 万元。

长期应收款的账面价值为 516.951 万元（600–83.049），计税基础为 0。

借：递延所得税负债　　　　　　　　　　　　3 684 725

　　贷：所得税费用　　　　　　　　　　　　　　　　3 684 725

存货的账面价值为 0，计税基础为 360 万元。

借：所得税费用　　　　　　　　　　　　　　　300 000

　　贷：递延所得税资产　　　　　　　　　　　　　　300 000

（4）2023 年 12 月 31 日收取货款时。

借：银行存款　　　　　　　　　　　　　　　2 000 000

　　贷：长期应收款　　　　　　　　　　　　　　　　2 000 000

借：未实现融资收益　　　　　　　　　　　　　409 230

　　　　贷：财务费用　　　　　　　　　　　　　　　　　　　　409 230

　　税务处理：本年度确认计税收入 200 万元，结转成本 120 万元，同时调减应纳税所得额 40.923 万元，累计调增应纳税所得额 39.077 万元。

　　长期应收款的账面价值为 357.874 万元（400–42.126），计税基础为 0。

　　　　借：递延所得税负债　　　　　　　　　　　　397 692.5

　　　　　　贷：所得税费用　　　　　　　　　　　　　　　　397 692.5

　　存货的账面价值为 0，计税基础为 240 万元。

　　　　借：所得税费用　　　　　　　　　　　　　　300 000

　　　　　　贷：递延所得税资产　　　　　　　　　　　　　　300 000

　　（5）2024 年 12 月 31 日收取货款时。

　　　　借：银行存款　　　　　　　　　　　　　　　2 000 000

　　　　　　贷：长期应收款　　　　　　　　　　　　　　　2 000 000

　　　　借：未实现融资收益　　　　　　　　　　　　283 080

　　　　　　贷：财务费用　　　　　　　　　　　　　　　　283 080

　　税务处理：本年度确认计税收入 200 万元，结转成本 120 万元，同时调减应纳税所得额 28.308 万元，累计调增应纳税所得额 51.692 万元。

　　长期应收款的账面价值为 185.282 万元（200–14.718），计税基础为 0。

　　　　借：递延所得税负债　　　　　　　　　　　　429 230

　　　　　　贷：所得税费用　　　　　　　　　　　　　　　429 230

　　存货的账面价值为 0，计税基础为 120 万元。

　　　　借：所得税费用　　　　　　　　　　　　　　300 000

　　　　　　贷：递延所得税资产　　　　　　　　　　　　　300 000

　　（6）2025 年 12 月 31 日收取货款时。

　　　　借：银行存款　　　　　　　　　　　　　　　2 000 000

　　　　　　贷：长期应收款　　　　　　　　　　　　　　　2 000 000

　　　　借：未实现融资收益　　　　　　　　　　　　147 180

　　　　　　贷：财务费用　　　　　　　　　　　　　　　　147 180

　　税务处理：本年度确认计税收入 200 万元，结转成本 120 万元，同时调减应纳税所得额 14.718 万元，累计调增应纳税所得额 65.282 万元。

　　长期应收款的账面价值为 0，计税基础为 0。

　　　　借：递延所得税负债　　　　　　　　　　　　463 205

　　　　　　贷：所得税费用　　　　　　　　　　　　　　　463 205

　　存货的账面价值为 0，计税基础为 0。

　　　　借：所得税费用　　　　　　　　　　　　　　300 000

　　　　　　贷：递延所得税资产　　　　　　　　　　　　　300 000

　　佳佳公司纳税申报时，填报《纳税调整项目明细表（A105000）》如表 11-13 所示。

表 11-13　纳税调整项目明细表（A105000）

年份	行次	项　　目	账载金额	税收金额	调增金额	调减金额
2021 年	3	（二）未按权责发生制原则确认的收入	8 000 000	2 000 000	0	6 000 000
	22	（十）与未实现融资收益相关在当期确认的财务费用	634 400	0	0	634 400
2022 年	3	（二）未按权责发生制原则确认的收入	0	2 000 000	2 000 000	0
	22	（十）与未实现融资收益相关在当期确认的财务费用	526 110	0	0	526 110
2023 年	3	（二）未按权责发生制原则确认的收入	0	2 000 000	2 000 000	0
	22	（十）与未实现融资收益相关在当期确认的财务费用	409 230	0	0	409 230
2024 年	3	（二）未按权责发生制原则确认的收入	0	2 000 000	2 000 000	0
	22	（十）与未实现融资收益相关在当期确认的财务费用	283 080	0	0	283 080
2025 年	3	（二）未按权责发生制原则确认的收入	0	2 000 000	2 000 000	0
	22	（十）与未实现融资收益相关在当期确认的财务费用	147 180	0	0	147 180

根据《小企业会计准则》，小企业分期收款销售商品，如果延期收取的货款具有融资性质，其实质是小企业向购货方提供信贷，那么在符合收入确认条件时，小企业按照应收的合同价或协议价款确定收入金额，按照合同约定的收款日期确认收入。这与所得税法规定是一致的，不存在税会差异，无须做纳税调整处理。

4. 视同销售

所谓视同销售，是指纳税人在处理某项资产时，按照会计准则规定不做销售处理，按照所得税法有关规定计算缴纳税款的行为。视同销售是根据税法上需要确认为应税收入并予以计税，而会计上并不进行销售收入的会计处理。

由此可见，"视同销售"是一个税法概念，而且会计准则并无明确界定，也不存在专门针对视同销售行为的规定。

（1）视同销售行为的各税种计税规定如表 11-14 所示。

表 11-14　视同销售行为的各税种计税一览表

税　种	视同销售行为计税价格
增值税	视同销售货物行为而无销售额者，按下列顺序确定其销售额： ① 按纳税人当月同类货物的平均销售价格确定。 ② 按纳税人最近时期同类货物的平均销售价格确定。 ③ 按组成计税价格确定：组成计税价格=成本×（1+成本利润率）

续表

税　种	视同销售行为计税价格
消费税	① 用于换取生产、消费资料，投资、抵债，应当以纳税人同类应税消费品的最高销售价格作为计税依据。 ② 自产自用，应按纳税人生产的同类消费品的销售价格计税；无同类消费品的销售价格的，按组成计税价格计税：组成计税价格=（成本+利润）÷（1−消费税税率）。 ③ 委托加工的应税消费品，按受托方的同类消费品的销售价格纳税；无同类消费品销售价格的，按组成计税价格计税：组成计税价格=（材料成本+加工费）÷（1−消费税税率）
企业所得税	视同对外销售产品的销售价格，参照同期同类产品的市场销售价格；没有参照价格的，按成本加合理利润的方法组成计税价格

视同销售行为主要表现在增值税、消费税和企业所得税三个税种上，其他税种视同销售较为简单。资源税视同销售主要是自产自用，土地增值税视同销售，主要是投资、联营、赠予、交换、抵债、土地使用者转让、抵押、置换土地等行为。

所得税法实施条例第二十五条规定："企业发生非货币性资产交换，以及将货物、财产、劳务用于捐赠、偿债、赞助、集资、广告、样品、职工福利或者利润分配等用途的，应当视同销售货物、转让财产或者提供劳务，但国务院财政、税务主管部门另有规定的除外。"

（2）三个税种视同销售行为界定范围的比较。此外，国税函〔2008〕828 号文从企业处置资产的角度，对相关视同销售业务的主体范围和业务范围做了进一步规定。企业发生下列情形的处置资产，除将资产转移至境外以外，由于资产所有权属在形式和实质上均不发生改变，可作为内部处置资产，不视同销售确认收入，相关资产的计税基础延续计算：将资产用于生产、制造、加工另一产品；改变资产形状、结构或性能；改变资产用途（如自建商品房转为自用或经营）；将资产在总机构及其分支机构之间转移；上述两种或两种以上情形的混合；其他不改变资产所有权属的用途的。企业将资产移送他人的下列情形，因资产所有权属已发生改变而不属于内部处置资产，应按规定视同销售确定收入：用于市场推广或销售；用于交际应酬；用于职工奖励或福利；用于股息分配；用于对外捐赠；其他改变资产所有权属的用途。

① 增值税与企业所得税的视同销售行为在范围上有交集，且后者比前者范围大。增值税视同销售既强调货物来源（自产、委托加工或外购），也考虑货物用途；而企业所得税视同销售与货物来源无关，只关注货物用途。企业所得税视同销售强调资产所有权属，所有权属未改变的内部处置资产不属于视同销售；而增值税视同销售强调纳税抵扣链条的完整、税负平衡、配比原则和最终使用纳税。

② 增值税与消费税的视同销售行为在范围上有重叠，且前者比后者范围大（消费税

只向征增值税中的一部分特殊货物征收）。消费税视同销售只涉及自产货物，而增值税是多环节征收，其视同销售不仅涉及自产货物，也涉及外购货物。两者重叠的是自产货物用于馈赠、赞助、集资、广告、职工福利、奖励等，以及用于换取生产资料、消费资料、投资入股、偿还债务、分配给股东或投资者等方面，但用于非应税消费品、管理部门、非生产机构、提供劳务、样品等方面的消费税视同销售。增值税是否也属于视同销售行为，需要区别情况，不能一概而论。

（3）从视同销售与进项税不准抵扣的规定来看，不同来源的货物用于集体福利个人消费、投资、分配、赠送，有些属于视同销售的行为，计算销项税额，有些却属于进项税不准抵扣的情形。

第一，按货物来源加以区分。

① 货物来源为自产或委托加工的，用于集体福利个人消费、投资、分配、赠送，均视同销售，需计算销项税额，且其原已承担的进项税，如符合条件，则可以抵扣。

② 货物来源为购进的，按货物的用途分两种情况：一是购进货物用于投资、分配、赠送时，为视同销售。需计算销项税额，其原已承担的进项税，如符合条件，则可以抵扣。二是购进货物用于集体福利个人消费时，为进项税，不得抵扣。

第二，按货物用途加以区分。

① 用于投资、分配、赠送的，无论其来源是自产、委托加工的货物，还是购进的货物，均属视同销售。

② 用于集体福利个人消费、非应税项目，或发生非常损失的，如货物来源为自产、委托加工的，则视同销售。

【例 11-8】 汇文公司是一家厨房用品生产企业，属于增值税一般纳税人，主要产品是电饭煲，副产品是高压锅。电饭煲成本为每台 600 元，售价为每台 1 000 元；高压锅成本为每台 300 元，售价为每台 500 元。增值税税率为 13%，所得税税率为 25%。汇文公司 2021 年 12 月发生下列经济业务：

（1）以买一赠一方式销售商品。汇文公司采用"买 1 台电饭煲赠送 1 台高压锅"的销售方式，本月共卖出 2 000 台电饭煲。

根据国税函〔2008〕875 号文的规定，企业以买一赠一等方式组合销售本企业商品的，不属于捐赠，将总的销售金额按各项商品的公允价值的比例来分摊确认各项商品的销售收入。

汇文公司的会计处理如下：

借：银行存款　　　　　　　　　　　　　　　2 260 000
　　贷：主营业务收入　　　　　　　　　　　　　　　2 000 000
　　　　应交税费——应交增值税（销项税额）　　　　　260 000
借：主营业务成本——电饭煲　　　　　　　　1 200 000

贷：库存商品——电饭煲	1 200 000
借：销售费用	730 000
贷：库存商品——高压锅	600 000
应交税费——应交增值税（销项税额）	130 000

在会计处理上，对于赠品（高压锅）不确认收入。税务处理上，将 2 000 000 元的总收入按两种商品公允价值的比例，分别确认主营业务收入 1 333 333 元（1 000÷1 500× 2 000 000）和其他业务收入 666 667 元（500÷1 500×2 000 000）。

（2）将商品用于对外捐赠。汇文公司通过有关公益慈善机构向养老院捐赠 1 000 台电饭煲。

在会计处理上，对外捐赠不符合收入的确认条件，不确认收入。汇文公司的会计处理如下：

借：营业外支出	730 000
贷：库存商品——电饭煲	600 000
应交税费——应交增值税（销项税额）	130 000

企业将资产用于对外捐赠，按规定视同销售确认收入。在税务处理上，对外捐赠按视同销售确认收入并结转成本，期末调增应纳税所得额 400 000 元 [1 000×（1 000–600）]。

根据所得税法实施条例第五十三条的规定，企业当年发生及以前年度结转的公益性捐赠支出，不超过年度利润总额 12% 的部分，准予扣除。假设汇文公司当年会计利润总额为 20 000 000 元，则扣除限额为 2 400 000 元，此处的 730 000 元可以全部税前扣除。假设汇文公司当年会计利润总额为 5 000 000 元，则可扣除限额为 600 000 元，超出部分 130 000 元要进行纳税调增处理，计入应纳税所得额，在以后不超过三个年度扣除这 130 000 元。

5. 附有销售退回条款的销售

附有销售退回条款的商品销售是指购买方依照有关协议有权退货的销售方式。

收入准则（2017）第三十二条规定，对于附有销售退回条款的销售，企业在客户取得相关商品控制权时，按照因向客户转让商品而预期有权收取的对价金额（不包含预期因销售退回将退还的金额）确认收入，按照预期因销售退回将退还的金额确认负债；同时，按照预期将退回商品转让时的账面价值，扣除收回该商品预计发生的成本（包括退回商品的价值减损）后的余额，确认为一项资产，按照所转让商品转让时的账面价值，扣除上述资产成本的净额结转成本。每一资产负债表日，企业重新估计未来销售退回情况，如有变化，作为会计估计变更进行会计处理。

所得税法规定，在销售商品时确认为收入，不管将来是否发生退货。一旦发生退货，按销售退回的规定处理。

附有销售退回条款的商品销售，会计上要充分考虑这些收入将来要承担的潜在义务，但所得税法不考虑销售退回纳税人潜在负债的可能性和经营风险，只要符合所得税法确认收入的条件即纳税义务发生时间就确认应税收入。

【例 11-9】 2021 年 11 月 1 日，力宏公司销售一批产品给德建公司，成本 1 200 万元，开出的增值税专用发票上注明的售价为 2 000 万元，增值税税额为 260 万元。当日德建公司取得产品控制权，并支付所有款项。合同约定，德建公司有权于 2022 年 5 月 1 日前退货。力宏公司根据过去的经验，交付产品时估计该批产品退货率为 20%。产品发出时力宏公司纳税义务已经发生，实际发生销售退回时取得红字增值税专用发票。企业所得税税率为 25%。假定 2021 年 12 月 31 日，力宏公司根据实际退货情况，重新估计的退货率为 25%。2022 年 5 月 1 日，实际退货率为 20%。退货时，不考虑产品退回过程中的价值减损和退货费用。

（1）2021 年 11 月 1 日销售商品时：

借：银行存款	22 600 000	
贷：主营业务收入		16 000 000
应交税费——应交增值税（销项税额）		2 600 000
预计负债		4 000 000
借：应收退货成本	2 400 000	
主营业务成本	9 600 000	
贷：库存商品		12 000 000

（2）2021 年 12 月 31 日，当估计的退货率变为 25% 时，作为会计估计变更，按照未来适用法进行调整。

借：主营业务收入	1 000 000	
贷：预计负债		1 000 000
借：应收退货成本	600 000	
贷：主营业务成本		600 000

（3）税会差异的影响。2021 年力宏公司会计上确认收入 1 500 万元（1 600−100），销售成本 900 万元（960−60）；根据国税函〔2008〕875 号文规定，商品销售时应按全部销售额确认收入并结转成本，因此税法上按销售额 2 000 万元确认收入，按 1 200 万元结转成本。因此，力宏公司在进行 2021 年企业所得税汇算清缴时，调增应纳税所得额 200 万元。预计负债的账面价值 500 万元大于其计税基础 0，产生可抵扣暂时性差异，形成一项递延所得税资产 125 万元，而应收退货成本的账面价值 300 万元大于其计税基础 0，产生应纳税暂时性差异，形成一项递延所得税负债 75 万元。会计处理如下：

借：递延所得税资产	1 250 000	
贷：递延所得税负债		750 000
所得税费用		500 000

（4）2022 年 5 月 1 日实际退货时，可以分两个步骤进行会计处理。

第一步，由于实际退货否定了估计退货，因此冲销原估计的相关项目：

借：预计负债	5 000 000	
贷：主营业务收入		5 000 000
借：主营业务成本	3 000 000	
贷：应收退货成本		3 000 000

第二步，根据退货的实际情况退款并收到退回商品。

借：主营业务收入　　　　　　　　　　　　4 000 000（20 000 000×20%）

　　应交税费——应交增值税（销项税额）　　520 000（2 600 000×20%）

　　贷：银行存款　　　　　　　　　　　　　4 520 000（22 600 000×20%）

借：应收退货成本　　　　　　　　　　　　2 400 000（12 000 000×20%）

　　贷：主营业务成本　　　　　　　　　　　2 400 000

在进行 2022 年企业所得税汇算清缴时，由于该销售退回业务在税法上需冲减收入 400 万元，成本 240 万元，而在会计上需转回 2021 年多冲减的收入 100 万元，成本 60 万元，所以调减应纳税所得额 200 万元（160+40）；同时，由于预计负债、应收退货成本形成的暂时性差异消失，需转销对应的递延所得税资产、递延所得税负债：

借：递延所得税负债　　　　　　　　　　　750 000

　　所得税费用　　　　　　　　　　　　　500 000

　　贷：递延所得税资产　　　　　　　　　　1 250 000

11.1.3　商品销售收入的纳税筹划

企业不同的销售方式会导致收入确认时间和纳税时间不同，因此，商品销售收入主要从销售方式的选择上进行纳税筹划。销售方式有委托代销、托收承付、分期收款、预收账款、直接收款以及需要验货安装的货物销售。主要筹划方式有将分期付款的收入确认时间调整至按收款进度、将需要验货安装的货物销售收入确认时间延后至检验安装完成之后等。根据销售结算方式的实际情况，将收入确认的标准加以细分，可以延迟会计收入的确认时间，将收入递延至往后的会计年度，实现企业所得税的延迟缴纳和有效利用资金时间价值的目的。如果企业在销售货物时，对财务实力雄厚、信誉良好的买家可以选择分期收款的销售方式，并在销售合同中就货款的支付期限进行详尽合规的说明。一方面，企业可以根据贸易合同的结算条款来分期确认收入，另一方面，可以以此减少当期的销售收入，从而实现企业整体应纳税所得额的减少，推迟企业所得税的缴纳时间。但是企业收入确认的纳税筹划，需要严格遵守相关税法及会计准则的要求。

11.2　建造合同收入的税会差异

尽管收入准则（2017）没有单独规范建造合同的会计处理，但是建造合同同样可以使用收入确认计量的五步法。

税法没有单独对建造合同进行规定，但是，建造合同收入属于所得税法第六条第（二）项规定的"提供劳务收入"。对于这部分所得税应税收入的确定，所得税法实施条例第二十三条规定，企业受托加工制造大型机械设备、船舶、飞机，以及从事建筑、安装、装配工程业务或者提供其他劳务等，持续时间超过 12 个月的，按照纳税年度内完工进度或者完成的工作量确认收入的实现。

（1）金额上的差异。国税函〔2008〕875 号文规定，企业在各个纳税期末，提供劳务交易的结果能够可靠估计的，应采用完工进度（完工百分比）法确认提供劳务收入。该项规定没有指出不能可靠预计的情况，但是一般会按主管税务机关确定的方法（按上年的实际、计划数或其他方法）先预缴所得税款，工程完成后再汇算清缴。国税函〔2008〕875 号文还规定，企业应按照从接受劳务方已收或应收的合同或协议价款确定劳务收入总额，根据纳税期末提供劳务收入总额乘以完工进度扣除以前纳税年度累计已确认提供劳务收入后的金额，确认为当期劳务收入；同时，按照提供劳务估计总成本乘以完工进度扣除以前纳税期间累计已确认劳务成本后的金额，结转为当期劳务成本。

当预计一部分合同收入不能收回时，会计处理中的建造合同收入贯彻了谨慎性原则，因此往往会低于按合同造价和完工进度计算出的结果，会计总收入要小于纳税总收入，这部分不能收回的收入所形成的纳税差异只有在冲销坏账时才能一致。

（2）企业每季度的会计利润和应纳税所得额尽管存在差异，但所得税按季度只是预缴，这种差异可以不进行会计处理。申报预缴的当季所得税，直接记入"应交税费——应交所得税"账户的借方。在年度清缴时，按年度会计利润计算的应交所得税记入"应交税费——应交所得税"账户的贷方。如果不存在差异，则该账户的借贷方发生额相等。如果存在差异，"应交税费——应交所得税"账户会有一个余额，则转入"递延所得税资产"账户的借方或贷方。当工程完工时，如果估计合同收入均能流入企业累计确认的会计收入等于工程结算收入，则"递延所得税资产"账户的余额为零；如果一部分合同收入不能流入企业，则"递延所得税资产"账户的借方将会有一个余额。这部分不能收回的收入在办理工程结算时反映在应收账款中。

【例 11-10】 2021 年 1 月，城建公司签订了一项总金额为 10 000 000 元的建造合同，为创科公司建造一座桥梁。工程已于 2021 年 2 月开工，将在 2022 年 6 月完工，预计工程总成本为 8 000 000 元。截至 2021 年 12 月 31 日，该项目已经发生的成本为 5 000 000 元，预计完成合同还将发生成本 3 000 000 元，已结算工程价款 4 000 000 元，实际收到 2 500 000 元。2021 年 12 月 31 日，城建公司得知创科公司 2021 年出现了巨额亏损，生产经营发生严重困难，以后的款项很可能无法收回。假设不考虑增值税、城建税和教育费附加，无其他纳税调整项目，预计未来有足够的应纳税所得额予以抵扣相关的可抵扣暂时性差异。

城建公司的税务处理：根据税法规定，城建公司按完工进度确认工程收入和成本。2021 年，该项工程的完工进度为 62.5%（5 000 000÷8 000 000），确认收入 6 250 000 元（10 000 000×62.5%）、成本 5 000 000 元（8 000 000×62.5%）。

2021 年，税务上确认建造合同所得 1 250 000 元（6 250 000–5 000 000）。

城建公司的会计处理：根据会计准则的规定，2021 年 12 月 31 日，由于创科公司当年经营发生严重困难，城建公司今后很难收到工程价款，属于建造合同的结果不能可靠估计的情况，不能按完工百分比法确认合同收入。这时，城建公司只能将已经发生的成本中能够得到补偿的部分 2 500 000 元确认为收入，同时将发生的合同成本 5 000 000 元全部确认为当期费用。

实际发生合同成本时：

借：合同履约成本　　　　　　　　　　　　　　5 000 000
　　贷：应付职工薪酬（原材料等）　　　　　　　　　　　　5 000 000

结算工程价款时：

借：应收账款　　　　　　　　　　　　　　　　4 000 000
　　贷：工程结算　　　　　　　　　　　　　　　　　　　　4 000 000

收到工程价款时：

借：银行存款　　　　　　　　　　　　　　　　2 500 000
　　贷：应收账款　　　　　　　　　　　　　　　　　　　　2 500 000

确认建造合同的收入、费用时：

借：主营业务成本　　　　　　　　　　　　　　5 000 000
　　贷：主营业务收入　　　　　　　　　　　　　　　　　　2 500 000
　　　　合同履约成本　　　　　　　　　　　　　　　　　　2 500 000

2021 年，会计上确认建造合同的损失为 2 500 000 元（2 500 000–5 000 000）。

2021 年，对于此项建造合同，会计上确认收益–2 500 000 元，税务上确认所得 1 250 000 元，会计处理比税务处理少计所得 3 750 000 元。因此，城建公司在申报 2021 年企业所得税时，调增应纳税所得额 3 750 000 元。此时，确认递延所得税资产 937 500 元（3 750 000×25%）。

借：递延所得税资产　　　　　　　　　　　　　937 500
　　贷：应交税费——应交所得税　　　　　　　　　　　　　937 500

【例 11-11】 力宏公司为一家轧钢设备制造生产企业，主营项目包括轧钢设备的生产与销售，还包括与之配套的设备安装与调试、土建（含场地、设备清理）、混凝土施工、管道铺设、建筑材料及其他辅助设备供应等。2021 年 12 月 1 日，力宏公司与德建公司（一家钢铁企业）签订了一份建筑施工合同。合同约定，力宏公司为德建公司的一条轧机生产线提供主要轧机设备供应、设备安装、生产线相关地基构建等土建项目、配套公辅项目的管道安装和铺设以及项目完工后的场地清理。合同总价 3 200 万元（不含增值税），合同中对设备及其他服务项目分项注明价格，设备部分为 2 400 万元，其中，主要轧机设备价格为 2 000 万元，其他设备价格为 400 万元。合同对付款条款进行约定：在设备运抵德建公司指定地点后，德建公司需支付给力宏公司合同价款的 80%（其中含主要轧机设备与其他设备款项）。力宏公司预计该合同实现合同毛利 400 万元，合同总成本 2 800 万元，其中，主要轧机设备成本 1 900 万元，其他设备成本 350 万元，其他成本 550 万元。合同约定，2021 年 12 月 31 日，主要轧机设备与其他设备均需运抵德建公司轧机生产线施工地。

截至 2021 年 12 月 31 日，力宏公司将主要轧机设备与其他设备运抵德建公司轧机生产线施工地，但上述设备未进行安装。通过核算，截至 2021 年 12 月 31 日，力宏公司收到德建公司合同款 2 560 万元（其中设备款 2 400 万元），且力宏公司已为该合同项目发生其他成本 100 万元。假设力宏公司运用投入法（按照已发生的成本占预计总成本的比例）计量履约义务的履约进度。

按照收入确认计量的五步法，德建公司能够从力宏公司提供的一系列商品和服务，或将其与德建公司易于获得的其他资源一起使用中受益。力宏公司为建设整条轧机生产线所提供的一系列商品和服务是不可明确区分的，即力宏公司向德建公司转让主要轧机设备与其他设备的承诺与合同中其他承诺无法单独区分。因此，力宏公司应将所提供的商品和服务作为单一履约义务处理。德建公司在力宏公司履约的同时，可以控制、取得并消耗力宏公司建设轧机生产线所带来的经济利益。因此，该合同的履约义务属于某一时间段履约。

力宏公司截至 2021 年 12 月 31 日的收入确认情况如表 11-15 所示。

表 11-15　力宏公司确认收入金额计算表　　　　单位：万元

合同交易价格	履约进度	2021 年 12 月 31 日力宏公司确认的会计收入	备　　注
3 200	（1 900+350+100）÷2 800=83.93%	3 200×83.93%=2 686	力宏公司提供的商品和其他服务不可明确区分，该合同属于单一履约义务，截至 2021 年 12 月 31 日，力宏公司已将设备运抵德建公司要求的指定施工地点，此时，德建公司已经取得对设备的控制权，但是设备并未安装，其他服务项目也并未实施。因此，即使设备已运抵德建公司处，德建公司取得了对相关商品的控制权，力宏公司提供商品的收入部分仍应纳入至整个履约合同进度进行测算与确认

根据表 11-15 计算结果，力宏公司在 2021 年 12 月 31 日会计上确认收入 2 686 万元。

计算出税法收入，即力宏公司在申报 2021 年企业所得税时，针对该项业务，应纳税所得额确认为 2 686 万元［（1 900+350+100）÷2 800×3 200］。因此，针对此类建筑合同项目，即主体设备与其他辅助设备均由供方自产并销售，税法收入与会计收入在确认方面基本一致，不产生税会差异。

根据收入准则（2017），只有符合某一时间段内确认收入的标准，企业才能在该时间段内按照履约进度来确认收入，否则应当按照某一时点履约义务来确认收入。在确认履约进度时，企业可根据投入法或产出法合理确定，进而根据自身实际情况来确定履约进度，实现递延纳税。

11.3 政府补助的税会差异与纳税筹划

政府补助准则（2017）指出，政府补助是指企业从政府无偿取得货币性资产或非货币性资产，但不包括政府作为企业所有者投入的资本。政府补助的主要形式有财政拨款、财政贴息、税收返还和无偿划拨非货币性资产。

政府补助分为与资产相关的政府补助和与收益相关的政府补助。与资产相关的政府补助，是指企业取得的、用于购建或以其他方式形成长期资产的政府补助。与收益相关的政府补助，是指除与资产相关的政府补助之外的政府补助。

与资产相关的政府补助，分两种方法进行会计处理。第一种方法为冲减相关资产的账面价值，即相关资产以净额进行会计处理；第二种方法为政府补助计入递延收益，相关资产以原价计入，固定资产分期计提折旧，递延收益分期配比计入当期损益。与企业日常活动相关的政府补助，按照经济业务实质，计入其他收益或冲减相关成本费用。与企业日常活动无关的政府补助，计入营业外收支。

与收益相关的政府补助，分情况按照以下规定进行会计处理：用于补偿企业以后期间的相关成本费用或损失的，确认为递延收益，并在确认相关成本费用或损失的期间，计入当期损益或冲减相关成本；用于补偿企业已发生的相关成本费用或损失的，直接计入当期损益或冲减相关成本。

《财政部 国家税务总局关于财政性资金、行政事业性收费、政府性基金有关企业所得税政策问题的通知》（财税〔2008〕151 号）规定："企业取得的各类财政性资金，除属于国家投资和资金使用后要求归还本金的以外，均应计入企业当年收入总额；对企业取得的由国务院财政、税务主管部门规定专项用途并经国务院批准的财政性资金，准予作为不征税收入，在计算应纳税所得额时从收入总额中减除。"

通过对准则和所得税法的比较，可以总结出政府补助的税会差异，如表 11-16 所示。

表 11-16　政府补助的税会差异

会计准则	所得税税法	税会差异
政府补助划分为与资产相关和与收益相关的政府补助，分别进行处理。政府向企业无偿划拨长期非货币性资产，公允价值不能可靠取得的，按照名义金额（1 元）计量	我国的政府补助属于构成收入总额的补贴收入范畴，除国务院、财政部和国家税务总局规定不计入损益者外，一律并入所得额，征收企业所得税	对于作为"递延收益"处理的补贴收入，跨年度结转营业外收入（或其他收益）时，则需调整应纳税所得额，同时考虑递延所得税的确认。 税法明文规定免征企业所得税的做纳税调减处理。

续表

会计准则	所得税税法	税会差异
		名义金额（1元）计量非货币性资产，以公允价值确认所得，相应地，该项资产的计税基础按公允价值确定

国家税务总局公告 2012 年第 15 号文第七条规定，企业取得的不征税收入，应按照财税〔2011〕70 号文的规定进行处理。凡未按照财税〔2011〕70 号文规定进行管理的，应作为企业应税收入计入应纳税所得额，依法缴纳企业所得税。因此，政府补助作为应税收入，对应的折旧及费用应可以在企业所得税前扣除。

关于不征税收入，除了第 1 章介绍的，税法还有以下规定。

所得税法第七条：收入总额中的下列收入为不征税收入：一是财政拨款；二是依法收取并纳入财政管理的行政事业性收费、政府性基金；三是国务院规定的其他不征税收入。

所得税法实施条例第二十六条：国务院规定的其他不征税收入，是指企业取得的，由国务院财政、税务主管部门规定专项用途并经国务院批准的财政性资金。

根据所得税法实施条例第二十八条，不征税收入用于支出所形成的费用，不得在计算应纳税所得额时扣除；用于支出所形成的资产，其计算的折旧、摊销不得在计算应纳税所得额时扣除。

由此可知，符合条件的政府补助，可以作为不征税收入，在计算应纳税所得额时减除补助收入，对应的费用或折旧、摊销不允许扣除。

《财政部 国家税务总局关于进一步鼓励软件产业和集成电路产业发展企业所得税政策的通知》（财税〔2012〕27 号）第五条：符合条件的软件企业，按照规定取得的即征即退增值税款，专项用于软件产品研发和扩大再生产并单独进行核算，可以作为不征税收入在计算应纳税所得额时从收入总额中减除。

关于政府补助在企业所得税年度申报表中的填报，总结如下：

（1）对会计上一次性计入营业外收入且不符合不征税收入条件的政府补助，会计与税务处理一致，不需填报相应的纳税调整明细表；

（2）对会计已做收入且符合不征税收入条件的，填报《纳税调整项目明细表（A105000）》（见表 11-17）和《专项用途财政性资金纳税调整明细表（A105040）》（见表 11-18）；

（3）对会计做递延收益且不符合不征税收入条件的，填报《未按权责发生制确认收入纳税调整明细表（A105020）》（见表 11-19）；

（4）涉及不征税收入用于支出形成的资产，其折旧、摊销额不得税前扣除，在《资产折旧、摊销情况及纳税调整明细表（A105080）》（见表 6-5）相关表格中填报调整。

表 11-17　纳税调整项目明细表（A105000）

行次	项　目	账载金额	税收金额	调增金额	调减金额
		1	2	3	4
8	（七）不征税收入	—	—		
9	其中：专项用途财政性资金（填写 A105040）	—	—		
24	（十二）不征税收入用于支出所形成的费用	—	—		—
25	其中：专项用途财政性资金用于支出所形成的费用（填写 A105040）	—	—		—

表 11-18　专项用途财政性资金纳税调整明细表（A105040）

行次	项　目	取得年度	财政性资金金额	其中：符合不征税收入条件的财政性资金		以前年度支出情况					本年支出情况		本年结余情况		
				金额	其中：计入本年损益的金额	前五年度	前四年度	前三年度	前二年度	前一年度	支出金额	其中：费用化支出金额	结余金额	其中：上缴财政金额	应计入本年应税收入金额
		1	2	3	4	5	6	7	8	9	10	11	12	13	14
1	前五年度														
2	前四年度				—										
3	前三年度				—	—									
4	前二年度				—	—	—								
5	前一年度				—	—	—	—							
6	本年				—	—	—	—	—						
7	合计（1+2+3+4+5+6）	—			—	—	—	—	—	—					

表 11-19　未按权责发生制确认收入纳税调整明细表（A105020）

行次	项　目	合同金额（交易金额）	账载金额		税收金额		纳税调整金额
			本年	累计	本年	累计	
		1	2	3	4	5	6（4−2）
9	三、政府补助递延收入（10+11+12）						
10	（一）与收益相关的政府补助						
11	（二）与资产相关的政府补助						
12	（三）其他						

【例 11-12】 大华公司投资 500 万元建设厂房，符合国家环保政策，于 2021 年 6 月验收。该公司于 2021 年 6 月收到政府拨付的固定资产投资专项资金 100 万元。固定资产折旧年限为 20 年，残值率为 5%。（本例计算结果保留整数。）

在采用总额法下，大华公司的会计处理如下。

（1）收到补助资金时：

借：银行存款   1 000 000

 贷：递延收益   10 000 000

（2）2021 年计提折旧：

借：制造费用   118 750（5 000 000×95%÷20÷12×6）

 贷：累计折旧   118 750

（3）在相关资产使用寿命内按合理系统的方法分期计入损益：

借：递延收益   25 000（1 000 000÷20÷12×6）

 贷：其他收益   25 000

大华公司进行企业所得税汇算清缴时，做如下调整：

填报《未按权责发生制确认收入纳税调整明细表（A105020）》第 11 行第 2 列"账载金额"2.5 万元（递延收益转收入金额），第 4 列"税收金额"100 万元，第 3 列"调增金额"97.5 万元。自动带入《纳税调整项目明细表（A105000）》第 3 行"未按权责发生制原则确认的收入"相应栏次。

填报《纳税调整项目明细表（A105000）》第 8 行"不征税收入"第 4 列"调减金额"100 万元；同时填报主表第 16 行"其中：不征税收入"100 万元。

填报《资产折旧、摊销纳税调整明细表（A105080）》第 2 行"房屋、建筑物"，资产原值"账载金额"500 万元，"计税基础"400 万元；本期折旧中，第 2 列"本年折旧、摊销额"11.875 万元，第 5 列"税收折旧、摊销额"9.5 万元（400×95%÷20÷12×6），"纳税调整额"2.375 万元；同时填报《纳税调整明细表（A105000）》第 32 行"资产折旧、摊销"第 3 列"调增金额"2.375 万元。

在采用净额法下，大华公司的会计处理如下。

（1）企业收到补助资金时：

借：银行存款   1 000 000

 贷：递延收益   1 000 000

（2）冲减固定资产成本：

借：递延收益   1 000 000

 贷：固定资产   1 000 000

（3）2021 年计提折旧：

借：制造费用   95 000（4 000 000×95%÷20÷12×6）

 贷：累计折旧   95 000

采用净额法下，在相关资产达到预定可使用状态或预定用途时将递延收益冲减资产账面价值计提折旧或进行摊销。因此，采用净额法下，与资产相关的政府补偿的企业所得税与会计处理基本一致，不过企业所得税确认时间上有所不同。

✒ 【例 11-13】 德建公司购买环保设备，按相关政策规定，可以申请政府补助。2021 年 9 月 5 日，德建公司收到了财政补贴款 100 万元。2021 年 9 月 30 日，德建公司购入环保设备，购买价款为 200 万元，预计可使用 10 年，后续计量采用直线法计提折旧（假设不考虑净残值）。

（1）德建公司选择净额法进行会计处理。

① 2021 年 9 月 5 日：

借：银行存款　　　　　　　　　　　　　　　1 000 000

　贷：递延收益　　　　　　　　　　　　　　　　　　　1 000 000

② 2021 年 9 月 30 日：

借：固定资产　　　　　　　　　　　　　　　2 000 000

　贷：银行存款　　　　　　　　　　　　　　　　　　　2 000 000

借：递延收益　　　　　　　　　　　　　　　1 000 000

　贷：固定资产　　　　　　　　　　　　　　　　　　　1 000 000

③ 每月计提折旧：（2 000 000–1 000 000）÷120＝8 333.33（元）

借：制造费用　　　　　　　　　　　　　　　8 333.33

　贷：累计折旧　　　　　　　　　　　　　　　　　　　8 333.33

（2）德建公司选择总额法进行会计处理。

① 2021 年 9 月 5 日：

借：银行存款　　　　　　　　　　　　　　　1 000 000

　贷：递延收益　　　　　　　　　　　　　　　　　　　1 000 000

② 2021 年 9 月 30 日：

借：固定资产　　　　　　　　　　　　　　　2 000 000

　贷：银行存款　　　　　　　　　　　　　　　　　　　2 000 000

③ 每月计提折旧：2 000 000÷120＝16 666.67（元）

借：制造费用　　　　　　　　　　　　　　　16 666.67

　贷：累计折旧　　　　　　　　　　　　　　　　　　　16 666.67

④ 递延收益分期计入损益：1 000 000÷120＝8 333.33（元）

借：递延收益　　　　　　　　　　　　　　　8 333.33

　贷：其他收益　　　　　　　　　　　　　　　　　　　8 333.33

如符合不征税收入条件，则进行以下税务处理（以下计算结果保留整数）：

2021 年共计提累计折旧金额：16 666.67×3＝50 000（元）。从 10 月开始，假设全部计入当期损益；递延收入转入其他收益为 25 000 元（8 333.33×3）。

（1）本期收到财政性资金 1 000 000 元，在《专项用途财政性资金纳税调整明细表（A105040）》的第 6 行第 2 列填报。

（2）本期递延收益计入其他收益金额 25 000 元，填报在《专项用途财政性资金纳税调整明细表（A105040）》的第 6 行第 4 列，同时作为《纳税调整项目明细表（A105000）》第 9 行第 4 列的填报金额。

（3）本期累计计提折旧金额 50 000 元，对于不征税收入形成的资产，其折旧、摊销额不得税前扣除的金额为 25 000 元。《资产折旧、摊销情况及纳税调整明细表（A105080）》第 5~8 列税收金额应剔除不征税收入所形成资产的折旧、摊销额。调增金额在此表第 9 列填入，同时将此金额在《纳税调整项目明细表（A105000）》第 32 行作为调增金额列示。

如此调整后，政府补助计入当年度损益的部分 25 000 元，已进行了应纳税所得额调减，同时将当年度政府补助对应计提折旧的金额 25 000 元进行了应纳税所得额调增。

如果不是与资产相关的政府补助，则与政府补助相关的费用支出，在《专项用途财政性资金纳税调整明细表（A105040）》的第 6 行第 11 列填报，该列第 7 行金额转入《纳税调整项目明细表（A105000）》第 25 行的第 3 列。

政府补助的纳税筹划主要以与资产相关的政府补助为主。若企业将政府补助作为不征税收入，那么企业在取得政府补助时不征所得税，但不征税收入用于支出所形成的费用，不得在计算应纳税所得额时扣除以及用于支出所形成的资产，其计算的折旧、摊销不得在计算应纳税所得额时扣除。在这种情况下，企业可以推迟缴纳企业所得税的时间，获得资金的时间价值。若不将政府补助作为不征税收入，那么将政府补助计入递延收益并当资产达到预定可使用状态之后，政府补助形成的资产按对应的折旧或摊销期限分期计入当期损益。在进行所得税汇算清缴时，按折旧或摊销额进行纳税调整。这样就可以推迟缴纳所得税的时间，且将一次缴纳变为分期缴纳，提高了资金的利用率。因此当政府补助收入为与资产相关的政府补助时，企业若能够满足不征税收入条件，则应将政府补助作为不征税收入来处理。

第 12 章

借款费用等的税会差异与纳税筹划

在企业日常经营活动中，借款费用、或有事项、资产负债表日后事项、企业合并、租赁等是比较特殊的业务。本章主要介绍这些业务的税会差异、纳税调整处理和纳税申报表的填制，对存在纳税筹划空间的部分业务，一并介绍。

12.1 借款费用的税会差异与纳税筹划

借款费用是指企业因借款而发生的利息及其他相关成本，包括借款利息、折价或溢价的摊销、因借款而发生的辅助费用以及因外币借款而发生的汇兑差异。其中，因借款而发生的辅助费用包括手续费、佣金、印刷费、债券发行费用（减去发行期间冻结资金产生的利息收入）等。

12.1.1 借款费用的资本化确认与税前扣除

在会计处理上，企业发生的借款费用，可直接归属于符合资本化条件的资产的购建或者生产的，予以资本化，计入相关资产成本。其他借款费用在发生时根据其发生额确认为费用，计入当期损益。符合资本化条件的资产是指需要经过相当长时间的购建或者生产活动才能达到预定可使用或者可销售状态的固定资产、投资性房地产和存货等资产。

购建或者生产符合资本化条件的资产达到预定可使用或者可销售状态，可从下列几个方面进行判断：符合资本化条件的资产的实体建造（包括安装）或者生产工作已经全部完成或者实质上已经完成；所购建或者生产的符合资本化条件的资产与设计要求、合同规定或者生产要求相符或者基本相符，即使有个别与设计、合同或者生产要求不相符的地方，也不影响其正常使用或者销售；继续发生在所购建或生产的符合资本化条件的资产上的支出金额很少或者几乎不再发生。购建或者生产符合资本化条件的资产需要试生产或者试运行的，在试生产结果表明资产能够正常生产出合格产品或者试运行结果表明资产能够正常运转或者营业时，该资产已经达到预定可使用或者可销售状态。

购建或者生产的符合资本化条件的资产各部分分别完工，且每部分在其他部分继续建造过程中可供使用或者可对外销售，且为使该部分资产达到预定可使用或可销售状态所必要的购建或者生产活动实质上已经完成的，停止与该部分资产相关的借款费用的资本化。购建或者生产的资产的各部分分别完工，但必须等到整体完工后才可使用或者可对外销售的，在该资产整体完工时停止借款费用的资本化。

企业借款购建或者生产的存货中，符合借款费用资本化条件的，将符合资本化条件的借款费用予以资本化。符合借款费用资本化条件的存货主要包括企业（房地产开发）开发的用于对外出售的房地产开发产品、企业制造的用于对外出售的大型机械设备等。这类存货通常需要经过相当长时间的建造或生产过程，才能达到预定可销售状态。

在税务处理上，根据所得税法实施条例第三十七条第二款的规定，企业为购置、建造固定资产、无形资产和经过 12 个月以上的建造才能达到预定可使用或可销售状态的存货发生借款的，在有关资产购置、建造期间发生的合理的借款费用，作为资本性支出计入有关资产的成本，并依照本条例的规定扣除。其他借款费用不予资本化。另外，购置、建造活动发生非正常中断，但如果中断是使资产达到可使用状态所必需的程序，则中断期间发生的借款费用仍应予以资本化。企业筹建期间发生的长期借款费用，除购置固定资产发生的长期借款费用外，计入开办费，按照长期待摊费用进行税务处理。

12.1.2　借款费用的费用化确认与税前扣除

在会计处理上，企业发生的借款费用，除可直接归属于符合资本化条件的资产的购建或者生产的，予以资本化的借款费用外，其他借款费用，在发生时根据其发生额确认为费用，计入当期损益。

符合资本化条件的资产在购建或者生产过程中发生非正常中断，且中断时间连续超过3 个月的，暂停借款费用的资本化。在中断期间发生的借款费用确认为费用，计入当期损益，直至资产的购建或者生产活动重新开始。

在税务处理上，根据所得税法实施条例第三十七条的规定，企业在生产经营活动中发生的合理的无须资本化的借款费用，准予扣除。企业为购置、建造和生产固定资产、无形资产和经过 12 个月以上的建造才能达到预定可销售状态的存货，如果发生非正常中断时间较长的，那么其中断期间发生的借款费用，不予以资本化，直接在发生当期扣除。借款费用是否资本化与借款期间长短无直接关系，如果某纳税年度企业发生长期借款，并且没有指定用途，当期也没有发生购置固定资产支出，则借款费用全部可直接扣除。在为使资产达到其预定可使用或可销售状态而进行的必要准备工作中断期间可能发生的借款费用，属于持有部分完工资产发生的费用，可以不资本化直接扣除。在使相关资产达到其预定可使用或者可销售状态必要的工作实际完成时，停止借款费用资本化。

12.1.3　借款费用的计量与税前扣除标准

在会计处理上，在资本化期间内，每一会计期间的利息（包括折价或者溢价的摊销）资本化金额，按照下列规定确定：为购建或者生产符合资本化条件的资产而借入专门借款的，以专门借款当期实际发生的利息费用，减去尚未动用的借款资金存入银行取得的利息收入或进行暂时性投资取得的投资收益后的金额确定。为购建或者生产符合资本化条件的资产而占用了一般借款的，企业根据累计资产支出超过专门借款部分的资产支出加权平均数乘以所占用一般借款的资本化率，计算确定一般借款应予资本化的利息金额。资本化率根据一般借款加权平均利率计算确定。资本化期间是指从借款费用开始资本化时点到停止资本化时点的期间，借款费用暂停资本化的期间不包括在内。

借款存在折价或者溢价的，按照实际利率法确定每一会计期间应摊销的折价或者溢价金额，调整每期的利息额。在资本化期间内，每一会计期间的利息资本化金额不超过当期相关借款实际发生的利息金额。

在税务处理上，根据所得税法实施条例第三十八条的规定，企业在生产经营活动中发生的下列利息支出，准予扣除：非金融企业向金融企业借款的利息支出、金融企业的各项存款利息支出和同业拆借利息支出、企业经批准发行债券的利息支出；非金融企业向非金融企业借款的利息支出，不超过按照金融企业同期同类贷款利率计算的数额的部分。

【例 12-1】 润丰公司向威力公司（非关联方）借款 2 000 万元，每年按 10% 支付利息 200 万元，银行同期贷款利率为 7%。

对于利息支出，润丰公司需要填报《纳税调整项目明细表（A105000）》第 18 行：第 1 列"账载金额"填报企业向非金融企业借款，会计处理计入当期损益的利息支出的金额 200 万元（2 000×10%）；第 2 列"税收金额"填报按照税法规定允许税前扣除的利息支出的金额 140 万元（2 000×7%）。超过银行利率的 60 万元（200–140）需要进行纳税调增，缴纳所得税，如表 12-1 所示。

表 12-1　纳税调整项目明细表（A105000）

行　　次	项　　目	账载金额	税收金额	调增金额	调减金额
		1	2	3	4
18	（六）利息支出	2 000 000	1 400 000	600 000	

假设润丰公司每年按 3% 支付利息 60 万元，允许税前扣除的利息支出金额为 60 万元，此时无须做纳税调整处理。

所得税法第四十六条规定，企业从其关联方接受的债权性投资与权益性投资的比例超过规定标准而发生的利息支出，不得在计算应纳税所得额时扣除。《关于企业关联方利息支出税前扣除标准有关税收政策问题的通知》（财税〔2008〕121 号）规定：

一、在计算应纳税所得额时，企业实际支付给关联方的利息支出，不超过以下规定比例和税法及其实施条例有关规定计算的部分，准予扣除，超过的部分不得在发生当期和以后年度扣除。

企业实际支付给关联方的利息支出，除符合本通知第二条规定外，其接受关联方债权性投资与其权益性投资比例为：

（一）金融企业，为 5∶1；

（二）其他企业，为 2∶1。

二、企业如果能够按照税法及其实施条例的有关规定提供相关资料，并证明相关交易活动符合独立交易原则的；或者该企业的实际税负不高于境内关联方的，其实际支付给境内关联方的利息支出，在计算应纳税所得额时准予扣除。

三、企业同时从事金融业务和非金融业务，其实际支付给关联方的利息支出，应按照合理方法分开计算；没有按照合理方法分开计算的，一律按本通知第一条有关其他企业的比例计算准予税前扣除的利息支出。

四、企业自关联方取得的不符合规定的利息收入应按照有关规定缴纳企业所得税。

【例 12-2】 力宏公司、德建公司和三水公司于 2021 年 1 月共投资 2 000 万元设立新力公司。力宏公司权益性投资 400 万元，占 20%股份；德建公司权益性投资 400 万元，占 20%股份；三水公司权益性投资 1 200 万元，占 60%的股份。

2021 年 1 月，新力公司以 10%年利率从力宏公司借款 1 000 万元，以 9%年利率从德建公司借款 1 200 万元，以 7%年利率向三水公司借款 1 200 万元。

假设力宏、德建、三水、新力公司均为非金融企业；银行同期贷款利率为 8%；新力公司实际税负高于力宏公司，且新力公司无法提供资料证明其借款活动符合独立交易原则；德建公司可以提供税法规定的相关资料以证明其符合独立交易原则；新力公司实际税负不高于三水公司。

根据所得税法及其实施条例、财税〔2008〕121 号文的规定，计算如下：

（1）对力宏公司支付的利息。由于新力公司实际税负高于力宏公司，且新力公司无法提供资料证明其借款活动符合独立交易原则，新力公司实际支付给力宏公司的利息支出，不超过财税〔2008〕121 号文规定的债资比例和税法及其实施条例有关规定计算的部分，准予扣除，超过的部分不得在发生当期和以后年度扣除。

新力公司接受力宏公司的债权性投资和权益性投资分别为 1 000 万元和 400 万元，其比例为 2.5:1，高于规定的 2:1，并且其约定利率 10%高于金融机构同期贷款利率 8%，故力宏公司借款利息不能全额税前扣除。其可税前扣除的借款额为 800 万元（400×2），利息额为 64 万元（800×8%）。2021 年共支付力宏公司利息 100 万元（1 000×10%），可税前扣除 64 万元，其余 36 万元在 2021 年做纳税调整处理，且在以后年度也不可扣除。

（2）对德建公司支付的利息。新力公司接受德建公司的债权性投资可以提供税法规定的相关资料以证明其符合独立交易原则，可以不看债资比例的规定，但其约定利率 9%高于金融机构同期贷款利率 8%，故德建公司借款利息 108 万元（1 200×9%）不能全额在税前扣除，其超过金融机构同期贷款利率的部分 12 万元［1 200×（9%−8%）］要做纳税调整处理。

（3）对三水公司支付的利息。新力公司实际税负不高于三水公司，也可以不看债资比例的规定，其约定年利率 7%低于金融机构同期贷款利率，故三水公司借款利息 84 万元（1 200×7%）可以全额在税前扣除。

需要说明的是，年度应付关联方的利息应符合税法对利息支出的一般规定，特别是限制在银行同类贷款利率以内，不一定是应付关联方利息总和。

（4）力宏、德建、三水公司的利息收入。力宏公司自新力公司取得的利息收入 100 万元、德建公司自新力公司取得的利息收入 108 万元、三水公司自新力公司取得的利息收入 84 万元，因所得税法和实施条例中没有相关税收优惠政策的规定，故均并入应纳税所得额计算缴纳企业所得税。

【例 12-3】 2021 年 1 月 1 日，华强公司采取出包方式开始建造厂房，到 12 月 31 日发生的支出如表 12-2 所示。为建造厂房，华强公司于 2021 年 1 月 1 日发行 3 年期的债券，票面价值为 1 000 万元，票面利率为 8%，当时的市场利率为 6%，每年年末支付利息，到期还本。债券发行价格为 1 053.46 万元，发行辅助费用为 2 万元。另外，2021 年 4 月 1 日又专门借款 500 万元，借款期为 4 年，年利率为 8%。该公司在年初还借入流动资金 500 万元，借款年利率为 4%，假设暂不考虑银行活期存款利息。

（1）计算资本化金额。华强公司 2021 年度为建造固定资产累计支出 1 820 万元，专门借款金额为 1 553.46 万元（1 053.46+500）。

截至 2021 年 11 月，累计支出超过专门借款金额即占用的一般借款如表 12-3 所示。占用的一般借款的资本化金额为：

一般借款资本化金额=（累计资本支出−专门借款资本支出的加权平均数）×一般借款资本化率=32.76×4%=1.31（万元）

一般借款资本化率为流动资金的借款年利率 4%（见表 12-4）。

表 12-2 2021 年建造厂房发生的支出　　　　　单位：万元

日　　期	每期资产支出金额	累计资产支出
1 月 1 日	150	150
2 月 1 日	200	350
3 月 1 日	130	480
4 月 1 日	100	580
5 月 1 日	130	710
6 月 1 日	160	870
7 月 1 日	120	990
8 月 1 日	100	1 090
9 月 1 日	150	1 240
10 月 1 日	280	1 520
11 月 1 日	160	1 680
12 月 1 日	140	1 820

表 12-3　2021 年累计支出　　　　　　　　单位：万元

日 期	支出金额	资本化期间	超过专门借款部分支出的加权平均数
1 月 1 日	150	360÷360	0
2 月 1 日	200	330÷360	0
3 月 1 日	130	300÷360	0
4 月 1 日	100	270÷360	0
5 月 1 日	130	240÷360	0
6 月 1 日	160	210÷360	0
7 月 1 日	120	180÷360	0
8 月 1 日	100	150÷360	0
9 月 1 日	150	120÷360	0
10 月 1 日	280	90÷360	0
11 月 1 日	160	60÷360	21.09
12 月 1 日	140	30÷360	11.67
合　计	1 820		32.76

表 12-4　债券利息调整　　　　　　　　单位：万元

日 期	支付利息=面值×票面利率8%（1）	实际利息费用=（5）×市场利率（2）	利息调整=（1）－（2）（3）	债券账面价值=债券面值－（3）（4）
2021 年 1 月 1 日				1 053.46
2021 年 12 月 31 日	80	63.21	16.79	1 036.67
2022 年 12 月 31 日	80	62.20	17.80	1 018.87
2023 年 12 月 31 日	80	61.13	18.87	1 000
合　计	240	186.54	53.46	

（2）计算利息金额。专门借款年度实际发生的利息为：债券借款费用为 63.21 万元，辅助费用资本化金额为 2 万元；专门借款利息为 30 万元（500×8%×9÷12）；专门借款部分借款费用为 93.21 万元（63.21+30）；一般借款利息为 20 万元（500×4%）；借款利息费用共计 113.21 万元（80–16.79 + 30 +20）；资本化利息金额为 94.52 万元（1.31 + 93.21）；费用化利息金额为 18.69 万元（113.21 – 94.52）。

华强公司的会计处理如下：

借：在建工程　　　　　　　　　　　　　　　　965 200
　　财务费用　　　　　　　　　　　　　　　　186 900
　　应付债券——利息调整　　　　　　　　　　167 900
　　贷：长期借款——利息调整　　　　　　　　　　　　300 000

应付利息	1 000 000
银行存款	20 000

（3）税务处理。假设金融机构同类、同期贷款利率为5%，按税法规定辅助费用按照5年平均摊销。在2021年企业所得税汇算清缴时，因利息超支调增应纳税所得额44.46万元［113.21-（1 000×5%+500×5%×9÷12）］；因辅助费用摊销调增应纳税所得额1.6万元（2-2÷5），共调增应纳税所得额46.06万元。

12.1.4　借款费用的纳税筹划

借款费用主要来源于企业融资活动，融资活动分为债务筹资（包括贷款融资和债券融资）和权益筹资。在债务筹资中，企业向金融企业或非金融企业借款往往承担较大的还款压力，若超过自身的偿债能力可能会增加财务风险。如果选择发行股票进行筹资，则不会增加财务风险。根据现行税法规定，在符合税法规定的限额的情况下，企业借款的利息可作为财务费用在税前扣除。当企业需要一笔资金时，采取借款的方式显然比股东投资的方式在税法上有利，而实际上企业往往采取债务筹资和权益筹资相结合的方式进行筹资，那么合理的债务筹资和权益筹资的比例确定可以帮助企业有效地减轻税负。例如，在一定条件下，企业融资中负债融资所占比例越高，企业所缴纳的企业所得税越少，税负越轻，但也要注意，企业筹资目的还是要获得更大的利润，所以要避免陷入企业所得税的筹划误区。

另外，在债务筹资中，如果企业向金融机构申请的贷款资金用于固定资产投资的，需要专款专用，作为资本性支出计入固定资产成本，贷款利息需要随着固定资产的折旧一起进行摊销。因此企业若要增加固定资产，可以考虑其他用途的贷款资金。例如，企业可以使用流动资金为新项目筹资，这笔借款的利息支出就可以作为当期财务费用在税前进行扣除。通过这种筹划方式，企业当期的应纳税所得额会减少，间接增加了企业现金流，等同于提前获取了一笔无息贷款。

12.2　或有事项的税会差异

或有事项是指过去的交易或者事项形成的，其结果须由某些未来事项的发生或不发生才能决定的不确定事项。它强调或有事项的发生或其结果具有不确定性以及强调或有事项的结果对企业财务状况的影响。常见的或有事项有商业票据背书转让或贴现、未决诉讼、未决仲裁、债务担保、产品质量保证、亏损合同、重组义务等。

所得税法规定，企业实际发生的与取得收入有关的、合理的支出，包括成本、费用、税金、损失和其他支出，可在计算应纳税所得额时扣除。根据所得税法第八条的规定，企业因计划出售或终止企业的部分经营业务、对企业的组织结构进行较大调整、关闭企业的部分营业场所，或将营业活动由一个国家或地区迁移到其他国家或地区等而确定的预计负债，根据所得税法规定不允许扣除，在申报企业所得税时调增应纳税所得额，待实际执行重组时发生的支出，才允许在税前扣除。根据所得税法第八条的规定，对于企业的亏损合同，虽然履行合同义务不可避免会发生成本超过预期经济利益而发生亏损，但目前尚未形成扣除项目，所以该预计负债不属于真正的亏损，不允许扣除，在申报企业所得税时调增应纳税所得额，待亏损合同形成实际亏损时，才允许扣除。

【例 12-4】　2021 年 11 月，京华、向阳两公司因商标权引起纠纷，京华公司向法院提起诉讼。截至 2021 年 12 月 31 日法院尚未判决。向阳公司向律师咨询得知，向阳公司败诉的可能性为 80%。如果败诉，则赔偿金额可能为 80 万～120 万元，诉讼费为 0.5 万元。假设向阳公司 2021 年会计利润为 200 万元。不考虑其他纳税调整事项。

向阳公司确认预计负债时，会计处理如下：

确认的预计负债=（80+120）÷2=100（万元）

借：管理费用——诉讼费　　　　　　　　　　　　　　　5 000

营业外支出——诉讼赔偿　　　　　　　　　1 000 000

贷：预计负债——未决诉讼　　　　　　　　　　　　　1 005 000

年末计算所得税。向阳公司确认的预计负债不能在应纳税所得额中扣除，在当期利润的基础上调增 100.5 万元，应纳税所得额为 300.5 万元，应交所得税为 75.125 万元。预计负债的账面价值为 100.5 万元，计税价值为 0，可抵扣的暂时性差异为 100.5 万元，确认递延所得税资产为 25.125 万元。

借：所得税费用　　　　　　　　　　　　　　　　　500 000

递延所得税资产　　　　　　　　　　　　　251 250

贷：应交税费——应交所得税　　　　　　　　　　　751 250

对于企业确认的预计负债，有关支出能在税前扣除的，实际发生时在税前扣除，因此在确认预计负债当期调增应纳税所得额，同时产生可抵减暂时性差异，产生递延所得税资产。已计提的预计负债实际发生时，不论实际发生的损失大于或小于原计提的预计负债，先冲销原来已经计提的预计负债，对于实际多发生或少发生的损失，直接计入当期损益，增加或减少当期会计利润。因此在做纳税调整时，需按原预计负债调减应纳税所得额，转回原已确认的递延所得税资产。

假设 2022 年 5 月经法院判决向阳公司败诉，向京华公司赔偿 105 万元，承担诉讼费 0.5 万元。

向阳公司 2022 年会计利润为 200 万元，不考虑其他纳税调整事项。向阳公司的会计处理如下：

借：预计负债——未决诉讼　　　　　　　　　　　　1 005 000

营业外支出——诉讼赔偿　　　　　　　　　　50 000

贷：银行存款　　　　　　　　　　　　　　　　　1 055 000

年末计算所得税。向阳公司实际发生的损失 105.5 万元能在应纳税所得额中扣除，但由于计入"营业外支出"的 5 万元会直接冲减会计利润，在当期利润的基础上调减 100.5 万元，应纳税所得额为 99.5 万元，应交所得税为 24.875 万元。预计负债的账面价值为 0，计税价值为 0，期末递延所得税资产为 0，冲回递延所得税资产为 25.125 万元。

借：所得税费用   500 000
  贷：递延所得税资产   251 250
    应交税费——应交所得税   248 750

12.3 资产负债表日后事项的税会差异

资产负债表日后事项是指资产负债表日至财务报告批准报出日之间发生的有利或不利事项。资产负债表日后事项包括资产负债表日后调整事项和资产负债表日后非调整事项。调整事项是在资产负债表日以前发生的，非调整事项在资产负债表日还没有发生，在财务报告批准报出日之前发生或存在。两者存在的共同点是：它们都对财务报告所反映的财务状态、经营成果产生重大影响。

从税法的角度上看，非调整事项无须调整报告期的会计报表，因此不会产生纳税调整问题。调整事项，按会计准则的规定对已编制的会计报表中反映的收入、费用、资产、负债以及所有者权益做相应的调整，并按调整后的数额重新编制会计报表，以便为财务报告使用者提供更为可靠的财务信息。由于资产负债表日后调整事项一般都涉及损益调整，因此会产生相应的纳税调整问题。

例如，企业在资产负债表日以前发生正常销售业务，由于种种原因在资产负债表日至年度财务报告批准上报日之间发生的销货退回，基本调整思路是：做与发生正常销售业务时相反的会计处理。在具体调整时，涉及损益类账户的通过以前年度损益调整账户调整；涉及利润分配中的提取盈余公积的直接通过未分配利润账户调整。会计处理程序基本上可以分为以下四个部分：

（1）冲销收入、成本与减值损失。

（2）调整所得税。

（3）将以前年度损益调整转入未分配利润账户。

（4）调整盈余公积。

另外，由于资产负债表日后事项形成的影响数性质不同，所以在具体调整所得税时，调整账户也有所不同。

资产负债表日后进一步确定了资产负债表日前购入资产的成本或售出资产的收入，即资产负债表日前购入资产的成本或者售出资产的收入未确定，或售出的存货发生退回。该事项涉及退货的情况，可能涉及应交所得税，处理时要区分所得税汇算清缴前、所得税汇算清缴后两种情况。

【例 12-5】2021 年 11 月长江公司销售给东海公司一批产品，销售价格 25 000 元（不含向购买方收取的增值税），销售成本 20 000 元。货款于当年 12 月 31 日尚未收到。2021 年 12 月 25 日长江公司接到东海公司通知，东海公司在验收物资时，发现该批产品存在严重的质量问题需要退货。长江公司希望通过与东海公司协商解决办法。长江公司在 12 月 31 日编制资产负债表时，将该应收账款 28 250 元（包括向购买方收取的增值税额）列示于资产负债表的"应收账款"项目内，公司按应收账款的 5% 计提坏账准备。2022 年 2 月 10 日双方协商未成，长江公司收到东海公司的通知，该批产品已经全部退回。长江公司于 2022 年 2 月 15 日收到退回的产品以及购货方退回的增值税专用发票的发票联和税款抵扣联。假定该物资增值税税率为 13%，长江公司为增值税一般纳税人，不考虑其他税费因素。同时长江公司为上市公司，财务报告批准报出日均为次年 4 月 30 日，资产负债表日计算的税前利润等于按所得税法规定计算的应纳税所得额。公司按净利润的 10% 提取法定盈余公积，之后不再分配。

借：以前年度损益调整　　　　　　　　　　　　　　　　25 000
　　应交税费——应交增值税（销项税额）　　　　　　　　3 250
　　　贷：应收账款　　　　　　　　　　　　　　　　　　28 250
借：坏账准备　　　　　　　　　　　　　　　　　　　　1 412.5
　　　　　　　　[（25 000+25 000×13%）×5%]
　　　贷：以前年度损益调整　　　　　　　　　　　　　　1 412.5
借：库存商品　　　　　　　　　　　　　　　　　　　　20 000
　　　贷：以前年度损益调整　　　　　　　　　　　　　　20 000
借：应交税费——应交所得税　　　　　　　　　　　　　896.88
　　　　　　　　[（25 000−20 000−1 412.5）×25%]
　　　贷：以前年度损益调整　　　　　　　　　　　　　　896.88
借：利润分配——未分配利润　　　　　　　　　　　　　2 690.62
　　　　　　（25 000−20 000−1 412.5−896.88）
　　　贷：以前年度损益调整　　　　　　　　　　　　　　2 690.62
借：盈余公积　　　　　　　　　　　　269.06（2 690.62×10%）
　　　贷：利润分配——未分配利润　　　　　　　　　　　269.06

调整报告年度会计报表相关项目的数字。（略）

在资产负债表日以前或在资产负债表日已经存在，资产负债表日后得以证实的事项，是资产负债表日后事项的调整事项。在例 12-5 中，长江公司在 2 月收到退货，调整 2021 年度的会计报表，但假若长江公司在 5 月（报告批准日后）收到这笔退货，这笔退货就计入 2022 年的报表上了。同样是 2022 年的经济业务，一个在上一年度的会计报表上反映，一个在下一年度的会计报表上反映。

对例 12-5 而言，在会计上将库存商品和应收账款冲回，同时将销售收入与销售成本之间的差额作为以前年度（2021 年）损益的调整项目；而根据所得税法的规定，销售退回必须调整当期损益，在销售退回实际发生的当期（2022 年）确认应纳税所得额。这种所得确认时间上的差异，在某些情况下往往会造成应纳所得税额计征数的差异，如两个年度适用的所得税税率不一致，或者某个年度享受所得税的减免优惠等。

税务处理上，必须按照实际发生原则确认收入和扣除成本费用。属于 2022 年度的经济业务，确认 2022 年的所得。对已证实发生了减损的资产，在资产实际发生减损的年度，经过税务机关批准后扣除。对已确定获得或支付的赔偿，在实际赔偿的年度申报扣除。对销售退回而影响当期所得的，计入实际退回年度的所得额。

当资产负债表日后资产发生了报废、毁损、坏账，或发生永久性、实质性损害时，此时会计处理中转销的财产损失或全额计提的资产减值准备能否在税前扣除，需要看年终企业所得税汇算清缴是否结束。如已结束，则不能追溯调整会计报告期所对应纳税年度的税前扣除金额，也不能要求退还报告期所得税额，资产损失的金额在最终实际发生的本年度做税前扣除。如果年终企业所得税汇算清缴尚未结束，则资产损失金额可以作为报告期所对应纳税年度的税前扣除项目，但是，如果所得税法规定需要报经主管税务机关审核批准的财产损失在汇算清缴期内未报经批准的，则不得做税前扣除。客观原因或税务机关原因等导致的滞后审批，待批准后再做抵退税款处理。

【例 12-6】 康运公司在 2021 年年末积压了一批原材料，价款为 500 000 元，在 2021 年 12 月 31 日计提了 30% 的存货跌价准备。2022 年 4 月 5 日，该批原材料所供生产的产品停产，在市场上已丧失了使用价值和转让价值，且原材料因积压时间过长已超过保质期，全部报废。假定康运公司财务报告批准报出日为 4 月 15 日，计提盈余公积的比例为 10%。

显然，上述事项属于资产负债表日后事项，康运公司结转存货报废损失为 415 000 元（565 000–500 000×30%），调整的会计处理如下：

借：以前年度损益调整	415 000	
存货跌价准备	150 000	
贷：库存商品		500 000
应交税费——应交增值税（进项税额转出）		65 000

此时，假定康运公司 2021 年度企业所得税汇算清缴工作尚未结束，资产负债表日后事项未做调整前的 2021 年度会计利润为 1 000 000 元，无其他纳税调整事项。康运公司原先按所得税法规定未将存货跌价准备在税前扣除，所计算的应纳税所得额为 1 150 000 元（1 000 000+150 000），所得税费用及应交所得税为 287 500 元。现康运公司向主管税务机关提起财产损失扣除申请并获批准，则非但原先提取的 30% 存货跌价准备可在税前扣除，资产负债表日后调增的另 70% 的财产损失也可在税前扣除。重新计算的应纳税所得额 585 000 元（1 150 000–150 000–415 000），所得税费用及应交所得税为 146 250 元，在原先计算结果的

基础上调减 141 250 元（287 500–146 250），正好为税前扣除财产损失 565 000 元所对应的所得税额。

调整所得税的会计处理如下：

借：应交税费——应交所得税　　　　　　　　　141 250（565 000×25%）

　　贷：以前年度损益调整　　　　　　　　　　　141 250

借：利润分配——未分配利润　　　　　　　　　273 750（415 000–141 250）

　　贷：以前年度损益调整　　　　　　　　　　　273 750

借：盈余公积　　　　　　　　　　　　　　　　27 375（273 750×10%）

　　贷：利润分配——未分配利润　　　　　　　　　27 375

在进行上述处理后，2021 年 12 月 31 日资产负债表中"存货"减少 350 000 元，"应交税费"减少 76 250 元（冲减的"应交税费——应交所得税"账户的 141 250 元与转出的增值税进项税额 65 000 元之差），盈余公积减少 27 375 元，未分配利润减少 246 375 元。2021 年度利润表中管理费用增加 415 000 元，所得税减少 141 250 元，营业利润和利润总额减少 273 750 元。

假定康运公司 2021 年度企业所得税汇算清缴虽未结束，但上述财产损失因故未报经主管税务机关批准，则康运公司在资产负债表日后结转的财产损失 415 000 元及原先提取的存货跌价准备均不得在税前扣除，原先计算出的所得税费用及应交所得税 287 500 元保持不变。因而将前面所做的"以前年度损益调整"账户的 415 000 元直接转入利润分配，并调整利润分配的有关数字。

借：利润分配——未分配利润　　　　　　　　　415 000

　　贷：以前年度损益调整　　　　　　　　　　　415 000

借：盈余公积　　　　　　　　　　　　　　　　41 500（415 000×10%）

　　贷：利润分配——未分配利润　　　　　　　　　41 500

在进行上述会计处理后，2021 年 12 月 31 日资产负债表中"存货"减少 350 000 元，应交税费增加 65 000 元，盈余公积减少 415 000 元，未分配利润减少 373 500 元。2021 年度利润表中管理费用增加 415 000 元，营业利润和利润总额减少 415 000 元。

如果康运公司 2021 年度企业所得税汇算清缴工作已经结束，则康运公司在资产负债表日后结转的财产损失 415 000 元不得在 2021 年度税前追溯扣除，原先提取的存货跌价准备也未在税前扣除。资产负债表日后调整事项的会计处理及纳税类似于例 12-6。两者的不同之处在于，在这种情况下，上述财产损失 565 000 元可作为 2022 年实际发生的金额，在 2022 年度企业所得税汇算清缴前向主管税务机关申请扣除，并全额调减 2022 年度应纳税所得额。

资产负债表日后调增资产减损金额，会计处理方法一般为补提资产减值。在这种情况下，资产损失金额尚未最终确定，提取的减值准备均为会计估计的结果，那么无论企业是否还处于年度所得税汇算清缴期内，原先计提的资产减值准备及调增的资产减值准备均不得在报告期税前扣除，原先计算的所得税费用及应交所得税保持不变。

12.4 企业合并的税会差异与纳税筹划

12.4.1 企业合并的税会差异概述

1. 企业合并的含义及分类

企业合并准则规定了企业合并的会计处理，财税〔2009〕59号文规定了企业合并的税务处理。企业合并的定义及分类存在的税会差异，如表12-5所示。

表12-5 企业合并的定义及分类的税会差异

项　目	定　义	分　类	
会计准则	将两个或两个以上单独的企业合并形成一个报告主体的交易或事项	按照控制对象分为同一控制下的企业合并和非同一控制下的企业合并两类	按照具体的法律形式分为吸收合并、新设合并和控股合并三种
所得税法	被合并企业将其全部资产和负债转让给另一家现存或新设企业，并为其股东换取合并企业的股权或其他财产，实现两个或两个以上企业的依法合并事项	按照支付对价方式分为现金合并、股票合并和承债式合并	按照是否缴税分为应税合并和免税合并

从财税〔2009〕59号文可以看出，文件中定义的合并实质上是指新设合并和吸收合并。文中还规定，股权收购是指一家企业购买另一家企业（以下称为被收购企业）的股权，以实现对被收购企业控制的交易。可见，文件中定义的股权收购实质上是指控股合并。因此，本节后续部分会关注财税〔2009〕59号文对股权收购和企业合并税务处理的规定。

2. 企业合并的会计处理

会计准则规定，对于同一控制下的企业合并，按照权益结合法进行会计处理，采用的是历史成本模式。付出的成本按账面价值计量，不确认损益。对于被合并方的资产和负债除了评估调账以外都是按原账面价值计量的；合并发生的直接相关费用直接计入当期损益；无论是合并报表或个别报表中，不确认商誉。

非同一控制下的企业合并，按照购买法进行会计处理，引入了公允价值模式。合并成本是购买方支付的资产、发行或承担的负债、发行的权益性工具在购买日的公允价值之和，公允价值与账面价值的差额，计入当期损益；合并发生的直接相关费用直接计入当期损益。对于被合并方各项可辨认资产、负债，也是按购买日的公允价值计量的。合并成本大于被合并方可辨认净资产公允价值份额差额确认商誉，商誉初始确认后，每年对其进行减值测试。如果出现负商誉，则计入营业外收入。

3. 企业合并的税务处理

（1）企业合并适用的主要税法文件。所得税法实施条例中第七十五条要求，在企业实现并购的过程中，一旦转让资产所获损益得以实现认定，则该项资产的计税基础以交易发生时的公允价格计量。当然，这样的交易必须经过国务院下属财政、税务主管部门的认可。

财税〔2009〕59 号文和《企业重组业务企业所得税管理办法》（国家税务总局 2010 年 4 号公告）是企业并购重组企业所得税制发展的里程碑，两者很大程度上引导了企业并购重组交易的发展，推进了并购市场的构建。这两份文件首次提出"并购重组"的概念，首次区分各种并购的存在形式，明确参与其中的各个交易主体，每种并购形式都分别适用一般性或特殊性税务处理原则。从企业合并方面而言同样如此，适用一般性税务处理原则的合并，交易后产生纳税义务，参与合并交易各方按规定原则处理；而当企业合并面临特殊性税务处理原则时，合并业务中与股份偿付所相对的资产交易取得的收益可实现递延纳税，其他除股份偿付以外的支付形式相对的资产交易收益要立即计缴税款。连续 12 个月内的分步交易事项，如果具有相同的经济交易实质，则作为同一事项处理，这也是反避税的一项重要举措。

《财政部 国家税务总局关于促进企业重组有关所得税处理问题的通知》（财税〔2014〕109 号）、财税〔2014〕116 号文和《国家税务总局关于企业重组业务企业所得税征收管理若干问题的公告》（国家税务总局公告 2015 年第 48 号）是面对日益变化发展的并购重组形式先后出台的，调整和完善财税〔2009〕59 号文及国家税务总局 2010 年 4 号公告文的内容，以更好地推动并购交易的发展。例如，财税〔2014〕109 号文将适用免税资产或股份并购交易形式的被收购方出售资产、股份的比例，从原先 75% 降低至 50%；国家税务总局公告 2015 年第 48 号文大幅调整了国家税务总局 2010 年 4 号公告文的内容，废止了一部分不合时宜的条款。

《财政部 国家税务总局关于企业清算业务企业所得税处理若干问题的通知》（财税〔2009〕60 号）和《关于企业清算所得税有关问题的通知》（国税函〔2009〕684 号）是相关的辅助性质的文件，配合财税〔2009〕59 号文及国家税务总局 2010 年 4 号公告文，这些辅助性的配套政策，涉及了被并购企业在交易完成后，紧接着注销企业法人资格方面的一些税务处理规定。

（2）税务处理方法。根据财税〔2009〕59 号文规定，企业重组的税务处理应区分不同条件分别适用一般性税务处理和特殊性税务处理。特殊性税务处理必须满足以下四个条件：

① 企业合并业务须具有合理商业目的，不以减少、免除或者推迟缴纳税款为主要目的；

② 企业股东在该企业合并发生时取得的股权支付金额不低于其交易支付总额的

85%;

③ 企业合并后的连续 12 个月内不改变重组资产原来的实质性经营活动;

④ 企业合并业务中取得股权支付的原主要股东,在重组后连续 12 个月内,不得转让所取得的股权。

企业合并中的税务处理方法,如表 12-6 所示。

表 12-6　企业合并中的税务处理

项目	一般性税务处理	特殊性税务处理	
基本处理方法	合并企业: ① 取得的资产和负债的计税基础,应按公允价值确定; ② 被合并企业的亏损不得在合并企业结转弥补。 被合并企业: 企业合并方式下,进行清算,确认清算所得	合并企业: ① 取得的资产和负债的计税基础,以被合并企业的原有计税基础确定; ② 承继被合并企业合并前的相关所得税事项; ③ 可弥补的被合并企业亏损的限额=被合并企业净资产公允价值×截至合并业务发生当年年末国家发行的最长期限的国债利率。 被合并企业: 企业合并方式下,进行清算,确认清算所得	
		股权支付部分	暂不确认有关资产的转让所得或损失
		非股权支付部分	① 确认有关资产的转让所得或损失 非股权支付对应的资产转让所得或损失=(被转让资产的公允价值−被转让资产的计税基础)×(非股权支付金额÷被转让资产的公允价值) ② 调整相应资产的计税基础
备注	1．合并方支出对价若为非现金资产,则要确认资产处置损益,计入当期应纳税所得额。 2．支付的其他相关费用、佣金、手续费的处理: (1)直接相关费用减少当期应纳税所得额; (2)债务工具发行费用减少当期应纳税所得额; (3)权益工具发行费用自溢价发行收入中扣除,不计入应纳税所得额。 3．企业使用特殊性税务处理的,交易各方应在该业务完成当年的企业所得税年度申报时向主管税务机关进行书面备案		

股权收购的一般性税务处理为:被收购企业的股东应确认股权转让所得或损失;收购方取得股权的计税基础应以公允价值为基础确定;被收购企业的相关所得税事项原则上保持不变。

特殊性税务处理方式下,除满足上述企业合并的第①③④个条件外,还需要满足的条件为:收购企业购买的股权不低于被收购企业全部股权的 50%,且收购企业在该股权收购发生时的股权支付金额不低于其交易支付总额的 85%。收购企业和被收购企业取得的股权，均以被收购股权的原有计税基础确定；收购企业、被收购企业的原有各项资产和负债的计税基础和其他相关所得税事项保持不变。如果股权支付比例符合特殊性税务处理的规定，则股权支付部分适用特殊性税务处理，非股权支付部分适用一般性税务处理。

【例 12-7】 红山公司与星海公司发生企业合并业务，本次合并未发生其他相关费用、佣金和手续费。假设相关资产和负债的账面价值等于计税基础，合并业务的相关信息如表 12-7 所示。

表 12-7   红山公司与星海公司合并业务的相关信息　　　单位：万元

合并方		红山公司		被合并方	星海公司	
	项目	账面价值	公允价值		项目	账面价值	公允价值
支付对价	发行新股	20	80	相关资料	可辨认资产	60	80
	现金	4	4		备注：其中固定资产账面价值20万元，公允价值40万元，其他资产、负债的账面价值与公允价值相等	
	固定资产	6	10			
	总计	30	94			

（1）一般性税务处理。假设红山公司与星海公司发生的企业合并事项采用一般性税务处理方法，则无论是股权支付部分还是非股权支付部分，都要遵守所得税法的基本规定，在企业合并交易发生时确认相关资产的转让所得或损失。星海公司可辨认净资产公允价值 80 万元与计税基础 60 万元的差额 20 万元，应确认为资产转让所得，计入星海公司应纳税所得额，由此，星海公司应缴纳企业所得税 5 万元（20×25%）。由于星海公司对这部分差额已履行相应的纳税义务，因此，红山公司取得的星海公司可辨认净资产计税基础为 80 万元。

另外，红山公司用非现金资产作为支付对价，固定资产公允价值与账面价值的差额 4 万元，应该确认为资产处置损益，计入红山公司当期应纳税所得额，缴纳企业所得税 1 万元（4×25%）。如果合并企业不是以新发股权作为对价，而是以现有股权作为支付对价，则要确认处置损益，缴纳企业所得税。

（2）特殊性税务处理。红山公司股权支付比例为 85.11%（80÷94），大于适用特殊性税务处理条件中要求的85%的比例。假设该企业合并事项满足全部特殊性税务处理的条件，则该合并对于非股权支付的部分，应确认相应资产的转让所得或损失，而对于股权支付的部分，可暂时不确认资产的转让所得或损失，计税基础递延到取得的股份上。

具体来说，对于星海公司可辨认净资产公允价值 80 万元与计税基础 60 万元之间的差额 20 万元的部分，其中属于股权支付部分所对应的 17.022 万元（20×85.11%），可暂不计入星海公司应纳税所得额，而对于剩下的属于非股权支付部分所对应的 2.978 万元（20×14.89%），计入星海公司当期应纳税所得额，缴纳企业所得税 0.744 5 万元（2.978×25%）。由此，在红山公司取得的星海公司可辨认净资产的计税基础应为 62.978 万元（60+20×14.89%）。另外，在红山公司用固定资产作为支付对价，其公允价值与账面价值的差 4 万元，应该确认为资产处置损益，计入红山公司当期应纳税所得额，缴纳企业所得税 1 万元。

4. 企业合并的税会差异的列报

在计算企业的应纳税所得额时，若企业的会计处理方法与税收政策规定不一致，则按照税法的相关规定计算；若税收政策的规定不明确，则暂时按照会计准则的规定计算。

对企业合并的纳税调整处理，企业需要填报《企业重组及递延纳税事项纳税调整明细表（A105100）》，其中，非现金资产清偿债务、将债务转为资本要单独填报，如表 12-8 所示。

表 12-8　企业重组及递延纳税事项纳税调整明细表（A105100）

行次	项　目	一般性税务处理			特殊性税务处理			纳税调整金额
		账载金额	税收金额	纳税调整金额	账载金额	税收金额	纳税调整金额	
		1	2	3（2–1）	4	5	6（5–4）	7（3+6）
8	四、企业合并（9+10）							
9	其中：同一控制下企业合并							
10	非同一控制下企业合并							

12.4.2　初始确认时的税会差异

在初始确认时，企业合并业务的税会差异主要体现在三个方面：一是合并企业取得的合并资产账面价值与计税基础不同所产生的差异，二是合并企业的非货币性资产支付处置损益确认的差异，三是被合并企业资产转让所得确认的差异。以下从同一控制下的企业合并和非同一控制下的企业合并两个方面进行说明。

1. 同一控制下的企业合并

在初始确认时，对于同一控制下的企业合并，税会差异主要体现在三个方面，如表 12-9 所示。

表 12-9　同一控制下的企业合并初始确认时的税会差异

项　目		一般性税务处理	特殊性税务处理	
			股权支付部分	非股权支付部分
合并方取得资产的账面价值与计税基础的差异	入账价值	被合并方原账面价值		
	计税基础	公允价值	原有计税基础	原计税基础+（公允价值–原计税基础）×非股权支付比例
	差异	存在差异	若二者相等，则不存在差异；若二者不相等，则存在差异	存在差异

续表

项 目		一般性税务处理	特殊性税务处理	
			股权支付部分	非股权支付部分
非货币性资产支付处置损失确认的差异	会计处理	不确认		
	税务处理	确认		
	差异	在纳税申报时，合并企业应相应调整会计利润： 调整金额=公允价值–计税基础		
被合并企业资产转让所得确认的差异	会计处理	不确认		
	税务处理	确认	不确认	确认
	差异	在纳税申报时，被合并企业应相应调整会计利润：调整金额=公允价值–计税基础	无差异	在纳税申报时,被合并企业应相应调整会计利润： 调整金额=（公允价值–计税基础）×非股权支付部分所占比例

2. 非同一控制下的企业合并

在初始确认时，对于非同一控制下的企业合并，主要的税会差异如表 12-10 所示。

表 12-10 非同一控制下的吸收合并初始确认时的税会差异

项 目		一般性税务处理	特殊性税务处理	
			股权支付部分	非股权支付部分
账面价值与计税基础的差异	入账价值	被合并方资产公允价值		
	计税基础	公允价值	原有计税基础	原计税基础+（公允价值–原计税基础）×非股权支付比例
	差异	无差异	存在差异	
非货币性资产支付处置损益确认的差异	会计处理	确认		
	税务处理	确认		
	差异	资产的计税基础与账面价值相等,则不存在差异,若不等则存在差异：调整金额=账面价值–计税基础		
被合并企业资产转让所得的差异	会计处理	不确认		
	税务处理	确认	不确认	确认
	差异	在纳税申报时，被合并企业应相应调整会计利润：调整金额=公允价值–计税基础	无差异	在纳税申报时，被合并企业应相应调整会计利润： 调整金额=（公允价值–计税基础）×非股权支付部分所占比例

【例 12-8】 2021 年 6 月 1 日，顺天公司和同安公司达成合并协议，顺天公司以库存商品（存货）和增发权益性证券（增发新股）作为合并对价，取得同安公司 100%的股权。支付对价的情况如表 12-11 所示。当日，同安公司股权账面价值为 10 000 万元，公允价值为 40 000 万元。

表 12-11　支付对价的情况　　　　　　　　单位：万元

支付对价项目	账面价值	公允价值	比重（%）
存货（非股权支付）	3 000	4 000	10
增发新股（股权支付）	6 000	36 000	90
合　　计	9 000	40 000	100

上述企业合并各方中，顺天公司为支付对价方，同安公司为收到对价方。

根据财税〔2009〕59 号文的规定，由表 12-9 和表 12-10 可知，确认支付对价方与收到对价方非股权支付的资产转让所得或损失，可得到如下公式：

支付对价方确认的非股权支付的资产转让所得或损失=非股权支付金额-非股权支付计税基础　　　　　　　　　　　　　　　　　　　　　　　　　　　　　　（12-1）

收到对价方确认的非股权支付的资产转让所得或损失=（被转让资产的公允价值-被转让资产的计税基础）×（非股权支付金额÷被转让资产的公允价值）　　　　　　（12-2）

根据式（12-1）可得，顺天公司转让存货所得=4 000-3 000=1 000（万元）。

根据式（12-2）可得，同安公司股东应确认存货部分对应的长期股权投资转让所得=（40 000-10 000）×（4 000÷40 000）=3 000（万元）。

同时，同安公司股东的计税基础也从 10 000 万元变成了 13 000 万元，其中，获得顺天公司存货的计税基础为 4 000 万元，获得顺天公司股权的计税基础为 9 000 万元（10 000×90%）。由于一项资产或负债在一次交易中只能有唯一计税基础，所以顺天公司取得同安公司股权的计税基础也为 13 000 万元。

（1）假设顺天公司与同安公司及其股东受同一控制。由于在同一控制下的企业合并中，从能够对参与合并各方合并前及合并后均实施最终控制的一方来看，其能够控制的资产在合并前后并没有发生变化。因此，在合并日各方均应按账面价值记账，以合理确定成本。（单位：百万元）

顺天公司的会计处理：

借：长期股权投资——同安公司　　　10 000（计税基础为 13 000）

　　贷：股本　　　　　　　　　　　　6 000（计税基础为 6 000）

　　　　资本公积——股本溢价　　　　1 000（计税基础为 9 000-6 000=3 000）

　　　　库存商品　　　　　　　　　　3 000

顺天公司当期应调增应纳税所得额 1 000 万元。

同安公司股东的会计处理：

借：长期股权投资——顺天公司　　　　6 000（计税基础为 9 000）

　　库存商品　　　　　　　　　　　3 000（计税基础为 4 000）

　　资本公积——股本溢价　　　　　1 000

　　贷：长期股权投资——同安公司　　　　　　10 000

同安公司股东当期应调增应纳税所得额 3 000 万元。

（2）假设顺天公司与同安公司及其股东不受同一控制。由于在非同一控制下的企业合并中，合并方与被合并方应将企业合并视为一项购买交易。因此，在合并日各方应按公允价值记账，以合理确定成本。

顺天公司的会计处理：

借：长期股权投资——同安公司　　　40 000（计税基础为 13 000）

　　贷：股本　　　　　　　　　　　6 000（计税基础为 6 000）

　　　　资本公积——股本溢价　　　30 000（计税基础为 9 000–6 000=3 000）

　　　　主营业务收入　　　　　　　4 000

借：主营业务成本　　　　　　　　3 000

　　贷：库存商品　　　　　　　　　3 000

同安公司股东的会计处理：

借：长期股权投资——顺天公司　　　36 000（计税基础为 9 000）

　　库存商品　　　　　　　　　　4 000（计税基础为 4 000）

　　贷：长期股权投资——同安公司　　　　　10 000

　　　　投资收益　　　　　　　　　　　　 30 000（应税收入为 3 000）

在上述两种情形下的企业合并中，顺天公司和同安公司股东未实现的股权增值均为 27 000 万元（顺天公司股东：40 000–13 000；同安公司股东：36 000–9 000），不受会计处理方法的影响。

【例 12-9】 假设同安公司向顺天公司定向增发本公司股票 5 400 万股，每股公允价值为 16 元，面值 1 元，另支付 9 600 万元银行存款收购顺天公司的全资子公司三水公司 80%的股份。三水公司共有股权 10 000 万股，收购日三水公司每股资产的计税基础为 10 元，公允价值为 12 元。为简化计算，假设三水公司所有者权益中只有实收资本一项内容。收购后各公司实收资本中非货币性资产比例符合公司法的规定，交易各方承诺股权收购完成后不改变原有经营活动，不考虑所得税以外的其他税费。

收购方同安公司与被收购方股东顺天公司就该项业务的税会差异，如表 12-12 所示。

表 12-12　购买方发行本企业权益性证券支付　　　　　　　单位：万元

名称	被持股公司		同一控制下企业合并	非同一控制下企业合并
收购方 同安公司	被收购方 三水公司	初始计量成本	80 000（10 000×10×80%）	96 000（5 400×16+9 600）
		计税基础	81 600（10 000×80%×10×90%+9 600）	
		暂时性差异	可抵扣差异 1 600	应纳税差异 14 400
被收购 方股东 顺天公司	被支付方 同安公司	初始计量成本	86 400（10 000×80%×12−9 600）	
		计税基础	72 000（10 000×80%×10×90%）	
		暂时性差异	应纳税差异 14 400	

（1）收购方同安公司。

① 会计处理。同安公司取得三水公司 80%股权，因三水公司所有者权益中只有实收资本一项，所以，其所有者权益账面价值为 100 000 万元。假设属于同一控制下的企业合并，初始计量成本为：10 000×10×80%=80 000（万元）；假设属于非同一控制下的企业合并，合并成本为发行的权益性证券的公允价值与支付的银行存款之和：5 400×16+9 600=96 000（万元）。两种情形皆不确认损益，不产生当期所得税费用。

② 税务处理。同安公司股权支付比例为：5 400×16÷（5 400×16+9 600）=90%。因此，同安公司取得三水公司股权的计税基础，股权支付部分为：10 000×80%×10×90%=72 000（万元），非股权支付部分为 9 600 万元，计税基础合计为：72 000+9 600=81 600（万元）。

③ 税会差异。假设为同一控制下的企业合并，收购方同安公司取得三水公司股权的账面价值 80 000 万元，计税基础 81 600 万元，产生可抵扣暂时性差异 1 600 万元，确认递延所得税资产：1 600×25%=400（万元）。假设为非同一控制下的企业合并，账面价值 96 000 万元，计税基础 81 600 万元，产生应纳税暂时性差异 14 400 万元，确认递延所得税负债：14 400×25%=3 600（万元）。

（2）被收购方顺天公司。

① 会计处理。根据非货币性资产交换准则（2019），交易双方以固定资产、无形资产和长期股权投资等非货币性资产进行的交换，若该项交换具有商业实质且换入资产或换出资产的公允价值能够可靠计量，则以换出资产的公允价值和应支付的相关税费作为换入资产的成本，换出资产公允价值与账面价值的差额计入当期损益。

② 税务处理。特殊性税务处理方式下，被收购方股东顺天公司取得收购企业同安公司 5 400 万股股权的计税基础为：10 000×80%×10×90%=72 000（万元）。顺天公司取得的非股权支付部分采用一般性税务处理，确认资产转让所得：10 000×80%×（12−10）×10%=1 600（万元），缴纳企业所得税：1 600×25%=400（万元）。

非货币资产占交易额 90%，顺天公司换入同安公司 5 400 万股股权的初始计量成本为换出的三水公司股权的公允价值和收到的补价之差：10 000×80%×12−9 600=86 400（万元），换出的三水公司 90%股权的计税基础为：10 000×80%×10×90%=72 000（万元）。股权支付部分获得投资收益 14 400 万元。顺天公司同时收到银行存款 9 600 万元，非股权支付部分获得投资收益：9 600–10 000×80%×10×10%=1 600（万元）。因股权支付部分采用特殊性税务处理，产生的会计利润递延纳税，顺天公司仅就非股权支付部分获得的投资收益缴纳企业所得税，确认当期所得税费用：1 600×25%=400（万元）。

③ 税会差异。顺天公司在该项业务中，获得同安公司 5 400 万股股权的账面价值是 86 400 万元，计税基础 72 000 万元，产生应纳税暂时性差异 14 400 万元，应确认递延所得税负债 3 600 万元。

【例 12-10】承例 12-9。假设同安公司不采用向顺天公司定向增发的形式收购三水公司股权，而是以本身持有的子公司新力公司股权及银行存款 9 600 万元向顺天公司支付。假设新力公司股权公允价值 86 400 万元，计税基础 70 000 万元，其他条件不变。收购方同安公司与被收购方股东顺天公司该项业务的税会差异，如表 12-13 所示。

表 12-13　收购方以控股企业股权支付　　　　　单位：万元

名称	被持股公司	初始计量成本	计税基础	暂时性差异
收购方同安公司	被收购方三水公司	86 400+9 600=96 000	（10 000×80%×10×90%+9 600）=81 600	应纳税差异 14 400
被收购方股东顺天公司	被支付方新力公司	（10 000×80%×12–9 600）=86 400	（10 000×80%×10×90%）=72 000	应纳税差异 14 400

（1）收购方同安公司。

① 会计处理。对于股权支付部分，实质是收购方同安公司与被收购方股东顺天公司的股权互换行为，同安公司换入三水公司股权的初始计量成本应按照换出的新力公司股权的公允价值和支付的补价确定。该初始计量成本为：86 400+9 600=96 000（万元）。同安公司此项业务获得的投资收益为 86 400–70 000=16 400（万元）。因股权支付部分采用特殊性税务处理递延纳税，收益中的应税所得为：10 000×80%×10×90%–70 000=2 000（万元）。同安公司仅须确认当期所得税费用：2 000×25%=500（万元）。

② 税务处理。股权支付比例为：86 400÷（86 400+9 600）=90%，非股权支付比例为 10%。在特殊性税务处理方式下，收购企业同安公司取得被收购企业三水公司股权的计税基础，以被收购股权的原有计税基础确定。因此，该计税基础为：10 000×80%×10×90%+9 600=81 600（万元）。与上例中发行权益性证券方式下相同。

③ 税会差异。该项收购业务使同安公司新增对三水公司股权投资账面价值 96 000 万元，计税基础 81 600 万元，产生应纳税暂时性差异 14 400 万元，确认递延所得税负债 3 600 万元。

（2）被收购方顺天公司。

① 会计处理。适用非货币性资产交换准则（2019），原理与发行权益性证券方式相同。股权支付部分，顺天公司换入新力公司股权的初始计量成本为换出的三水公司股权的公允价值和收到的补价之差：10 000×80%×12–9 600=86 400（万元）。换出的三水公司 90%股权的计税基础是上述的 72 000 万元，股权支付部分获得投资收益 14 400 万元，非股权支付部分投资收

益是上述的 1 600 万元。顺天公司就该笔交易确认当期所得税费用：1 600×25%=400（万元）。

② 税务处理。在特殊性税务处理方式下，被收购方股东顺天公司取得新力公司股权的计税基础，以被收购三水公司股权的原有计税基础确定。顺天公司取得新力公司股权的计税基础仍为：10 000×80%×10×90%=72 000（万元）；非股权支付部分的投资收益：10 000×80%×（12–10）×10%=1 600（万元）。与发行权益性证券方式下计算方法相同。

③ 税会差异。顺天公司取得新力公司股权的账面价值 86 400 万元，计税基础 72 000 万元，产生应纳税暂时性差异 14 400 万元，应确认递延所得税负债 3 600 万元。

3. 递延所得税事项的处理

（1）同一控制下的企业合并。同一控制下的控股合并，合并成本入账价值与计税基础之间存在差异，但该差异属于初始确认时"长期股权投资"产生的税会差异，未影响利润表和应纳税所得额，因此不确认相应的递延所得税事项。同一控制下的吸收合并，无论哪种税务处理情况，初始确认时都可能导致入账价值与计税基础的不同，相关的资产在以后计提折旧、摊销、减值、结转成本时都有可能出现税会差异。所以由此产生的暂时性差异在编制企业合并当期财务报表时确认相关的递延所得税资产或递延所得税负债，在进行纳税申报调整时，应对多摊销或少摊销的成本费用进行调整。在特殊性税务处理情况下，合并方可限额弥补被合并企业的亏损。如果合并企业未来能产生足够的应纳税所得额抵扣被合并企业的亏损，则根据可由合并企业弥补的被合并企业亏损限额确认相应的递延所得税资产。

✍【例 12-11】2019 年 12 月 31 日，中兴公司拟吸收合并宇通公司。在合并前，宇通公司经确认的资产负债表各项目账面价值与公允价值如表 12-14 所示。此外，宇通公司尚有 2017 年度未弥补的亏损额 100 万元。经税务机关核定，中兴公司各年度应纳税所得额均为 800 万元（不包括合并业务中资产转让收入）。无企业所得税之外的其他纳税调整事项。

假定中兴、宇通两公司是同一控制下的企业合并。为进行此项合并，中兴公司以 800 万元的货币资金及公允价值 400 万元、账面净值 300 万元的固定资产作为对价，对宇通公司进行吸收合并（假设不考虑其他税费）。

表 12-14　中兴公司的资产负债表

2019 年 12 月 31 日　　　　　　　　　　　　　　　　　　单位：万元

资　　产	账面价值	公允价值	负债和所有者权益	账面价值	公允价值
存货	500	500	长期借款	400	400
固定资产（净）	800	1 000	净资产	1 000	1 200
无形资产	100	100			
合　　计	1 400	1 600		1 400	1 600

（1）合并时，按账面价值 1 400 万元入账，确认的净资产的账面价值与对价的差额 100 万元，调整资本公积或留存收益。合并企业以资产的公允价值 1 600 万元作为计税成本，并确认

合并当年的资产转让收益 100 万元，调增应纳税所得额。2020—2024 年，会计对合并后的固定资产每年计提折旧 160 万元，税务上计提折旧 200 万元。

由于非股权支付额大于所支付的股权票面价值的 20%，因此此项合并应按应税合并的相关规定进行税务处理，如表 12-15 所示。

表 12-15　中兴公司的会计处理与税务处理

会计处理	税务处理
借：存货　　　　　5 000 000 　　固定资产　　　8 000 000 　　无形资产　　　1 000 000 　　资本公积　　　1 000 000 　贷：长期借款　　　4 000 000 　　　银行存款　　　8 000 000 　　　固定资产清理　3 000 000	2020 年，该项固定资产的账面价值为 640 万元，计税基础为 800 万元，两者之间的差额属于可抵扣暂时性差异。假设中兴公司有确凿证据表明未来期间很可能获得足够的应纳税所得额用来抵扣可抵扣暂时性差异，这时确认递延所得税资产 40 万元（160×25%），以后各年逐年调减应纳税所得额。 　中兴公司实现的应纳税所得额，不得弥补宇通公司 2017 年度的亏损额 100 万元，应纳企业所得税为 225 万元〔（800+100）× 25%〕。期末所得税的处理为： 借：所得税费用　　　　　　　　　　　　2 250 000 　贷：应交税费——应交所得税　　　　　2 250 000

（2）合并以后，中兴公司各年度的所得税会计处理如表 12-16 所示。

表 12-16　中兴公司的所得税会计处理

2020 年	2021 年	2022 年	2023 年	2024 年
企业应纳所得税为 240 万元〔（800+160）×25%〕。由于资产的账面价值（640 万元）小于计税基础（800 万元），两者的差额属于可抵扣暂时性差异，所以确认的递延所得税资产为 40 万元（160×25%）。 借：所得税费用 　　　　2 000 000 　递延所得税资产 　　　　400 000 　贷：应交税费 　　——应交所得税 　　　　2 400 000	资产的账面价值 480 万元，计税基础为 600 万元，两者的差额（120 万元）为累计应确认的应纳税暂时性差异。 借：所得税费用 　　　　2 000 000 　贷：应交税费—— 　　应交所得税 　　　　1 900 000 〔（8 000 000−400 000）× 25%〕 　　递延所得税 　　资产　100 000 〔400 000−（1 200 000× 25%）〕	资产的账面价值 320 万元，计税基础为 400 万元，两者的差额（80 万元）为累计应确认的应纳税暂时性差异。 借：所得税费用 　　　　2 000 000 　贷：应交税费—— 　　应交所得税 　　　　1 800 000 〔（8 000 000−800 000）×25%〕 　　递延所得税 　　资产　200 000 〔400 000−（800 000×25%）〕	资产的账面价值 160 万元，计税基础为 200 万元，两者的差额（40 万元）为累计应确认的应纳税暂时性差异。 借：所得税费用。 　　　　2 000 000 　贷：应交税费—— 　　应交所得税 　　　　1 900 000 〔（8 000 000−400 000）×25%〕 　　递延所得税 　　资产　100 000 〔400 000−（1 200 000×25%）〕	由于资产的账面价值与计税基础均为零，所以当期的递延所得税资产转回后，其期末余额也为零

（2）非同一控制下的企业合并。非同一控制下的控股合并，在一般性税务处理情况下，其计税基础与账面价值相同，在个别报表层面，不会导致税会差异的产生。在特殊性税务处理情况下，虽然入账价值与计税基础不同，但税务上对股权支付部分不要求确认相应的资产转让所得或损失，无须纳税，属于免税合并，所以该暂时性差异在个别报表中也不确认相关的递延所得税资产或递延所得税负债。在合并报表层面，由于合并抵消分录只抵消了长期股权投资及子公司的权益，因此，也存在资产、负债的账面价值不等于其计税基础的情况。购买日编制合并财务报表时，首先根据购买日被合并方有关可辨认资产、负债的公允价值对被合并方的个别财务报表进行调整，因被合并方资产、负债的计税基础不发生变化，由此产生的暂时性差异应确认相关的递延所得税资产或递延所得税负债。非同一控制下的吸收合并，在一般性税务处理情况下，不存在税会差异，因此不存在递延所得税事项。在特殊性税务处理情况下，会存在暂时性差异，因此，在编制企业合并财务报表时，需考虑该暂时性差异的递延所得税事项。

【例 12-12】2019 年 12 月 31 日，中宇公司拟吸收合并中通公司。在合并前，中通公司经确认的资产负债表各项目账面价值与公允价值如表 12-17 所示。此外，中通公司尚有 2017 年度未弥补的亏损额 100 万元。经税务机关核定，中宇公司各年度应纳税所得额均为 800 万元（不包括合并业务中资产转让收入）。无企业所得税之外的其他纳税调整事项。

表 12-17 中宇公司的资产负债表

2019 年 12 月 31 日　　　　　　　　单位：万元

资产	账面价值	公允价值	负债和所有者权益	账面价值	公允价值
存货	500	500	长期借款	400	400
固定资产	800	1 000	净资产	1 000	1 200
（净）无形资产	100	100			
合 计	1 400	1 600		1 400	1 600

假定中宇、中通两公司是非同一控制下的企业合并。为进行此项合并，中宇公司发行了 1 000 万股、面值 1 元的股票（市值为 1.20 元），作为对价对中通公司进行吸收合并。合并后，中宇公司净资产的公允价值为 10 000 万元（假设不考虑其他税费）。

此项合并为换股合并，符合免税合并的相关规定，中通公司可申请免税合并（假定已获税务机关批准），如表 12-18 所示。

表 12-18　中宇公司的会计处理与税务处理

会计处理	税务处理
按公允价值入账： 借：存货　5 000 000 　　固定资产　10 000 000 　　无形资产　1 000 000 贷：长期借款　4 000 000 　　股本　10 000 000 　　资本公积　2 000 000	2020 年，固定资产的账面价值为 800 万元，计税基础为 640 万元，两者之间的差额属于应纳税暂时性差异，确认递延所得税负债 40 万元[（800–640）×25%]，以后各年逐年增加应纳税所得额。 被并公司 2017 年度尚未弥补的亏损额 100 万元，合并企业当年可弥补的亏损为 128 万元［800×（1 600÷10 000）］>100 万元。本年应纳企业所得税为 175 万元[（800–100）×25%]。期末所得税的会计处理如下： 借：所得税费用　1 750 000 　贷：应交税费——应交所得税　1 750 000

合并以后各年度的所得税会计处理如表 12-19 所示。

表 12-19　中宇公司的所得税会计处理

2020 年	2021 年	2022 年	2023 年	2024 年
企业实现利润 800 万元，应纳企业所得税 200 万元（800×25%）。由于资产的账面价值（800 万元）大于资产的计税基础（640 万元），所以两者的差额（160 万元）属于应纳税暂时性差异，其递延所得税负债为 40 万元（160×25%）。 借：所得税费用　2 400 000 　贷：应交税费——应交所得税　2 000 000 　　递延所得税负债　400 000	资产的账面价值为 600 万元，计税基础为 480 万元，两者的差额（120 万元）为本年度的累计应纳税暂时性差异。 借：所得税费用　2 000 000 　　递延所得税负债　100 000 　　[400 000–（1 200 000×25%)] 贷：应交税费——应交所得税　2 100 000 　　[（8 000 000+400 000）×25%]	资产的账面价值为 400 万元，计税基础为 320 万元，两者的差额（80 万元）为本年度的累计应纳税暂时性差异。 借：所得税费用　2 000 000 　　递延所得税负债　200 000 　　（800 000×25%） 贷：应交税费——应交所得税　2 200 000 　　[（8 000 000+800 000）×25%]	资产的账面价值为 200 万元，计税基础为 160 万元，两者的差额（40 万元）为本年度的累计应纳税暂时性差异。 借：所得税费用　2 000 000 　　递延所得税负债　100 000 　　（400 000×25%） 贷：应交税费——应交所得税　2 100 000 　　[（8 000 000+400 000）×25%]	由于资产的账面价值与计税基础均为零，所以当期的递延所得税负债转回后，其期末余额也为零

12.4.3　合并商誉的税会差异

在会计上，在非同一控制下的企业合并中，当企业合并成本大于合并中取得的被购买方可辨认净资产公允价值的份额时，会产生商誉。会计准则规定，由于企业合并而形成的商誉，应在每年年末按规定进行减值测试，若发生减值，则应计提相应的商誉减值准备。

1. 初始计量时商誉的税务处理

企业合并商誉，形成在合并报表层次的，不涉及税务事项处理；在企业合并过程中合并方单体报表核算商誉的，需考虑合并形成商誉的税务处理。

（1）免税合并。形成商誉的合并活动，符合财税〔2009〕59 号文和财税〔2014〕109 号文的规定，即合并方向被合并方支付的合并对价中，对应股权支付部分占全部对价的比例不低于税法规定 50%的，可享受企业所得税免税优惠政策。在免税合并中，对于股权支付部分，不论是合并方还是被合并方股东均不涉及企业所得税的缴纳。合并方确认计量的商誉部分，对应合并方股东合并收益，在合并日不需缴纳企业所得税。

（2）应税合并。在不符合特殊性税务重组企业所得税免税政策的合并中，存在合并商誉的，对合并方而言计入商誉资产，支付的对价不能在企业所得税税前扣除；对被合并方股东而言，需计入收入缴纳企业所得税。

2. 后续计量时商誉的税务处理

（1）购买少数股权。合并日后，购买少数股权新增的商誉，其税务处理同初始计量。

（2）商誉减值。

① 免税合并。对在合并日属于免税合并的，因商誉资产的计税基础为 0，发生商誉减值时，不计算递延所得税。

② 应税合并。对在合并日属于应税合并的，商誉的计税基础为商誉资产的价值。所得税法实施条例第六十七条规定："外购商誉的支出，在企业整体转让或者清算时，准予扣除。"也就是说，企业在合并中计算的商誉，在企业整体转让或清算之前，按会计准则规定计提的商誉减值不可在企业所得税税前扣除。因此，应税合并下因商誉发生减值时，减值金额会增加"资产减值损失"，会计利润减少，需计提递延所得税资产。该递延所得税资产在丧失控制权、商誉资产核销时，方可转回。

（3）控制权丧失。

① 免税合并。合并日后控制权丧失的，对合并日属于免税合并的，对于合并方而言，丧失控制权日，商誉核销，根据所得税法实施条例，合并方可全额在企业所得税税前扣除。因免税合并在商誉会计处理期间，不确认递延所得税，因此，在丧失控制权日，不需考虑递延所得税。对于被合并方股东而言，合并方丧失控制权，被合并方股东需对合并日收益缴纳企业所得税。

② 应税合并。合并日后控制权丧失的，对合并日属于应税合并的，根据所得税法实施条例，合并方在丧失控制权日可在企业所得税税前全额扣除商誉。同时，在丧失控制权日还需把在商誉会计处理期间计提的递延所得税资产转回。对于被合并方股东而言，因合并日属于应税合并，已针对合并方支付的合并对价中属于商誉的部分缴纳了企业所得税，

因而在丧失控制权日不再负有企业所得税纳税义务。

12.4.4　企业合并的纳税筹划

依据财税〔2009〕59 号文对一般性税务处理和特殊性税务处理的规定对企业合并进行纳税筹划。

1. 按照控制对象分类进行纳税筹划

（1）若属于同一控制下企业合并，如果符合特殊性税务处理条件，则合并各方可选择特殊性税务处理，被合并方在合并当期不确认清算所得，合并方取得的合并资产以原计税基础确定于合并后缴纳企业所得税，实现递延纳税，享受资金时间价值。如果不符合特殊性税务处理，则按照一般性税务处理，在合并当期缴纳企业所得税。

（2）若属于非同一控制下企业合并，如果符合特殊性税务处理，则属于免税合并，不确认资产转让所得或损失。如果适用一般性税务处理，则在合并当期缴纳企业所得税。

2. 按照支付方式进行纳税筹划

（1）现金支付的纳税筹划。采用现金支付的并购业务适用一般性税务处理，并购中合并收入所得缴纳企业所得税，且其被合并方合并以前年度的亏损无法在合并后年度进行结转弥补。因此采用现金支付应尽量采取分期付款形式来缓解资金压力，提高资金使用效率。

（2）股权支付的纳税筹划。依据财税〔2009〕59 号文，当企业并购重组业务达到特殊性税务处理的要求，且并购方购买目标企业的股权比例不低于 50%，股权支付占总交易金额的比例不低于 85%时，则无论是合并方还是被合并方都应按照目标企业股权的账面价值进行处理。在符合特殊性税务处理条件下，并购企业可以在 5 年内分期缴纳企业所得税，并当被合并方存在累计亏损或负债时，可以在 5 年内递延结转弥补亏损，实现递延纳税。

（3）承债式合并的纳税筹划。企业只能按照一般性税务处理，即以被合并方资产和负债的公允价值计算，而且不能利用被合并方的亏损进行抵税，被合并方需要计算资产转让所得。然而，合并方依然可以获得纳税利息费进行税前列支的好处，因此，这种支付方式可以得到利息抵税效应。

12.5　使用权资产的税会差异与纳税筹划

使用权资产，是指企业作为承租人可在租赁期内使用租赁资产的权利。一般来说，使用权资产主要产生于直接租赁和售后租回交易中。使用权资产的后续计量（折旧、摊销和资产减值等）的税会差异处理，与固定资产和无形资产的税会差异处理原理相同，因此，本节不介绍使用权资产后续计量的税会差异，主要介绍其初始计量存在的税会差异。

租赁是指在一定期间内，出租人将资产的使用权让与企业（承租人）以获取对价的合同。在合同开始日，企业评估合同是否为租赁或者包含租赁。一项合同被分类为租赁，要满足三要素：一是存在一定期间；二是存在已识别资产；三是资产供应方向客户转移对已识别资产使用权的控制。如果合同一方让渡了在一定期间内控制一项或多项已识别资产使用的权利以换取对价，则该合同为租赁或者包含租赁。在租赁业务中，作为承租人的企业的会计处理不再区分经营租赁和融资租赁，而是采用单一的会计处理模型，也就是说，除采用简化处理的短期租赁和低价值资产租赁外，企业对所有租赁均确认使用权资产和租赁负债，参照固定资产准则对使用权资产计提折旧，采用固定的周期性利率确认每期利息费用。

以租赁合同约定的付款总额和承租人在签订租赁合同过程中发生的相关费用为计税基础。租赁合同未约定付款总额的，以该资产的公允价值和承租人在签订租赁合同过程中发生的相关费用为计税基础。

所得税法实施条例第四十七条规定，企业根据生产经营活动的需要租入固定资产支付的租赁费，按照以下方法扣除：以经营租赁方式租入固定资产发生的租赁费支出，按照租赁期限均匀扣除；以融资租赁方式租入固定资产发生的租赁费支出，按照规定构成融资租入固定资产价值的部分提取折旧费用，分期扣除。所得税法实施条例第五十八条第三款规定，融资租入的固定资产，以租赁合同约定的付款总额和承租人在签订租赁合同过程中发生的相关费用为计税基础，租赁合同未约定付款总额的，以该资产的公允价值和承租人在签订租赁合同过程中发生的相关费用为计税基础。

由此可见，承租方经营租赁的税会差异不可避免，需要进行纳税调整。就经营租赁业务的出租方而言，"在租赁期内各个期间，出租人应当采用直线法或其他系统合理的方法，将经营租赁的租赁收款额确认为租金收入。其他系统合理的方法能够更好地反映因使用租赁资产所产生经济利益的消耗模式的，出租人应当采用该方法"。相比所得税法实施条例的规定"租金收入按照合同约定的承租人应付租金的日期确认收入的实现"，以及国税函〔2010〕79号文的规定"如果交易合同或协议中规定租赁期限跨年度，且租金提前一次性支付的，出租人可对上述已确认的收入，在租赁期内，分期均匀计入相关年度收入"，税会基本一致，无须进行纳税调整。

12.5.1　直接租赁业务时使用权资产的税会差异

发生直接租赁业务时，使用权资产的税会差异主要有两个方面：使用权资产的入账金额不一致，在预计使用年限内调整折旧费、摊销费；税法不确认"未确认融资费用"，在租赁期内调整财务费用。

【例 12-13】2020 年 12 月 1 日，顺天公司向同安公司租入专用设备一台，当日签订融资租赁合同，租赁期为 2021 年 1 月 1 日至 2024 年 12 月 31 日，共 4 年。租赁期满后顺天公司取得其设备的所有权，每年年末支付租金 90 万元。合同约定的年利率为 7.71%，初始直接费用为 1 万元。顺天公司采用直线法计提折旧，会计与税法折旧年限均为 4 年，净残值为 0。假设企业所得税税率为 25%，不考虑所得税以外的其他税费。

（1）使用权资产的会计处理。

① 租赁付款额=租金×使用权资产的租赁期=90×4=360（万元）

租赁付款额现值=90×（P/A，4，7.71%）=90×3.333=300（万元）

租赁期开始日使用权资产入账价值的初始直接费用 1 万元，即使用权资产的入账价值为 301 万元。

② 未确认融资费用处理。

未确认融资费用=租赁付款额–租赁付款额现值=360–300=60（万元）

2021 年 1 月 1 日的会计处理：

借：使用权资产　　　　　　　　　　　　　　　　　3 010 000
　　租赁负债——未确认融资费用　　　　　　　　　　600 000
　　贷：租赁负债——租赁付款额　　　　　　　　　　　　　3 600 000
　　　　银行存款　　　　　　　　　　　　　　　　　　　　　10 000

③ 年末支付租金。

借：租赁负债——租赁付款额　　　　　　　　　　　900 000
　　贷：银行存款　　　　　　　　　　　　　　　　　　　　900 000

④ 分摊未确认融资费用。

每期未确认融资费用摊销=期初应付本金余额×实际利率=（期初租赁应付款余额–期初未确认融资费用余额）×实际利率，则 2021 年 12 月 31 日支付第一期租金确认的融资费用=（360–60）×7.71%=23.13（万元）。

借：财务费用　　　　　　　　　　　　　　　　　　231 300
　　贷：租赁负债——未确认融资费用　　　　　　　　　　　231 300

每年租赁应付本金余额如表 12-20 所示。

表 12-20　每年租赁应付本金余额表　　　　　　单位：万元

日　　期	租赁应付款余额	未确认融资费用余额	应付本金余额
2021-01-01	360	60	300
2021-12-31	270	36.87	233.13
2022-12-31	180	18.9	161.1
2023-12-31	90	6.48	83.52
2024-12-31	0		0

每年年末未确认融资费用摊销如表 12-21 所示。

表 12-21　未确认融资费用摊销　　　　　　　　　　单位：万元

日　期	应付本金期初余额 （a）	实际利率 （b）	本期财务费用 （c=a×b）	本期未确认融资费用 （d=c）
2021-12-31	300	7.71%	23.13	23.13
2022-12-31	233.13	7.71%	17.97	17.97
2023-12-31	161.1	7.71%	12.42	12.42
2024-12-31	83.52	7.71%	6.48	6.48
合计			60	60

⑤ 计提使用权资产折旧。

年折旧额=301÷4=75.25（万元）

借：制造费用　　　　　　　　　　　　　　　　　　752 500

　　贷：使用权资产累计折旧　　　　　　　　　　　　　　752 500

（2）使用权资产的纳税调整。

使用权资产的计税基础=租赁合同约定的付款总额+支付的相关税费=90×4+1=361（万元）

每年税前可以扣除的使用权资产折旧额=361÷4=90.25（万元）

自 2021 年起，会计将"租赁负债——未确认融资费用"计入当期"财务费用"，此项费用税前不可以扣除，按照每年计入财务费用的金额做纳税调增处理。每年使用权资产折旧费用做纳税调减处理。财务费用与使用权资产折旧费用的纳税调整，如表 12-22 所示。

表 12-22　财务费用与使用权资产折旧费用的纳税调整　　　　单位：万元

时　间	财务费用			使用权资产折旧费用			合　计
	账面价值	计税基础	纳税调整	账面价值	计税基础	纳税调整	纳税调整
2021-12-31	23.13	0	23.13	75.25	90.25	−15	8.13
2022-12-31	17.97	0	17.97	75.25	90.25	−15	2.97
2023-12-31	12.42	0	12.42	75.25	90.25	−15	−2.58
2024-12-31	6.48	0	6.48	75.25	90.25	−15	−8.52
合计	60	0	60	301	361	−60	0

4 年期间，使用权资产累计折旧调减金额合计为 60 万元，各期财务费用调增金额合计为 60 万元，调增与调减金额相等。可见，对使用权资产，会计确认的入账价值与税法确认的计税基础之间的差异，通过"使用权资产折旧费用"和"租赁负债——未确认融资费用"进行纳税调整。

假设顺天公司每年的税前利润均为 200 万元，无其他纳税调整事项，则每年所得税费用的缴纳如表 12-23 所示。

表 12-23　所得税费用计算表　　　　　　单位：万元

日　　期	会计利润	纳税调整	应纳税所得额	应纳所得税额
2021-12-31	200	8.13	208.13	52.03
2022-12-31	200	2.97	202.97	50.74
2023-12-31	200	−2.58	197.42	49.36
2024-12-31	200	−8.52	191.48	47.87

12.5.2　售后租回业务时使用权资产的税会差异

若企业（卖方兼承租人）将资产转让给其他企业（买方兼出租人），并从买方兼出租人租回该项资产，则卖方兼承租人按照售后租回交易的规定进行会计处理：企业按照收入准则（2017）的规定，评估确定售后租回交易中的资产转让是否属于销售，并区别进行会计处理。

税务处理上，除了前述的所得税法实施条例的规定，《国家税务总局关于融资性售后回租业务中承租方出售资产行为有关税收问题的公告》（国家税务总局公告 2010 年第 13 号）也做了规范："融资性售后回租业务是指承租方以融资为目的将资产出售给经批准从事融资租赁业务的企业后，又将该项资产从该融资租赁企业租回的行为。融资性售后回租业务中承租方出售资产时，资产所有权以及与资产所有权有关的全部报酬和风险并未完全转移。""根据现行企业所得税法及有关收入确定规定，融资性售后回租业务中，承租人出售资产的行为，不确认为销售收入，对融资性租赁的资产，仍按承租人出售前原账面价值作为计税基础计提折旧。租赁期间，承租人支付的属于融资利息的部分，作为企业财务费用在税前扣除。"

1. 售后租回交易中的资产转让属于销售

卖方兼承租人按原资产账面价值中与租回获得的使用权有关的部分，计量售后租回所形成的使用权资产，并仅就转让至买方兼出租人的权利确认相关利得或损失。

如果销售对价的公允价值与资产的公允价值不同，或者出租人未按市场价格收取租金，企业进行以下调整：销售对价低于市场价格的款项作为预付租金进行会计处理；销售对价高于市场价格的款项作为买方兼出租人向卖方兼承租人提供的额外融资进行会计处理。

同时，承租人按照公允价值调整相关销售利得或损失。在进行调整时，企业按以下二者中较易确定者进行：销售对价的公允价值与资产的公允价值的差异；合同付款额的现值与按市场租金计算的付款额的现值的差异。

【例 12-14】力宏公司（卖方兼承租人）以货币资金 40 000 000 元的价格向德建公司

（买方兼出租人）出售一栋建筑物。交易前该建筑物的账面原值是 24 000 000 元，累计折旧是 4 000 000 元。与此同时，力宏公司与德建公司签订了合同，取得了该建筑物 18 年的使用权（全部剩余使用年限为 40 年），年租金为 2 400 000 元，于每年年末支付。根据交易的条款和条件，力宏公司转让建筑物符合收入准则（2017）中关于销售成立的条件。假设不考虑初始直接费用和各项税费的影响。该建筑物在销售当日的公允价值为 36 000 000 元。

由于该建筑物的销售对价并非公允价值，力宏公司和德建公司分别进行了调整，以按照公允价值计量销售收益和租赁应收款。超额售价 4 000 000 元（40 000 000–36 000 000）作为德建公司向力宏公司提供的额外融资进行确认。

力宏公司、德建公司均确定租赁期内年利率为 4.5%。年付款额现值为 29 183 980 元（年付款额 2 400 000 元，共 18 期，按每年 4.5% 进行折现），其中，4 000 000 元与额外融资相关，25 183 980 元与租赁相关（分别对应年付款额 328 948 元和 2 071 052 元）。具体计算过程如下：年付款额现值=2 400 000×(P/A, 4.5%, 18)=29 183 980（元），额外融资年付款额=4 000 000÷29 183 980×2 400 000=328 948（元），租赁相关年付款额=2 400 000–328 948=2 071 052（元）。

第一步，按与租回获得的使用部分占该建筑物的原账面金额的比例计算售后租回所形成的使用权资产。

使用权资产=(24 000 000–4 000 000)[注1]×(25 183 980[注2]÷36 000 000[注3])=13 991 100（元）

注1：该建筑的账面价值；

注2：18 年使用权资产的租赁付款额现值；

注3：该建筑物的公允价值。

第二步，计算与转让至德建公司的权利相关的利得。

出售该建筑物的全部利得=36 000 000–20 000 000=16 000 000（元），其中：

（a）与该些物使用权相关利得=16 000 000×(25 183 980÷36 000 000)=11 192 880（元）；

（b）与转让至德建公司的权利相关的利得=16 000 000–（a）=16 000 000–11 192 880=4 807 120（元）。

第三步，会计处理。

（1）与额外融资相关：

借：银行存款	4 000 000	
贷：长期应付款		4 000 000

（2）与租赁相关：

借：货币资金	36 000 000	
使用权资产	13 991 100	
固定资产——建筑物（累计折旧）	4 000 000	
租赁负债——未确认融资费用	12 094 956	
贷：固定资产——建筑物		24 000 000
租赁负债——租赁付款额[注]		37 278 936
资产处置损益		4 807 120

注：该金额为力宏公司年付款 2 400 000 元中的 2 071 052 元×18。

后续力宏公司支付的年付款额 2 400 000 元中 2 071 052 元作为租赁付款额处理。328 948 元作为以下两项进行会计处理：结算金融负债 4 000 000 元而支付的款项和财务费用（利息费用）。

以第一年年末为例：

借：租赁负债——租赁付款额　　　　　　　　　　　　　　2 071 052
　　长期应付款[注1]　　　　　　　　　　　　　　　　　　148 948
　　财务费用[注2]　　　　　　　　　　　　　　　　　　1 313 279
　　贷：租赁负债——未确认融资费用　　　　　　　　　　　　　1 133 279
　　　　银行存款　　　　　　　　　　　　　　　　　　　　　2 400 000

注 1：长期应付款=328 948–180 000=148 948（元）。

注 2：财务费用=25 183 980×4.5%+4 000 000×4.5%=1 133 279+180 000=1 313 279（元）。

2. 售后租回交易中的资产转让不属于销售

卖方兼承租人不终止确认所转让的资产，而将收到的现金作为金融负债，按照金融准则（2017）进行会计处理。

【例 12-15】 力宏公司（卖方兼承租人）以货币资金 24 000 000 元的价格向德建公司（买方兼出租人）出售一栋建筑物。交易前该建筑物的账面原值是 24 000 000 元，累计折旧是 4 000 000 元。与此同时，力宏公司与德建公司签订了合同，取得了该建筑物 18 年的使用权（全部剩余使用年限为 40 年）。年租金为 2 000 000 元，于每年年末支付。租赁期满时，力宏公司将以 100 万元购买该建筑物。根据交易的条款和条件，力宏公司转让建筑物不满足收入准则（2017）中关于销售成立的条件。假设不考虑初始直接费用和各项税费的影响。该建筑物在销售当日的公允价值为 36 000 000 元。

在租赁期开始日，力宏公司对该交易的会计处理如下：

借：银行存款　　　　　　　　　　　　　　24 000 000
　　贷：长期应付款　　　　　　　　　　　　　　　24 000 000

12.5.3　使用权资产的纳税筹划

对于使用权资产主要从租赁方式和地区税收优惠政策进行筹划。

直接租赁业务时的使用权资产，承租方按照分期付款购买固定资产处理，并视为自有资产通过折旧方式分期扣除，折旧可在以后年度分期抵扣，实现递延纳税。售后租回业务时的使用权资产，在融资性售后租回业务中承租方出售资产不确认为销售收入，租回资产仍按出售前计提折旧，且承租人支付的属于融资利息的部分作为财务费用可以税前扣除，所以在缴纳所得税时可以加大税前扣除比例，以降低当期缴纳的企业所得税。

地区税收优惠政策如对西部地区实行 15%的所得税税率，常用的筹划方式为位于高税率地区的企业购置一项资产并将其按尽可能低的价格租赁给西部地区的联营公司，然后后者以尽可能高的价格再租借给另一企业。这样将收入转移到低税率地区，从而获得纳税筹划收益。

参考文献

[1] 中华人民共和国财政部．企业会计准则（2006）[M]．北京：经济科学出版社，2006．

[2] 中华人民共和国财政部．企业会计准则——应用指南（2006）[M]．北京：中国财政经济出版社，2006．

[3] 于小波，王海涛．营改增后金融商品转让的税会规定[J]．注册税务师，2017（6）：48-52．

[4] 沈平，吴耀．非货币性资产投资递延纳税的税会差异及其纳税调整[J]．注册税务师，2016（3）：45-48．

[5] 刘思莹．企业合并下的税会差异分析——基于优酷土豆合并的案例[D]．吉林财经大学硕士学位论文，2017．

[6] 中国注册会计师协会．会计[M]．北京：中国财政经济出版社，2020．

[7] 中国注册会计师协会．税法[M]．北京：中国财政经济出版社，2020．

反侵权盗版声明

电子工业出版社依法对本作品享有专有出版权。任何未经权利人书面许可，复制、销售或通过信息网络传播本作品的行为；歪曲、篡改、剽窃本作品的行为，均违反《中华人民共和国著作权法》，其行为人应承担相应的民事责任和行政责任，构成犯罪的，将被依法追究刑事责任。

为了维护市场秩序，保护权利人的合法权益，我社将依法查处和打击侵权盗版的单位和个人。欢迎社会各界人士积极举报侵权盗版行为，本社将奖励举报有功人员，并保证举报人的信息不被泄露。

举报电话：（010）88254396；（010）88258888

传　　真：（010）88254397

E-mail：　dbqq@phei.com.cn

通信地址：北京市万寿路 173 信箱

　　　　　电子工业出版社总编办公室

邮　　编：100036